俞洁文工作室省级课题研究成果

小学数学学科综合与实践教学案例研究

俞洁文 ◎ 主编

安徽师范大学出版社

·芜湖·

责任编辑：孔令清

装帧设计：丁奕奕

图书在版编目（CIP）数据

小学数学学科综合与实践教学案例研究/俞洁文主编 . —芜湖：安徽师范大学出版社，2016.7（2025.1 重印）

ISBN 978 - 7 - 5676 - 2268 - 5

Ⅰ.①小…　Ⅱ.①俞…　Ⅲ.①小学数学课—课学研究　Ⅳ.①G623.502

中国版本图书馆 CIP 数据核字（2015）第 274810 号

小学数学学科综合与实践教学案例研究

俞洁文　主编

出版发行：安徽师范大学出版社

芜湖市九华南路 189 号安徽师范大学花津校区　　邮政编码：241002

网　　址：http：//www. ahnupress. com/

发 行 部：0553 - 3883578　5910327　5910310（传真）　E - mail：asdcbsfxb@ 126. com

印　　刷：阳谷毕升印务有限公司

版　　次：2016 年 7 月第 1 版

印　　次：2025年1月第2次印刷

规　　格：700×1000　1/16

印　　张：19.75

字　　数：321 千

书　　号：ISBN 978 - 7 - 5676 - 2268 - 5

定　　价：79.00 元

序

　　本书是关于小学数学综合与实践领域的研究成果。2012 年安徽省马鞍山市俞洁文工作室承担了省级课题"小学数学基于综合实践的学生'四能'培养"。"四能"是指发现问题、提出问题、分析问题和解决问题的能力。该课题以 2013 年人教版数学教材第一册至第十二册的综合与实践板块教学内容为研究素材，探索基于综合与实践培养学生"四能"的有效教学途径，总结教学规律，培养学生创造性发现问题、提出问题、分析问题和解决问题的能力，全面提升学生数学素养。

　　《义务教育数学课程标准（2011 年版）》针对课程内容指出：要反映社会的需要、数学的特点，要符合学生的认知规律，它不仅包括数学的结果，也包括数学结果的形成过程和蕴涵的数学思想方法。针对课程内容，还提出将"实践与综合运用"改为"综合与实践"，明确指出综合与实践是一类以问题为载体、以学生自主参与为主的学习活动。在学习活动中，学生将综合运用"数与代数""图形与几何""统计与概率"等知识和方法解决问题。综合与实践的教学活动应当保证每学期至少一次，可以在课堂上完成也可以课内外相结合，提倡把这种教学形式体现在日常教学活动中。综合与实践反映了数学课程与教学改革的要求，为学生提供了做数学、学数学、理解数学的机会，创造了学中玩、玩中学的氛围，能更大程度激发学生学习的主动性和积极性。

　　课程改革十年以来，综合与实践教学引发了一线教师、教研员的关注，并产生了一系列关于综合与实践运用的教学策略、教学模式以及课程开发等相关课题的研究。但从大部分一线教学实践来看，许多教师对数学实践活动认识不足，有的把它作为知识性的内容或者是一种练习题来进行讲解，有的认为无足轻重让学生课后自己随意看看。这种现状使得数学实践活动培养学生数学意识、提高学生动手能力、促进学生合作交流与竞争的素质发展目标得不到体现。

针对以上情况，课题组以安徽省马鞍山市俞洁文工作室、山南小学数学组、市导师团成员为核心研究团队，分为三个实验组，历时三年半，摸索总结出有关小学数学综合与实践领域的研究经验，精心撰写25篇教学案例并汇编成册，供广大小学数学教师学习交流。

书中的教学案例有15篇来自2013年修订的人教版教材，10篇是教师根据例题和练习题自创的。本书结构分为"关注儿童特征，促进数学活动经验的积累""直面学生的学习起点，促进学生和谐发展""创造性地使用例题，融知识性、趣味性于一体""在灵活多样的活动过程中学习数学""渗透数学思想方法，创设有价值的小学数学课堂""学科知识的交叉综合，增强学生的问题意识"六大教学主题和相应的教学案例，每个教学案例又包括教学思考和教学过程，而且不少案例还附有学生实践活动现场和成果图。"关注儿童特征，促进数学活动经验的积累"主题包括《剪一剪》《铺一铺》《解决问题——七巧板》《拼一拼，搭一搭》四个教学案例；"直面学生的学习起点，促进学生和谐发展"主题包括《打电话》《确定起跑线》《数字编码》《掷一掷》四个教学案例；"创造性地使用例题，融知识性、趣味性于一体"主题包括《抢数游戏》《魔术变直角》《密铺》《巧填运算符号》四个教学案例；"在灵活多样的活动过程中学习数学"主题包括《自行车里的数学》《数独》《量一量，比一比》《1亿有多大》（2篇）五个教学案例；"渗透数学思想方法，创设有价值的小学数学课堂"主题包括《寻找点阵中的规律》《数学思考——找规律》《探索图形》《植树中的一一对应》四个教学案例；"学科知识的交叉综合，增强学生的问题意识"主题包括《邮票中的数学问题》《制作活动日历》《摆一摆，想一想》《小小设计师》四个教学案例。

本书编排设计是以教学案例为载体，把新课程和理念与教学实践相结合，其案例根植于小学数学综合与实践教学的经验与其中的热点、难点问题的解决。由于教学实践者来源于一线教师，缺乏相应的理论指导，难免有不足之处，欢迎广大数学教师和教研工作者批评指正。

俞洁文

2015年9月

目　录

关注儿童特征，促进数学活动经验的积累

直面学生的学习起点，促进学生和谐发展

创造性地使用例题，融知识性、趣味性于一体

在灵活多样的活动过程中学习数学

渗透数学思想方法，创设有价值的小学数学课堂

学科知识的交叉综合，增强学生的问题意识

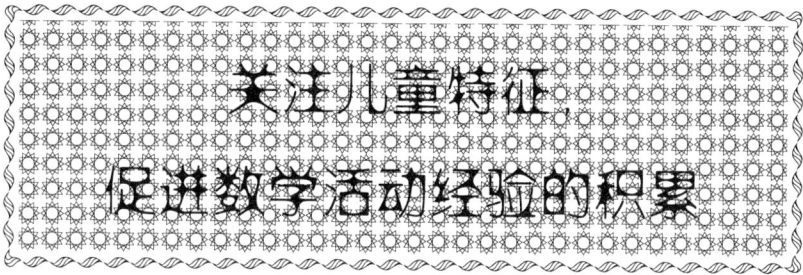

关注儿童特征
促进数学活动经验的积累

在情境中培养学生发现问题、提出问题的意识

——《剪一剪》教学思考

执　　教：马鞍山市四村小学　唐　明
案例撰写：马鞍山市四村小学　唐　明

《剪一剪》是2011年人教版数学教材小学二年级下册的内容，该课取材于中国民间传统的手工艺"剪纸"，主要通过学生动手剪一剪，剪出有规律的图形，并结合图形加深对平移和旋转的认识。这节课先后在不同的学校执教6次，与此同时我也向那些学校同年级的教师了解授课情况，但几乎所有的同行都没有正式上过这节课，只是布置学生回家看书剪一剪。在执教过程中虽然遇到诸多麻烦，但我仍然觉得该课值得一上，因为收获远远大于麻烦。

有研究表明：中国小学生的数学解题能力高于美国小学生，而美国小学生的提出问题能力明显高于中国小学生。身为教师都有这样的感受：学生年龄越小，问题意识越强。随着年龄的增长，就会有越来越多的学生变得谨小慎微，不会提问，不敢提问。但如果教师能在课堂上给学生创设一定的问题情境，并营造民主宽松的课堂氛围，学生的"四能"培养还是可以渗透的。

学生的第一次剪纸活动是剪出两个连续的小纸人：

尽管在剪之前强调了注意事项，但难免还是会有学生出错，那到底由谁来纠错？我选择把机会让给了学生。这些鲜活的来自于身边的错误，学生很乐意进行诊断并发现问题：

（1）如果没有把小纸人的胳膊剪到纸的尽头，两个小纸人就会断开（作品一）。

（2）如果把小纸人画在了开口边，就会剪出1个完整的小纸人和2个一半的小纸人（作品二）。

（3）如果先左右对折再上下对折，两个小纸人就会由手拉手变成脚连脚

（作品三）。

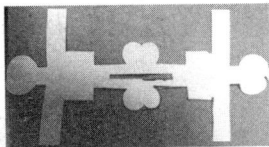

作品一　　　　　　　作品二　　　　　　　作品三

　　正因为学生在操作中积累了过程性经验，当教师把问题作品放在实物投影仪上展示时，学生就能主动发现问题。然后，有成功者介绍的经验，也有失败者总结的教训。学生在交流中彼此启发，初步形成评价与反思的意识。

　　在把长方形纸对折 1 次、2 次、3 次后，学生能很自然地提出问题："如果把长方形纸对折 4 次，这样剪下并展开，会得到几个小纸人？"对折 3 次时，有不少学生的猜想还停留在第一感觉（3 个小纸人），但这时的猜想伴随着学生思考的深度逐步走向合理。

　　猜想过后，通过课件让学生回味对折 1～4 次后，剪出的小纸人个数的递增过程，没有任何讲解，只有静静思考。思考过后，学生的发现自然会脱口而出，他们敢于在黑板上讲解并板书发现的规律：

　　（1）$1+1=2$，$2+2=4$，$4+4=8$；（2）$1×2=2$，$2×2=4$，$4×2=8$。

　　在此情境下，学生能顺理成章地提出问题并解决问题：把长方形纸连续对折 5 次，能剪出几个小纸人？学生发现对折 5 次剪出 16 个小纸人，然后就大胆而又迅速地推测：把纸对折 6 次能剪出 32 个小纸人，对折 7 次剪出 64 个小纸人，对折 8 次剪出 128 个小纸人。

　　"提出一个问题往往比解决一个问题更重要。"对于二年级的学生来说，虽然发现问题并主动提出问题很难，但学生意欲突破的话既离不开教师创设合理的问题情境，也离不开教师在学生思维逐步推进时的适时引导。

　　课堂上学生在活动中猜想、推理、交流、表达，开展自主思维活动，最终不同层次的学生都能获得成功的体验，这就是数学实践活动课的魅力所在。

课题 剪一剪

◇ **适用年级** 二年级（下学期）

◇ **教材再现**

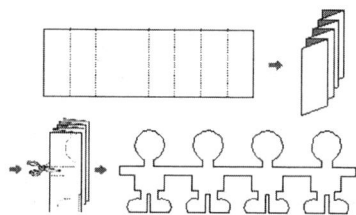

我只画半个人，就能剪出一串完整的来。

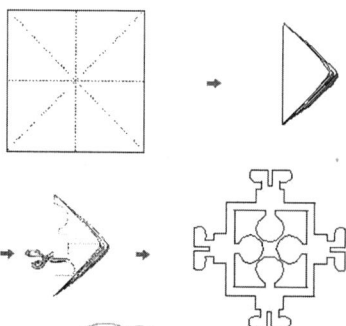

这些小纸人手拉手围成一圈。

我能剪出8个小纸人。

你还能剪出别的图案吗？

◇ **备课思考**

一、研究背景

《剪一剪》这部分教学内容取材于中国民间传统的手工艺"剪纸"，主要通过学生亲自动手剪一剪，剪出有规律的图形，并结合图形加深对图形的平移和旋转的认识。另外，教材也留给学生创作的空间，学生可以自己设计其他的图案。这样的实践活动能让学生感受到学习的乐趣，充分发挥想象力和创造力，这也是执教本节课的初衷。从雨山实验学校到山南小学，不难发现二年级的学生普遍操作能力不强，动作较慢，两个剪纸活动要想在一节课完成非常困难。尤其是围成一圈的小纸人剪法难度较大，而且涉及折法和画法。根据学生的年龄和能力，我决定与其为了在走过场中完成教学任务不如侧重于探索并排排列的小纸人的剪法和规律，而围成一圈的小纸人的剪法留给有兴趣的学生课后探索。这样的改变也符合新课标对实践活动课的要求："可以在课堂上完成，也可以课内外相结合，并且要把这种教学形式体现在日常教学活动中。"

二、学情分析

对于二年级的学生来说，虽然已经养成一定的学习习惯，但他们年龄小，活泼好动。在这样的实践活动课上，以小组的形式合作学习，课堂纪律是难以控制的。同时，这节课不但涉及很多也很抽象的数学知识点（有对称、平移、旋转），还要求学生在折纸过程中发现对折次数与图形个数的变化规律，这对二年级的学生来说都有一定的难度。根据学生活泼好动、好奇心强的心理特点，教学中将采用提问法、演示法、直观教学法、讨论法等多种方法，让学生猜想、推理、交流、表达，开展自主思维活动，培养其形象思维能力和逻辑思维能力。

在《剪一剪》上课前曾布置学生准备了规定长度的长方形和正方形纸张，但带来的纸张差距比较大。在画半个小纸人时，很多学生就因为纸张的差异，不能合理地把握小纸人的大小和位置，有的学生甚至向教师求救："老师，你帮我画！我不会。"后来，教师在文具店发现了一种专门折千纸鹤的彩纸，长18厘米、宽9厘米，1袋有240张，每次上课买1袋发给学生，避免学生在操作时因为纸张差异而产生困扰。在剪纸的过程中，教师还发现学生会把废纸扔得到处都是，于是给每个活动小组准备了1个纸折的垃圾盒，由组长监督组员要废纸入盒，下课后再由组长负责清理。

三、预期目标

[知识与技能] 让学生能够剪出连续的对称图案。

[过程与方法] 通过观察图形的形成过程，找出规律，初步培养学生的形象思维能力和逻辑思维能力。

［情感、态度与价值观］在剪纸活动中，培养学生边思考边操作的良好学习品质，感受其中蕴涵的数学知识及数学美。

［课题研究目标］通过创设合理的问题情境，鼓励学生积极思考、发现问题，并尝试提出问题、解决问题。

四、教学准备

（1）根据班级人数，将学生分成每组6人或7人的小组，每组由1~2名能力较强的学生、4名中等生、1名能力稍弱的学生组成。

（2）学生准备：1把剪刀、1支黑色笔。

（3）教师准备：每个学生3张长方形彩纸（长18厘米、宽9厘米），每个小组1个纸质垃圾盒，3个对称图案，1个单独的小纸人，2个、4个、8个连续的小纸人，4个、8个围成一圈的小纸人，20个磁扣，1支黑色笔，课件，实物展台。

◇ 教学流程

一、激趣引入

（课前已布置学生剪对称图形）同学们，看了你们剪的作品，真可谓创意无限。我也剪了几个图案，你们想看吗？

谁来猜一猜，下列图形打开后是什么？

（2只蝴蝶）　　　　　（4个葫芦）　　　　　（8条连衣裙）

怎么样，剪纸有趣吗？今天，我们就来探索这方面的知识，一起学习《剪一剪》。（板书课题：剪一剪）

［设计意图］对称图形是本节课的教学起点。这节课的教学活动是在学生

认识并能剪出一个对称图形的基础上建构的。通过猜测教师的剪纸图案，唤醒了学生对于"对称"这部分知识的记忆。同时这一环节又极大地激发了学生的好奇心，让课堂气氛迅速升温。

[课堂生成] 看到半只蝴蝶，学生大多猜是 1 只蝴蝶，打开却是 2 只蝴蝶，这样的结果让一些学生隐约发现问题：打开后的图案应该不止 1 个。但葫芦、连衣裙的数量难以看出，于是学生便随意猜数：2 个、3 个、4 个、……

二、探究剪法

1. 剪 1 个小纸人

（1）把一张长方形纸对折以后，在不开口的那边画好半个小纸人。

出示：

如果沿着画好的线把它剪下来，打开后会是什么样呢？（指名说）

出示：

为什么会是 1 个完整的小纸人，你能用数学知识解释一下吗？它的对称轴在哪里？

[设计意图] 1 个小纸人的剪法，结合学生已有的经验完全可以通过观察得出，初步建立起学生的空间观念。

[课堂生成] 有个别学生受到猜图案的影响，认为打开后会是 2 个小纸人或 4 个小纸人，这时应及时强调对折 1 次。

2. 剪 2 个小纸人

（1）观察：小纸人特别调皮，一眨眼就变成了这个样子。

出示：

谁来说一说，它变成了……（学生发言，引导学生说出是一模一样的手拉手的 2 个小纸人。）

（2）议一议：怎样才能很快地剪出这 2 个连续的小纸人呢？请大家在小组里商量一下。

（3）折一折：你打算怎样把长方形纸对折 2 次？

学生先拿出长方形纸，边想边折，并把自己的折法说给小组伙伴听。然后，学生在实物展台上展示可能出现的折法。教师要注意学生可能会先左右对折 1 次再上下对折 1 次。强调：同方向、连续对折 2 次。

[设计意图] 这里没有直接给予学生折叠的方法，而是让学生通过动手实践、小组交流来发现方法，掌握方法，充分体现学生的主体地位。

[课堂生成] 大部分学生都会想到要对折 2 次，但也分两种情况：一种是朝着长方形的宽连续对折 2 次；一种是朝着长方形的长连续对折 2 次。其实第二种方法也是对的，但为了美观，对第二种方法可以追问：那你们觉得这样折剪出的小纸人会是什么样子？（又细又长，特别瘦，不好看。）

（4）画一画：纸折好后在哪边画图呢？是开口边还是不开口边？这有什么讲究吗？

教师示范：  学生模仿画图。

（5）剪一剪：学生静静地操作，教师组间巡视，注意收集各种问题作品。哪些小朋友剪出了成功的作品？祝贺你们，请举起来给大家看一下。

这里也有一些失败的作品，看看谁能找到原因，为我们积累一些宝贵的经验。根据实际情况，教师在实物展台上展示问题作品。

作品一　　　　　　　　作品二　　　　　　　　作品三

（6）说一说：看来要想剪 2 个连续的小纸人，可不是件容易的事。结合你的经验，有哪些注意事项想提醒大家？

[设计意图] 折叠的方法学会后，剪的过程学生独立完成，剪的结果势必有得有失，在此基础上让学生现场纠错，无形中促进了学生之间的相互交流，激发了学生学习的积极性。

[课堂生成] 在几次试教中，教师发现学生最容易出现上面三种问题的作品，学生出现了哪一种问题的作品，教师巡视时就让出错的学生在实物投影仪上展示。先由出错的学生自己反思，若没有发现原因再求助现场同学。若问题作品一的学生说不出来原因，就让其观察剩下的部分：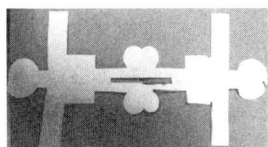；若问题作

品三的学生也没有发现原因,就把两个小纸人还原折法让其继续观察。

3. 剪 4 个小纸人

(1) 如果把长方形纸对折 3 次,这样剪下并展开,猜一猜会得到几个小纸人?

(2) 学生汇报。

(3) 学生拿出长方形纸折、画、剪,并进行验证。

4. 剪 8 个小纸人

(1) 谁能猜到接下来老师会提出什么问题?

(2) 学生汇报,教师拿出剪好后的小纸人逐次展开给学生看。

[设计意图] 既让学生经历了猜想、验证的数学实践过程,也培养了学生自主探索的学习精神。

[课堂生成] 在教师创设的情境下,学生很自然地提出问题:"如果把长方形纸对折 4 次,这样剪下并展开,猜一猜会得到几个小纸人?"同时当学生的思考不断深入,大部分学生对所蕴含的规律已有所感悟,猜想也由无序走向合理。

三、寻找规律

(1) 根据刚才剪小纸人的过程,你发现了什么?

预设:①对折的次数一次比一次多,剪出的小纸人的个数也在不断地增加。

②剪出的小纸人的个数存在着一定的规律,每次剪出的小纸人的个数是前一次的 2 倍。

③每增加一次对折的次数,剪出的小纸人的个数就是原来的 2 倍。

(2) 根据我们的发现,你能不能提一个问题让同学们解决?

教师顺势引导:对折 5 次,剪出的个数是 8 的 2 倍,也就是 16 个。对折 6 次呢?

[设计意图] 鼓励学生积极思考,独立发现其中所蕴含的数学规律,有助于提升学生的思维活跃度。

[课堂生成] 在发现了规律后,学生能顺理成章地提出问题并解决问题。对折 5 次剪出的小纸人的个数是 $8 \times 2 = 16$,或 $8 + 8 = 16$。而对折 6 次剪出的小纸人的个数是 16 的 2 倍,学生可能不会用乘法口诀计算,但 $16 + 16$ 能够算

出答案。

（3）观察这一排小纸人，用一个小纸人怎样移动可以得到其他的小纸人？（平移）沿着什么方向平移？（小纸人的手臂）课件演示平移的过程。

（4）其实我还用正方形纸剪出了这样的小纸人。

出示：

它们和我们刚才剪出的小纸人有什么不同？有什么相同？（单个看，它们都是对称图形，不同的是：刚才的小纸人是并排排列的，现在的小纸人是围成一圈的。）

并排的小纸人里蕴藏着平移现象，而围成一圈的小纸人蕴藏了什么现象呢？（旋转现象）

如果学生答不出来，课件演示旋转的过程，并指出：这些小纸人都是沿着中心点旋转的。

［设计意图］通过课件演示小纸人平移和旋转的动态过程，把抽象的知识变得更加具体直观。虽然旋转的小纸人这节课并没有介绍剪法，但可以让有兴趣的学生课后探索。

四、拓展应用

（1）欣赏剪纸作品。剪纸是我国的一种民间艺术，我们一起来欣赏吧。（播放课件）

（2）创造剪纸作品。请设计并剪出连续的对称图案，可以是并排排列的，也可以是围成一圈的，最好能在图案的旁边配上文字说明，这样就称得上有图有真相了。

［设计意图］从欣赏到创作，为学生展开了想象的翅膀，让自由、创新、审美的气氛在课堂中弥漫。

◇学生实践活动成果

用眼看了就知道，动手做了就理解

——《铺一铺》教学思考

执　　教：马鞍山市山南小学　丁　红　　雨山实验学校　刘治霞
案例撰写：马鞍山市山南小学　丁　红　　雨山实验学校　刘治霞

记得有这样一句话："用眼看了就知道，动手做了就理解。"在经历《铺一铺》这一课的几次试教后，我们深刻地感受到了这句话的含义。数学不应该只是纸上谈兵，让学生动手做一做，对知识的理解才会更加深入。《义务教育数学课程标准（2011 年版）》指出：以"动手实践、自主探索、合作交流"为主要学习方式，让学生切实经历知识的形成过程，在体验中学习数学，在活动中学习数学，在"再创造"中学习数学，以真正实现"在做中教，在做中学"。

本课是在初步了解密铺知识的基础上进行了更深层次的探究。通过动手铺一铺，让学生对"哪些平面图形能单独密铺，哪些平面图形不能单独密铺"有了更深层次的掌握；通过操作进一步理解密铺的特点，培养学生的空间观念和意识。传统的课堂教学以讲授、讨论的课堂教学模式进行，学生在教师的引导下学习，但是自主探究的能力和交流互动的能力并没有得到真正体现。在初次试教《铺一铺》时，由于课型是活动实践课，课前准备工作自然较为繁杂。考虑到学生人数多，继而动手拼一拼需要的基本图形很多，而剪下教材中提供的基本图形是很麻烦的一件事，所以我们选择了避开课前准备——"剪图形"这一环节，而是精心制作了课件，准备好作业纸。试教中，将授课分为四个步骤：

（1）观察课件展示的"生活中的密铺现象"，感知、回顾密铺的特征。

（2）判断圆形、三角形等六个基本图形能否密铺，并通过课件的展示验证学生的判断是否正确。

（3）欣赏埃舍尔的《不可能的世界》，再次感受密铺的奇妙。

（4）设计地板图案。

试教后，发现学生在一系列的图片欣赏后，能感受到密铺在生活中是一个普遍现象，有很大的利用价值。而在第二个环节，学生判断图形能否密铺完全是思想意识活动，所以经过这样的猜想—验证活动得出的结论很不扎实，部分观察能力与理解能力较弱的学生在反馈时总是认为正五边形也可以密铺。学生只是知道了"一种或几种图形无空隙、不重叠地铺在平面上就是密铺"这个概念，但这个教学效果并不是教学的真正目的。通过动手做一做，验证哪些图形可以单独密铺，进一步探究图形的密铺，重视知识本身的建构，才是有意义的。

为了在教学中能够让学生深刻地理解概念，教师制作了9个小组的学具袋，包含：用卡纸剪出的大小合适的6种基本图形各10个，活动记录表1张，作业纸6张。虽然准备的过程极其繁杂，但是教学中学生的动手参与成为课堂的亮点。在合理的分工合作中，小组6名学生分别拼摆一种图形。在操作中，学生必须尽可能地使每个图形的边与边紧密相接，无空隙、不重叠地铺成一个平面。最后，讨论、整理、记录，完成活动记录表。在这个过程中，小组长及时用相机拍录各小组成员的操作过程，用于小组汇报时展示各小组的操作结果。当学生在聆听、观察中看到本组的操作结果与其他小组一致时，欣喜的表情溢于言表。实践是最好的教师。这样揭示的密铺概念在学生的动手、动眼、动脑过程中真实地建构成功了，这不是一味欣赏课件所能达到的效果。

做中学是学习数学的最好方法。这节课准备了充足的学具，给学生提供了丰富的数学活动机会，让学生在活动中探究，在活动中发现，在活动中创造。无论是对图形进行密铺的尝试还是总结密铺的规律，或者只是进行密铺的创造，学生采用操作实践、自主探索、大胆猜测、合作交流、积极思考等活动方式学习数学，都因为有了这些实际操作的支撑而变得生动有趣并且容易理解。

本课的一个难点在于对图形可以"单独密铺"的条件的探究。因为让学生真正明白拼接角达到360°才可以单独密铺是初中二年级的知识，而对于小学五年级的学生来说，要让他们真正明白这点拔高过多；但如果本节课不提到这个知识点，学生会对这个问题存在较大疑惑，同时这节课的数学味也会减少很多。所以本课通过课件演示可以单独密铺的图形的密铺过程，从而凸出角的关系。这作为数学资料介绍，引导学生通过观察归纳出可以单独密铺的图形的特点，即"同一个顶点的各个拼接图形角的和为360°"，这样学生就会发现密铺图形都会组成一个 360°的角。在演示完可以单独密铺的图形后再演示正五边形，通过强烈的对比学生就可以有所感悟了，即只有能组成 360°的角才可以单独密铺，不能组成 360°的角是不可以单独密铺的。这样的处理既不拔高对学生的要求，又让学生直观体会到其中的奥秘，取得了较好的学习效果。

有人问过，经过多年数学学习，走出校园后真正能在生活中用到的"数学"有多少？学数学还是应该做数学？我想，在我们的数学实践活动课上，让学生动手做一做，一定会给学生带来更多的启示。

课题 铺一铺

◇ **适用年级** 五年级（上学期）

◇ **教材再现**

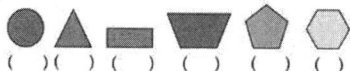

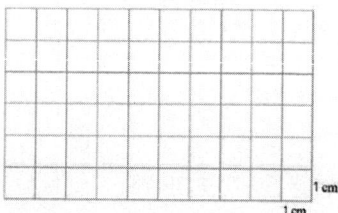

◇ **备课思考**

一、研究背景

《铺一铺》是 2003 年人教版数学教材小学五年级上册中的内容，是一节平面几何知识的综合应用课。密铺，也称为镶嵌，是生活中非常普遍的现象，它给我们带来了丰富的变化和美的享受。2003 年人教版数学教材在四年级下册已经学习过密铺的内容，通过让学生观察长方形、正方形、三角形密铺起来的图案了解什么是密铺。本课教学通过实践活动继续让学生认识一些可以密铺的平面图形，并会用这些平面图形在方格纸上进行密铺，从而进一步理解密铺的特点，培养学生的空间观念。整节课的内容充满童趣和美感，教学中教师应该抓住这些特点，让学生乐学，有效引领教学活动。

二、学情分析

密铺是个有趣的现象，五年级的学生对其已经有了一定的了解，遵循循序渐进的学习法则，才在本册教材中继续研究，因此，学生的知识储备是足够的。五年级学生对数学活动课的学习也较为熟悉，但日常教学中并没有普及活动教学，于是如何引导学生合理分工、共同收获也就成为教学中一个需要突破的重点。考虑到知识的延伸，关于正多边形能否密铺的实质特征在初中课程中还要继续学习，因此，为激发学生对知识的研究兴趣，本课将通过直观演示法引入正五边形的内角度数与360°之间的关系，为学生后续学习做铺垫，同时拓展学生的视野，培养其思维能力。

三、预期目标

[知识与技能]

（1）通过实践活动，使学生独立探索和正确区分能够密铺和不能密铺的图形，并在操作过程中感受密铺。

（2）通过计算所设计的密铺图案的面积，进一步巩固学生对各种平面图形面积的计算能力。

[过程与方法]通过铺一铺、猜一猜、想一想等实践活动，使学生在探索密铺的过程中体会平面图形之间的内在联系，并从数学美的角度欣赏周围的事物。

[情感、态度与价值观]通过一系列的探究活动，使学生感受数学知识与生活、艺术的密切联系。

[课题研究目标]关注学生能力水平特征，通过创设合理的问题情境进行操作实践，鼓励学生积极思考、发现问题并尝试探究解决问题。

四、教学重难点

理解密铺的概念，知道哪些图形能够密铺，能运用能够密铺的图形有规律地创作密铺图案,并能根据已有知识计算密铺图案的面积。

五、教学准备

(1) 分小组（6 名学生一个小组），由学生自行安排组长及记录员。

(2) 学生准备：彩笔（3~4 支）。

(3) 教师准备：制作学具袋（课本第 127 页附页 2 的图形、活动记录表、地砖设计图表）、投影仪、照相机、课件以及实物展台。

◇教学流程

一、导　入

(1) 谈话激趣，引导学生观察周围环境。师问："喜欢到多媒体教室来上课吗？这个多媒体教室与我们的教室有什么不同？"

(2) 分析：天花板是由什么形状拼成的？地板是由什么形状铺成的？这些长方形木板在铺地的时候能不能有空隙？这让你们想起四年级时学过的什么知识？（板书课题：铺一铺）

(3) 交流课前准备：我所发现的密铺现象。

[设计意图] 五年级的学生思维相对较成熟，课堂教学需要简洁明快的导入活动。通过师生和谐的对话，引导学生观察周围环境，发现身边的数学，快速引入学习目标并引起知识回忆。有效的导入是成功的开始。

二、欣赏生活中的密铺现象，了解密铺的意义

(1) 导语：密铺为我们营造了一个丰富多彩的世界。在我们的生活中、校园中、自然界中以及建筑上常有密铺现象。（课件播放）

观察下图，这些图形在拼接时有什么特点？

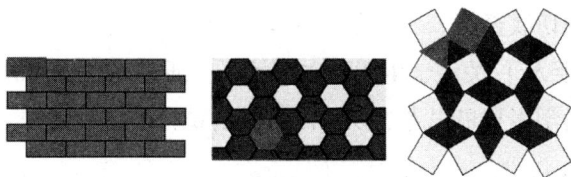

(2) 说一说："你能说说这些密铺图案是由哪些基础图形密铺而成的吗？"

课件出示浴室里的天花板图案，让学生感受密铺图案可能由一种或几种完全相同的图形密铺而成。（板书：一种、几种）

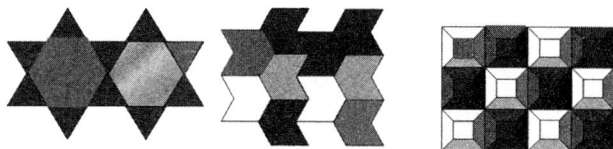

（3）复习旧知：判断下列三幅图哪种是密铺？课件出示。

下面的三幅图，可以看作是密铺吗？为什么？

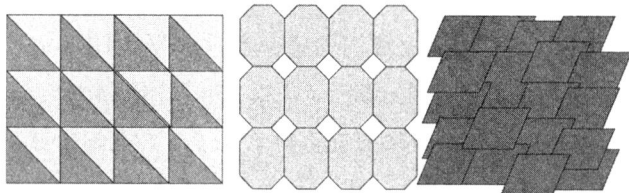

结论：无空隙、不重叠地铺在平面上。（板书：无空隙、不重叠）

（4）小结：把一种或几种平面图形既无空隙又不重叠地铺在平面上就是密铺。

[设计意图] 欣赏密铺图案，体会其在生活中的实际意义是本节课的教学目标之一。教师采集生活图片，使学生在观察活动中饶有趣味地发现密铺图案可以由一种或几种图形组成，感知密铺的本质特征——"把一种或几种平面图形既无空隙又不重叠地铺在平面上就是密铺。"同时，教师有效地引导学生进行分析、概括，逐步从直观感受过渡到抽象概念，循序渐进地展开教学活动。

三、操作探究，体验密铺

（1）教师提出问题：如果密铺平面时只用一种图形，比如圆形、三角形、长方形、等腰梯形、正五边形、正六边形，你们猜猜看，哪种图形能单独用来密铺？（让学生进行大胆的猜测和想象。）

（2）动手操作，实践验证。

师：实践是检验真理的唯一方法！我们就来动手铺一铺。

课件出示活动要求：①想一想，铺的过程中要注意什么？②小组分工合作，每人选择一种图形铺一铺。③小组交流铺的结果并做好记录。

（3）小组内操作、交流。

让学生利用学具袋中准备好的图形分小组分工合作，进行操作活动。小组长用照相机及时拍录学生活动成果。

（4）汇报交流，展示成果。

展示学生活动照片，请各小组组长汇报。若组长汇报不佳，教师播放课件演示该种图形单独密铺的过程。

小结：通过操作、汇报交流我们知道，在这些平面图形中，长方形、三角形、梯形、正六边形可以单独密铺。（师板书并贴出图形。）

[设计意图] 经历猜想与验证是重要的学习活动，也是学习目标。教师精心准备了学具袋，将书本附页中的图形放大并用卡纸剪下，方便了学生的操作。同时，有效的小组合作也提高了学习的效率。

[课堂生成] 学生在操作图形的密铺时能做到分工合作，较好地完成操作任务并观察结果及时记录。小组长用相机及时捕捉到各小组活动结果，通过视频展示能有效地反映出各小组操作结论是一致的，这为随后展示的知识提供了充分的现实依据。少数学生在拼摆图形时出现如下情况：正六边形可以独立密铺，而正五边形不可以，但是这样的拼摆是不能正确反映出它们是否能够密铺（见下图）。学生这样操作是没有分清"铺"与"密铺"的区别，忽略了密铺是要求把这些图形无空隙、不重叠地铺在平面上，而不是线状铺设。对于这样的情况，教师要及时提醒学生。

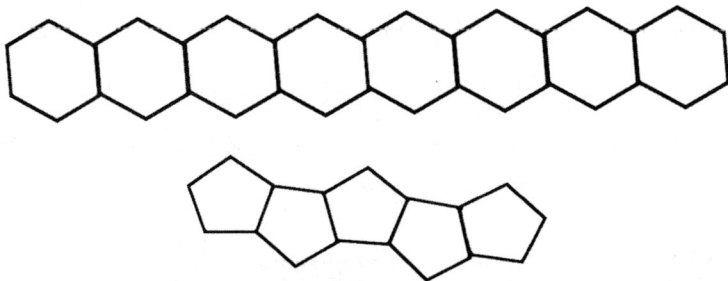

（5）师：这里还有几个平面图形，讨论下面几个问题。

①平行四边形应该属于哪一类？眼见为实，咱们来看一下课件演示：平行四边形可以密铺。

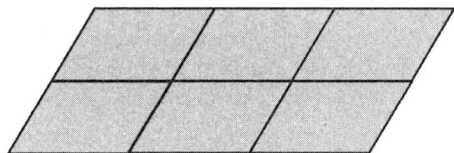

②正方形可以密铺吗？你知道为什么正方形可以密铺吗？课件演示：正方形的内角都是90°，四个正方形拼接点处四个内角正好围成360°，没有空隙，形成密铺。

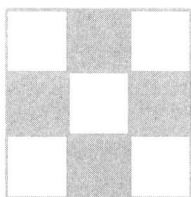

1．相拼接的边相等

2．拼接点处各个角的和等于360°

③那么正五边形为什么不能密铺？先课件演示，然后让学生解释。

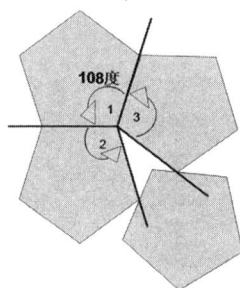

（6）数学资料介绍。

师：发现所给出的图形中只有圆形和正五边形不能密铺，其他图形都可以密铺。那它们能密铺可能和什么有关？（师结合课件进行演示介绍。）初中课程时你们还有机会继续深入研究。

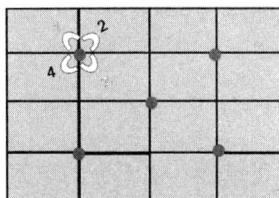

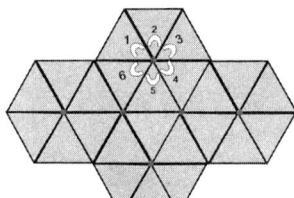

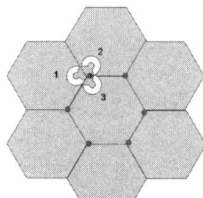

[设计意图] 在研究了六个基本图形能否密铺之后，让学生判断平行四边形能否密铺并通过课件予以验证。而正方形能否密铺其判断已然不是重点，重点是引入图形内角与360°之间的关系，为认识正五边形不能密铺的本质特征做好铺垫，也为今后的学习埋下伏笔。

（7）师：如果圆形和正五边形不能单独进行密铺，那么它们可以与另一个平面图形搭配进行密铺吗？

课件出示：圆形和正五边形分别与另外一个平面图形密铺。

四、欣赏美妙的密铺图案，拓展思维

（1）师：密铺不仅在我们的生活中有着广泛的应用，在艺术领域里也有着惊人的表现，密铺图案奇妙而美丽。荷兰艺术家埃舍尔利用密铺创作的画作富有趣味。我们来欣赏一下他最有名的作品《不可能的世界》。课件出示：埃舍尔画作。

（2）师：看来无论什么形状的图形既无空隙又不重叠地铺在平面上都是密铺。世界上有太多的不可能已经变成了可能，送你们一副对联，上联是"掌握技巧必不可少"，下联是"勇于创新其实更妙"，横批是"大胆实践"。

[设计意图] 埃舍尔的《不可能的世界》具有很强的视觉冲击力，让学生在对美的惊叹声中再次感受到密铺的魅力，同时也为学生打开了创意思维之门。

五、联系生活，运用密铺

（1）师：老师家要铺地砖了，我想请同学们帮我设计一幅漂亮的图案。

请看要求：

①请你选用两组瓷砖中的一组进行设计，先想一想准备选哪一组？怎样铺？

②在拼摆密铺图案时一定要有序进行。

③想一想：怎样才能设计得美观、新颖、富有想象力？

小小设计师

下面有两组瓷砖，请任选一组设计一个图案。

1号瓷砖　　　　2号瓷砖

（2）学生自己设计。

（3）展示学生设计的作品。

（4）教师让学生完成课本第110页的填空练习，一幅好的作品往往离不开精密的计算，你能算出你所创作的作品中各种图案的面积是多少吗？谈一谈你是怎样计算的？

（5）欣赏全班同学设计的作品。

[设计意图] 学以致用是教育的最终目的。给学生一定的空间，利用新知识进行创作极大地激发了学生的兴趣，每个学生都全身心地投入到了自己的创作中去。

[课堂生成] 教师给学生提供的学习纸设计要尽可能的科学合理。课本中出示的方格纸为 10×6 格，这是有必要的。如果给学生提供的方格过多，会干扰学生的设计思路以及绘图时间，而方格过少又不利于展示密铺图案的精美。

六、回顾与总结

（1）谈话：同学们，通过这节课你对图形的密铺有新的认识吗？在我们的生活中还有很多这样美丽的图案，大家在以后的学习和生活中要不断地用眼睛去发现美，用心灵去感受美，用智慧去创造美。

（2）拓展与延伸：

①利用课余时间收集一些生活中用平面图形密铺的图案。

②设计出用两种以上的平面图形进行密铺的图案并与同学交流。

[设计意图] 这一环节不仅关注学生对知识技能的理解和掌握，还关注学生对学习方法的运用情况，既是对本节课知识的自我整理，同时又考察了学生对知识的掌握情况，让学生体验到学习数学的成就感。

◇学生实践活动成果

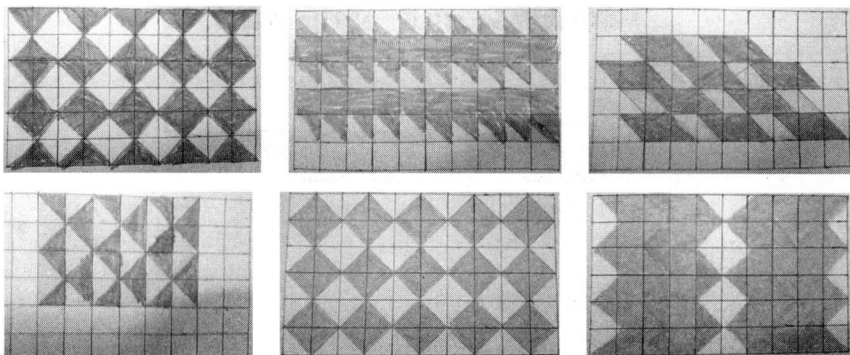

附：

《铺一铺》实践活动作业单

活动一：下面的图形能单独密铺吗？

（能密铺的在括号里打"√"，不能密铺的在括号里打"×"）

猜测结果：（　　）（　　）（　　）（　　）（　　）（　　）

验证结果：（　　）（　　）（　　）（　　）（　　）（　　）

活动二：小小设计师

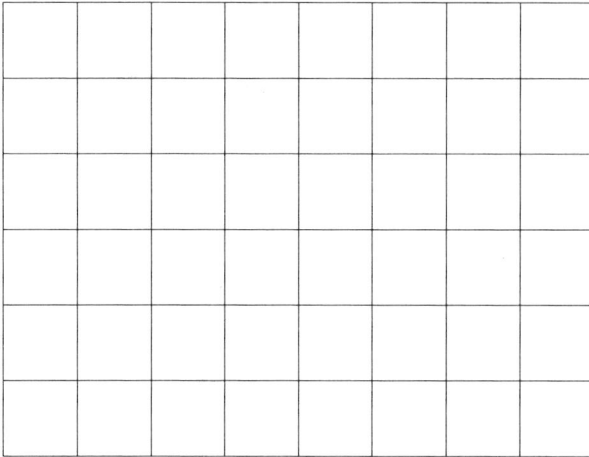

用了（　　　）块，所占面积是（　　　）平方厘米，用了

（　　）块，所占面积是（　　）平方厘米，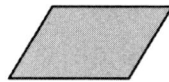　用了（　　）块，

所占面积是（　　）平方厘米。

学生的好感觉，教师的新发现

——《解决问题——七巧板》教学思考

执　　教：马鞍山市四村小学　唐　明

案例撰写：马鞍山市四村小学　唐　明

微课制作：马鞍山市四村小学　唐　明

学生从 2012 年人教版数学教材小学一年级下册《认识图形（二）》开始正式学习平面图形，教材在编排结构上分为知识的引入、知识的教学和知识的应用三个层次。教材选取的题材符合儿童的年龄特征，尤其是教材第 4 页例 3 引入了七巧板这一素材，既让学生感到熟悉又能引发学生探索的兴趣，同时又将中国优秀的传统文化融入到数学学习中。然而很多教师没有正式地上过这节课，有很少教师只是布置学生回家看书摆一摆，原因是活动材料的准备和活动过程的调控令人望而却步。经过几轮磨课后，我有以下两点感触：

1. 学生成为实践活动的"领衔主演"

心理学家皮亚杰认为：智慧的鲜花是开放在手指尖上的。本节课教学中安排了三次操作活动：（1）指定拼图：用七巧板中最小的两块三角形拼认识的图形。（2）合作拼图：用一套七巧板拼三角形，看哪一小组拼得多？（3）自由拼图：用一套七巧板拼图案，并用一句话来介绍。合作拼图不仅培养学生的空间观念、操作能力，更让学生经历"四能"（发现、提出、分析、解决问题的能力）培养的完整过程。通过理解题意学生发现问题："一套""拼三角形""拼得多"是其中的关键词，很自然地提出问题：怎样才能拼得多？学生通过交流梳理出方法：在小组里各自先想好选几块板来拼，每次尽量找到所有的拼法，再增加板的数量，用相机记录。活动氛围自由民主，即使遇到困难也能得到教师的指点和同伴的帮助。在展示学生的拼图照片时，通过对比、分析，学生初步感受到一些拼图的策略，并获得解决问题的一般方法。如在 3 块板的基础上加一块大三角形就拼成了新三角形，在正方形中去掉 2 块大三角形就变成了用 5 块板拼成的三角形。

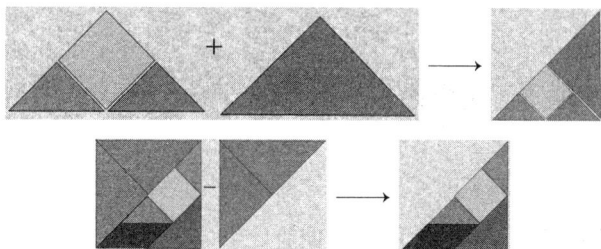

用七巧板创造性地拼图更是将本次教学活动推向高潮，充分展示了学生的智慧。拼出的图案种类繁多，异彩纷呈，学生的创造力和想象力令人惊叹。数学学习本应是儿童自己的实践活动，通过游戏和比赛自由地触摸数学，通过合作与交流尽情地体验数学，学生的感受是：数学真有趣！

2. 教师成为实践活动的"幕后英雄"

小学数学实践活动课没有现成的教案和固定的套路，所以教师既拥有自主的空间又要接受更大的挑战。如今多数学生迷恋电脑游戏、电视节目，而对祖国灿烂悠久的数学文化却不甚了解。本节课上介绍了有关七巧板的背景知识，让学生感受到数学也是人类的一种文化。正如罗林所说：只有知识，没有学科。新课程注重学科间的整合，打破了"纯数学教学"这一狭义理解范畴。这节课首次尝试用 Hiteboard 软件制作课件，为了展示学生用 3 块板拼三角形的不同方法，故在每块板上设置了"拖动克隆"功能，可以根据学生的需要自由选择。学生俨然变成了小老师，在电子白板上用笔对图形进行旋转、移动、组合，如此激发起了学生的多样情绪，也让学生的学习方式更加多元化。同时利用实物投影，将学生的拼图作品及时展示、评价，为学生搭建了将知识加以综合运用的平台。课中还将几幅有关联的拼图作品配上音乐、文字、声音，制作成一个关于亲情的微视频。播放的过程中，学生们凝神注目，深深地沉浸其中。

"世界通过游戏展现在孩子面前，人的创造才能也常常在游戏中表现出来，没有游戏就没有充分的智力发展。"教育家苏霍姆林斯基的这句名言为这次数学实践活动课做了很好的诠释。

课题 解决问题——七巧板

◇ **适用年级** 一年级（下学期）

◇ **教材再现**

3 用一套七巧板拼三角形，看谁拼得多。

知道了什么？

一套七巧板有7块，1个 ▨ ，1个 ▱ ……

小明

拼三角形，看谁拼得多。

小丽

每人用一套七巧板拼。

怎样拼呢？

用两个这样的三角形可以拼一个新的三角形。

我用一个正方形和两个三角形拼成一个新的三角形。

还可以怎样拼？

小明拼的：

小丽拼的：

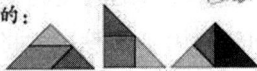

谁拼得多？

做一做

你能用一套七巧板拼几个长方形？

◇ **备课思考**

一、研究背景

本单元是学生正式学习平面图形的开始，在编排结构上分为知识的引入、

28

知识的教学和知识的应用三个层次。教材选取的题材符合儿童的年龄特征，尤其是七巧板这一素材的引入，既让学生感到熟悉又能引发学生探索的兴趣，同时又将中国优秀的传统文化融入数学学习中。活动的设计具有开放性，既可以满足不同特点学生的需要，又能促进学生更深入地思考。

二、学情分析

由于一年级的学生活泼好动，尤其这节课还涉及 3 次操作活动，所以课堂纪律是难以控制的。同时，通过"用一套七巧板拼三角形"活动让学生感受解决问题的步骤和方法，这对于小学生来说也有一定的难度。根据学生的心理特点，教学中将采用提问法、演示法、讨论法等多种方法，让学生猜想、操作、交流、表达，进行自主思维活动，培养其空间观念和探索精神。

三、预期目标

[知识与技能] 在用七巧板拼三角形的过程中，进一步加深学生对三角形、长方形、正方形、平行四边形这些平面图形的认识。

[过程与方法] 在活动过程中，有目的、有计划地培养学生的审题能力，初步获得分析问题、思考问题和解决问题的基本方法。

[情感、态度与价值观] 培养学生的想象力和创造力，感受所拼图形的数学美。

四、教学准备

（1）根据班级人数，将学生分成 4 人一组的形式，每组由不同能力的学生组成。

（2）学生准备：1 套七巧板，组长准备照相机或手机。

（3）教师准备：多媒体课件、电子白板、实物展台。

◇教学流程

活动（一）自主交流，认识七巧板

（1）七巧板是一种古老的拼图玩具，距今已有 2 500 多年的历史。请观察手中的七巧板，看一看，数一数，说一说有什么发现。（课件出示七巧板）

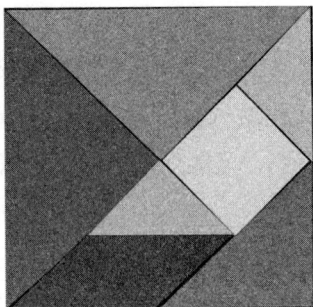

根据学生的发言，引导得出：

①一副七巧板有七块板。

②七巧板有三种不同的图形：三角形、正方形和平行四边形。

③七块板中三角形有5个，其中有2个大的，2个小的，1个中等的；还有1个正方形和1个平行四边形。

（2）哪些图形是完全一样的？（课件出示标上数字的七巧板）

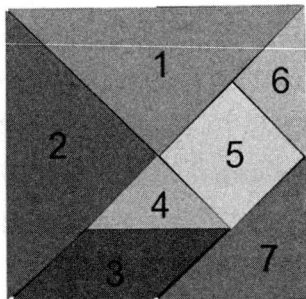

生：1号和2号三角形一样大，4号和6号三角形一样大。

师：你怎么知道它们一样大呢？

引导操作：把两个三角形叠在一起，看是否完全重合。

[设计意图]让学生自由发言、互相启发，从而运用已学过的知识结合自己的理解来了解七巧板的组成。学生能看出1号和2号、4号和6号三角形的大小相等，这只是直观认识，还需要通过操作验证。

（3）用2个小三角形拼图，你会拼成什么图形？

预设：三角形、正方形、平行四边形。

根据学生的回答随机出现：

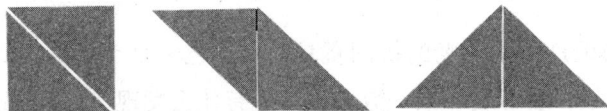

师：拼完以后你有发现吗？拼成的正方形和 5 号一样大，平行四边形和 3 号一样大，三角形和 7 号一样大。

引导观察：在拼图时，要把相等的边拼接在一起。

活动（二）动手操作，拼摆七巧板

（1）出示教材例 3：用一套七巧板拼三角形，看谁拼得多。

请大家读一读题目，这里有几个词特别重要，你发现了吗？说一说。

提炼关键词：一套、拼、三角形、多。完整地说一说题目要求是什么？

拼三角形，
看谁拼得多。

每人用一套七巧板拼。

在动手操作之前，先想好怎么拼才能拼得多？

引导思考：可以小组合作，先从两块板拼起，看有几种拼法，再增加板的数量，小组长用相机记录不同的拼法。

[设计意图] 介入完成任务能够激发学生的兴趣。学生在观察、思考后，通过小组合作培养学生的团结协作精神。

（2）小组活动，教师巡视，了解每组拼图情况。

（3）巡视后反馈：你选了几块板拼三角形？怎么拼的？

通过电子白板展示用 2 块板拼的情况：

其实这两种拼法大同小异，只不过三角形的大小不同。

通过电子白板展示用 3 块板拼的情况：

指定3个学生在白板上演示拼图过程。

[设计意图] 学生说出用3块板拼三角形的不同方法，并在电子白板上将选中的图形进行"克隆"、拖拽、旋转、组合，让拼摆的过程透明化。

引导学生观察下面两种拼法，有什么发现？

引导发现：其实这种用3块板拼图相当于在用2块板拼的基础上加了一块板。

（4）如果用4块板拼三角形，你能想到在原有3块板的基础上加哪一块吗？白板演示：

[设计意图] "能加哪一块板？"光凭眼睛看，学生的回答是不准确的，通过白板的演示能够直观地解决这一个疑点。

通过实物投影展示用5块板、6块板、7块板拼图的情况，从中感受拼图的策略：在原有拼法的基础上加板或减板。

（5）到底用一套七巧板能拼出多少个三角形呢？教师收集了14种拼法，我们一起欣赏一下。

[设计意图] 让学生在欣赏中感受拼三角形的策略，利于激发有兴趣的学生课后继续探索的热情。

（6）请大家想一想，这节课我们在解决"用一套七巧板拼三角形"这个问题时是怎样做的？（先理解问题，从2块板开始拼，由易到难，一边动手一边观察，并积累一些拼图的经验。）

活动（三）全课总结，应用七巧板

（1）今天咱们一起玩七巧板，你有什么感受？

（2）七巧板不仅能拼图形，还能拼数字、汉字和一些有趣的图案。（课件展示）

（3）用一套七巧板拼出有创意的图案，并用一句话来介绍它。

[设计意图] 让学生自由拼图，静静操作。有的学生成功了，兴奋地举起手来，组长用相机记录下来，同时让他们感受到数学活动的乐趣，发现数学就在自己身边。

（4）当几幅拼图串联在一起，就变成了一个故事。想看吗？（播放微视频）

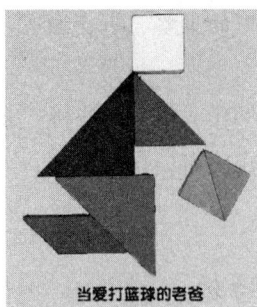

当爱打篮球的老爸

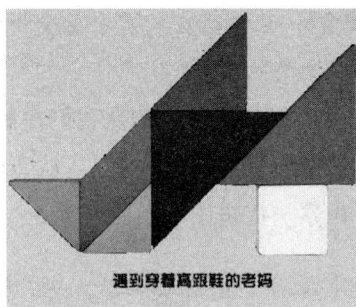

遇到穿着高跟鞋的老妈

他们相爱了

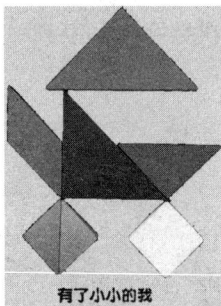

有了小小的我

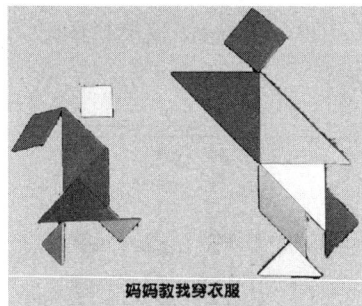

妈妈教我穿衣服

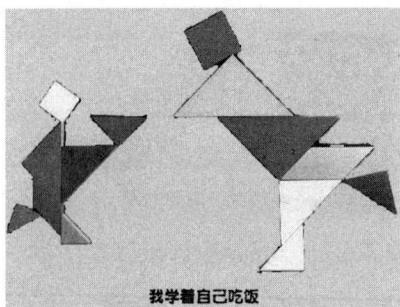

我学着自己吃饭

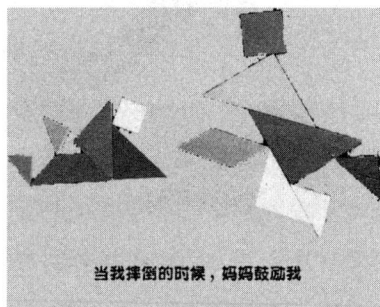

当我摔倒的时候，妈妈鼓励我

渐渐地我长大了

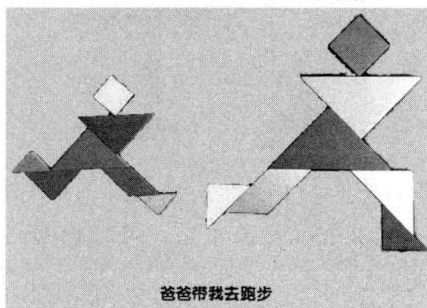

爸爸带我去跑步

和我一起踢足球　　　　　　爸爸陪我学轮滑

和我一起玩耍　　　　　　这就是我的家

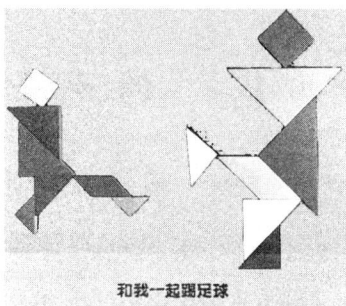

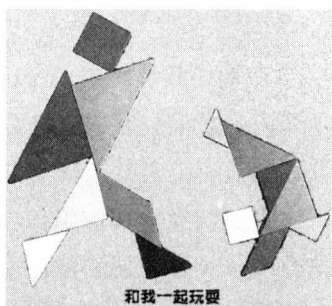

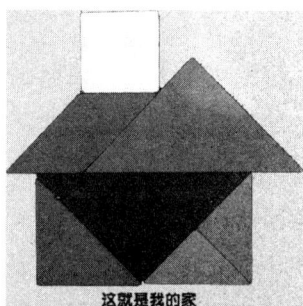

[设计意图] 随着微课课件的播放，学生情不自禁地发出惊叹：小小七巧板居然如此千变万化！用七巧板拼成的故事促进学生的五官协同发展，寓教于乐利于激发学生的学习兴趣。

（5）作业：你能用一套七巧板拼几个长方形？

（6）把七巧板复原拼成一个正方形，收起来。

◇学生实践活动成果

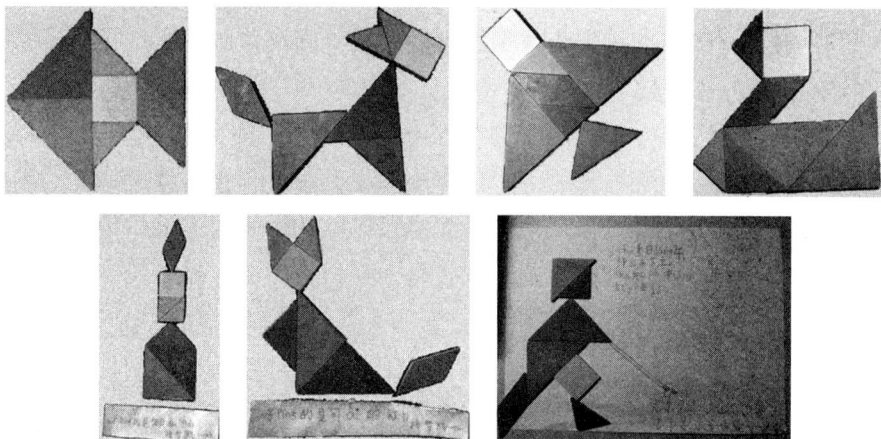

在操作体验中汲取"四能"的元素

——《拼一拼，搭一搭》教学思考

执　　教：马鞍山市山南小学　黄祥凤

案例撰写：马鞍山市山南小学　黄祥凤

《拼一拼，搭一搭》是根据2012年人教版数学教材小学一年级上册的内容而创编的一节数学实践活动课。教学本节内容之前，曾向其他学校同年级的教师了解该课的执教情况，得知大多数教师没有上过这节课，只是有的教师布置学生回家拼一拼、搭一搭，因此可供借鉴的经验成为空白。经过较长时间的思想斗争，我决定试教一下。在执教准备过程中遇到诸多麻烦，如准备统一的学具、同桌互相讨论、按要求拼搭等，但仍然觉得此课值得一上，因为它是培养学生"四能"的有效平台。

1. 争奇斗艳

整节课上学生在活动中发现、交流、表达，开展自主思维活动，不同层次的学生都能获得成功的体验（见学生作品）。课中发现男生比女生动手能力还要强，但是男生的自控力和专注力却比女生弱。

2. 硕果累累

结合"四能"培养，先让学生动手实际操作，然后再根据自己的实际经验发现问题。在拼搭的过程中，学生不但发现了问题，而且能自我提出问题并解决自己提出的问题。

（1）合理放置小球。在巡视的过程中，听到很多学生嘴里嘀咕着：小球真调皮，小球怎么放呢？急躁的学生对小球没有耐心，小球就更调皮了。然而最后发现，调皮的小球被聪明的学生制服了。从学生的汇报中得知，学生都有自己的办法将小球小心翼翼地放在最上面，或用正方体、长方体把小球夹住。

（2）用圆柱拼搭。圆柱怎么摆放？学生在动手操作中发现圆柱只能将圆面朝下摆放，否则容易滚动。因此得出：圆柱比较适合"搭"，不适合"拼"。

3. 妙手回春

一年级学生活泼好动，尤其是上这样的实践活动课时容易"失控"。可见开展这样的实践活动，如何调控课堂非常重要。

（1）课前发放活动材料，避免学生的新鲜感引发过度兴奋。

（2）引入小组竞争机制，分组时要考虑到不同能力、不同性格的孩子，课前就要说明遵守操作活动规则的重要性，并对小组的纪律、发言、效率进行考核。

（3）适时运用评价语言来调动课堂气氛，如"会听的孩子才是会学习的孩子。""这真是个'伟大'的发现！""小手快摆好，大眼看老师。"

其实，不探究是没有发言权的。要想拼搭的作品又高又稳，教师也是费了一番工夫，也是在第一次失败以后仔细观察了立体图形的特点才成功的。因此，拼一拼、搭一搭可不像看上去那么简单。

"提出一个问题往往比解决一个问题更重要。"学生本身就很难主动地提出问题，更何况是一年级的学生。在学生思维逐步推进时适时引导，鼓励他们提出问题并解决问题。

课题 拼一拼，搭一搭

◇ **适用年级**　一年级（上学期）

◇ **教材再现**

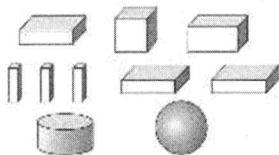

◇备课思考

一、研究背景

《拼一拼，搭一搭》是2012年人教版数学教材小学一年级上册的一节数学实践活动课。这节实践活动课能让学生深刻地感受到学习的乐趣，充分发挥学生的想象力和创造力。另外，教材也留给学生创作的空间，在动手操作中培养一年级学生发现问题和提出问题的意识，这也是选择执教这节实践活动课的初衷。

二、学情分析

对于一年级的学生来说，由于他们年龄小，活泼好动，良好学习习惯的培养才刚刚开始。因此，在以动手操作为主要学习形式的实践活动课上，课堂纪律是难以控制的。同时，这节课涉及的数学知识点很多也很抽象。根据一年级学生的心理特点，教学中将采用提问、演示、直观教学、体验等多种方法，让学生大胆猜想、发现、推理、交流、表达，开展自主思维活动，培养其形象思维能力和语言表达能力。

三、预期目标

[知识与技能]

（1）了解几个相同的长方体（正方体）可以拼成新的长方体（正方体）。

（2）能根据立体图形的特点进行拼搭，并能做到又高又稳。

[过程与方法]

（1）通过触摸、拼摆等生动有趣的操作活动，加深对长方体、正方体、圆柱和球的认识。

（2）搭立体图形的实践活动中，学会用上、下、左、右、前、后等词描述正方体的相对位置。

[情感、态度与价值观] 体会图形的特征和相互之间的关系，同时感受学习数学的乐趣。

[课题研究目标] 通过创设合理的问题情境，鼓励学生积极思考，培养学生发现问题、提出问题和解决问题的意识。

四、教学准备

（1）学生准备：2个相同的长方体、6个相同的正方体、1个圆柱体、1个球体。

（2）教师准备：8个相同的大正方体、2个相同的长方体、1个圆柱体、1个球体、摸奖箱、课件、实物展台、相机。

◇教学流程

一、猜一猜

同学们，你们认识哪些立体图形？

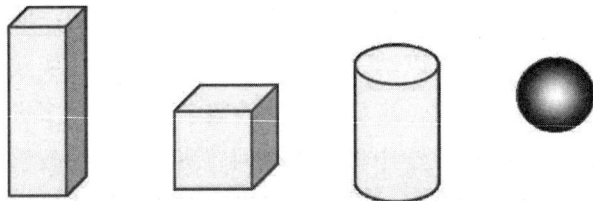

今天，老师费了好大的力气才把我们认识的几位图形朋友请来。下面我们带着这些老朋友去做个游戏，放松一下。

游戏规则：根据PPT出示的内容，猜一猜是什么立体图形，并从箱子里摸出这个立体图形。

圆圆鼓鼓小淘气，滚来滚去不费力。

正正方方六张脸，平平滑滑一个样。

上下圆圆一样大，放倒一推就滚动。

长长方方六张脸，相对两面一个样。

引入新课：同学们实在太厉害了！今天继续来了解更多的与它们有关的知识。（板书课题：拼一拼，搭一搭）

［设计意图］复习旧知识，让学生对长方体、正方体、球体、圆柱体的特征有更深刻的认识。"猜一猜"主要考查学生对立体图形的特征掌握得如何，

再加大难度，让学生根据它们的特征正确地摸出立体图形。

二、拼一拼

1. 正方体的拼法

（1）用2个完全相同的正方体拼立体图形。

①请小朋友从盒子里面拿出2个正方体，想想用2个相同的正方体可以拼出什么立体图形？我们要遵守图形乐园的规定喔！要爱护图形，做到轻拿轻放，摆完后便坐端正。

教师示范：教师用积木边拼边说："我用4个大小相同的长方体可以拼一个大的正方体，还可以用2个大小相同的正方体拼一个长方体。"

②音乐响，小朋友们开始拼；音乐停，小朋友们要迅速坐好。咱们比一比哪一组的小朋友拼得最快，最先坐好。

③找一名同学上来展示。

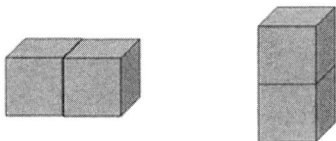

④小结。

师：不管是横着拼还是竖着拼，我们拼成的都是一个什么立体图形？

生：长方体。

（2）用3个完全相同的正方体拼立体图形。

①用3个完全相同的正方体可以拼出什么立体图形？我们要遵守图形乐园的规定喔！要爱护图形，做到轻拿轻放，摆完后便坐端正。

②说一说哪些是我们认识的立体图形？

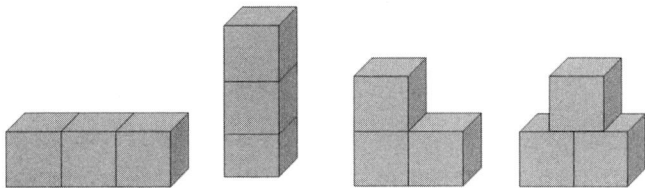

展示问题拼法：

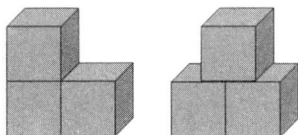

师：2个或者3个完全一样的正方体拼在一起能拼成一个新的立体图形。

（3）用4个完全相同的正方体拼立体图形。

师：用4个完全相同的正方体能拼成哪些我们认识的立体图形呢？

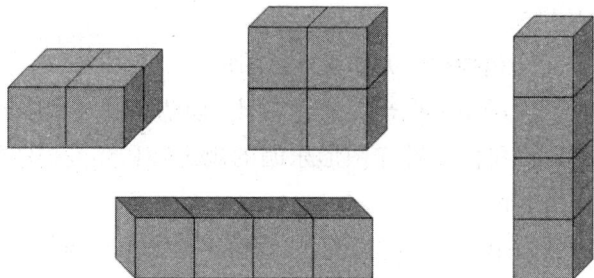

（4）用8个完全相同的正方体拼立体图形。

下面，请你们拼一拼，试一试，看看怎样才能拼出一个稍大的正方体？至少要几个完全相同的小正方体呢？拼完了同桌相互检查，看看拼的是不是正方体。

师：所以要几个完全相同的小正方体才可以拼成一个稍大的正方体？

生：8个。

师：8个相同的小正方体还可以怎么拼？（让学生体验竖着拼，确实很高，但是不够稳。）

2. 长方体的拼法

（1）提问：能不能用大小相同的长方体拼一个大的正方体或长方体呢？下面请同学们试一试。

（2）小结：两个完全一样的长方体也能拼成一个长方体，横着或者竖着拼都可以。

（3）拼正方体也好，拼长方体也好，为什么你们都不选圆柱？（指定几个学生发表见解。）

师：球和圆柱容易拼吗？看来圆柱和球不适合拼一拼，它们更适合搭一搭。

[设计意图] 首先，要求拼出学过的立体图形。其次，给出2个、3个、

4个、8个相同的小正方体，在此环节突破"至少用8个相同的小正方体才能拼出一个稍大的正方体"，并渗透又高又稳的知识。再次，长方体的拼组意在突出长方体竖起来拼得更高。

三、图形知识大挑战

谈话：不知不觉我们就来到了图形知识大挑战，你敢挑战吗？每个图形下面都有几道题，你想挑战哪一个？

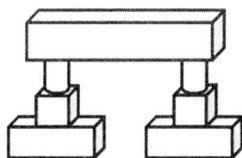

有（ 　 ）个 🥫　　　　　　有（ 　 ）个 🥫

有（ 　 ）个 ◼　　　　　　有（ 　 ）个 ◻

有（ 　 ）个 ▯　　　　　　有（ 　 ）个 ▭

（1）填一填：学生独立完成后，教师指名说一说。

（2）比一比、辨一辨：哪个高？你有办法让浅色的比深色的高吗？（学生可能一时想不出来。）

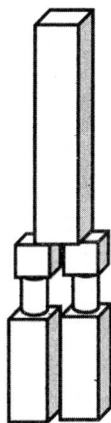

［设计意图］突出长方体竖着放会更高，为后面学生的动手拼搭比赛做好铺垫。

43

四、搭一搭

1. 尝试拼搭

今天我们进行搭积木游戏，名字叫《看谁搭得又高又稳》。

师：每个人桌子上的盒子里面有各种各样的积木，想不想用积木搭一搭、试一试呢？看谁搭得最有创意？

师：先请大家都不要动，看清楚游戏规则再开始。告诉老师你准备好了没有？

（1）出示游戏规则：①所有的积木都要用上。②搭得又高又稳。

师：同桌互相说一说游戏规则，你知道了什么？（指一名学生说一说，教师及时评价。）

（2）讨论方法。教师在学生搭之前，引导同桌先商量怎么样搭可以又高又稳？教师参与学生讨论，适时指导。

师：如果你们商量好了，就动手搭一搭，小组同学互相提建议。

（3）教师参与学生活动，及时指导：搭得既要又高又稳，积木又要全部用上，球在哪里能放稳呢？

引导发现：长方体竖起来可以搭得高，球放在最上面可以放得稳。

2. 比较评价

先在小组里比一比谁搭得高？各小组都选出一个搭得高的，再比一比这几个同学谁搭得最高？（学生可能会说不在一个组里不好比。）

师：那你们能不能想到一个比较的好方法呢？

预设学生：

（1）在同一个桌子上重新搭一次。

（2）用绳子来量一量。（学生发表自己的见解。）

师追问：都是用这些积木，为什么他搭的就高一些呢？让学生再次通过观察比较，发现搭得又高又稳的最佳方法。

[设计意图] 首先，要让学生明白操作要求，培养一年级学生倾听的习惯。其次，理解"又高又稳"的意思。①合理放置球。②长方体竖起来放搭的更高一些。③圆柱圆面朝下容易拼搭。

五、播放图形电影世界

师：刚才我们参观了图形电影，看到了很多美丽的建筑，希望我们班的小朋友在山南小学快乐成长！

六、全课总结

今天大家玩得开心吗？你们这次去图形乐园学到了些什么呢？

结论：在我们的生活中，处处有数学。人类利用图形的拼搭将我们的世界装点得更加迷人，更有数学的魅力。

七、课外实践作业

（1）利用长方体、正方体、圆柱体、球体等拼出你所喜爱的立体图形。

（2）下节课展示学生的作品。（可以请爸爸或妈妈将拼好的立体图形拍成照片传给我。）

（3）数学日记。（学生口述上课感受，家长笔录。）

[设计意图] 让学生将这节课中的"四能"元素在课后得到充分体现，将"四能"培养渗入日常生活中去。家长在笔录的过程中也会有所触动，进而增强家长培养学生"四能"的意识。

◇学生实践活动现场和成果

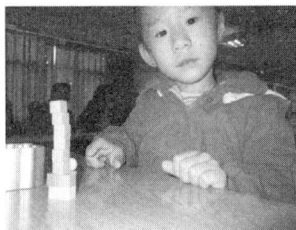

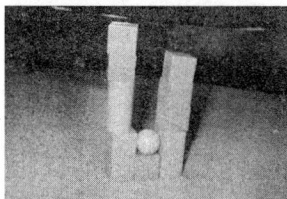

直面学生的学习起点，促进学生和谐发展

降低探究起点，搭建攀援的梯子

——《打电话》教学思考

执　　教：马鞍山市山南小学　刘　萍　邓　辉

马鞍山市山南小学　李光云

案例撰写：马鞍山市山南小学　俞洁文

微课制作：马鞍山市山南小学　丁　红　邓　辉

搭配问题、重叠问题、抽屉原理、植树问题、鸡兔同笼、打电话、找次品等原先奥数中的老面孔，出现在现行数学教材的综合与实践、数学广角、解决问题策略等各单元的栏目中。对于执教过奥数的数学教师来说，这些奥数题既熟悉又陌生，熟悉的是题型，陌生的是全新的教学要求与教学方法。在家长、小学教师乃至大学教授纷纷扬扬的褒贬声中，尽管许多地方取消了奥数竞赛，但奥数热依旧存在，奥数的价值到底何在？昔日的奥数辅导与现今渗透于教材中的有关奥数内容的学习有什么本质区别？

回顾过去的奥数辅导班，优中选优，一个年级两百余名学生选出二三十人组成竞赛班，经过辅导最终获奖的也就十来人。教学方式大多为讲解式，因为大部分学生没有认真思考，知识只是被动接受，所以学了也就忘了，当然也不排除个别学生从中获得成功体验，但只是凤毛麟角，而我们的教育所追求的目标应该是所有孩子的成长。奥数真正的价值在于使学生获得思维的训练，且不同的学生获得不同程度的思维训练，这就需要教师适当保持课堂教学进度与学生学习接受度之间的张力。

一、关于教材分析与思考

本节课目标在于通过综合应用让学生进一步体会数学与生活的密切联系以及优化思想在生活中的应用，培养学生应用数学知识解决实际问题的能力，同时通过画图的方式发现事物隐含的规律，培养学生归纳推理的思维能力。教学中引领学生探索"每人每分钟都不空闲"的最优方案，在探索中总结数学活动经验抽象为数学规律（第 n 分钟接到电话的人数是前 $n-1$ 分钟接到电话的总人数加 1（老师），前 n 分钟接到电话的总人数是 $2^n - 1$），探讨规律的可行性并利用规律解决问题。

二、关于几轮教学的反思

1. 教学预设与试教

就这节课来说，教材的处理方式可能只适用于那些基础较好的学生，而绝大多数的学生可能只会成为课堂的旁观者。首先，教材试图通过尝试分组寻找多种不同方案，通过自身体验"所有知道信息的人同时通知"逐步建立起与最优方案的联系。是完全放手让学生探索吗？先尝试分组，再计算各种分组方法所需的时间，进一步调整、寻找最优方案，画图、填写表格、探寻规律，短短一节课时间能得及吗？

对于一个复杂问题的解决必须要有一个思考推理的过程。寻找这个过程最好的方法之一就是"特殊化"：先从简单问题入手，然后探索规律，归纳总结，建立模型，再运用于复杂问题的解决。在尊重教材知识体系的基础上，估计学生一开始就探索"通知 15 人"的方案比较困难，因此采取分层递进的方法，先让学生探索"通知 7 人"的方案，进而探索"通知 15 人"的方案。这样处理教材既分散了难点，也符合数学归纳的思想和方法。

试教中问题设定在汶川大地震情境中：某地解放军部队要去灾区抗震救灾，指挥官接到上级指示要提前一个小时出发，时间非常紧迫。如何才能尽快通知到下面 7 个分队的队长呢？帮助学生审题，明确要解决的问题是：要尽快通知到这 7 人，需要多少时间？

先是学生猜想，答案有 2 分钟、3 分钟、7 分钟等。针对"7 分钟"的通知方案，学生感觉费时，为什么会费时？再通过图示让学生直观地发现逐个通知会造成有人空闲，所以费时，从而得出只有保证"每人每分钟都不空闲"才是最省时的通知方案。理解到这点，再通过分层的图示法用不同的颜色表示每分钟通知的人数变化情况，可以清楚地让学生看到"每分钟新通知到的人数的变化""每分钟后知道消息的总人数的变化""每分钟后新接到通知的人数的变化"等，最后进行由"打电话"问题引申出来的众多规律的探究。试教后，发现问题如下：

（1）全班 68 人分小组活动探究，由于时间过紧，能探究出来规律的学生不到三分之一，教师不得不反馈交流了。

（2）用作图表示"通知7人所需要时间"比较混乱，导致"有人空闲"产生错误结果。

（3）填表探究规律时，学生停留在探究数字变化规律，没有结合实际意义探究规律，其本质在于没有足够的操作体验作为理解规律的支撑点。"经历寻找最优方案的过程"与"发现规律"到底孰轻孰重？

2. 教学预设的调整

调整一：再次降低探究的起点

调整后，将第一次的"通知7人"改为"通知3人"，第一次的情境创设只能让学生体会到尽快通知的必要性，与尽快通知方法并无联系，因此创设更为简洁的情境：4名男生是学校足球队的队员，小军是队长。周六的早上，小军接到消息，让他通知其他3名队员在周六的下午去学校训练，若打电话通知，每分钟通知1人，需要几分钟呢？

将探究的起点落在通知3人身上，降低了问题的解决难度。因为通知3人只有三种通知方案，学生很容易找出（如下图）。

（1）小军 —₁→ 小东① —₂→ 小龙② —₃→ 小明③ （用时3分钟）

（2）

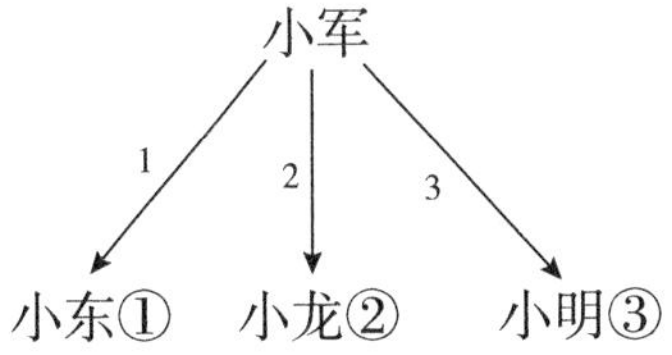

（用时3分钟）

（3）小军 —₁→ 小东① —₂→ 小龙②
—₂→ 小明③ （用时2分钟）

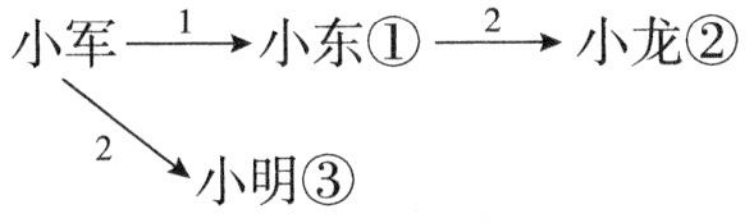

其中前两种方案实质是一样的，都是逐个通知，用时都是3分钟；第三种方案用时2分钟，比前两种方案省时1分钟。经过观察，学生不难发现，这省下的1分钟其实是在第2分钟时出现了差别：用时3分钟的方案在第2分钟都只通知了1人；而用时2分钟的方案在第2分钟时已经知道消息的2人都不空闲，分别通知了另外2人，所以省下了这宝贵的1分钟，这一发现恰恰就是最省时方案的关键所在——每人每分钟都不空闲。正是因为降低了探究的起点（通知3人），学生能很快地找到整节课的难点所在，为后面探究通知7人至少需要几分钟打开了突破口。接着，再运用分层图示法表示这一通知方案（如下图）。

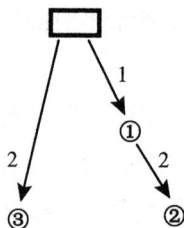

因为通知的人数少，所以学生能更加直观、形象地看到是如何在 2 分钟的时间里通知到 3 个人的以及每一分钟人数的变化。

调整二：改变操作方法

将学生在作业纸上的操作过程更改为学具操作。接下来，解决"合唱队队长佳佳要电话通知其他 7 名同学周一穿演出服至少需要几分钟"的问题时，用长方形代替队长佳佳，用 7 个标有序号的圆形代替其他 7 名同学，操作形象直观。在实际问题情境中，学生不光需要考虑时间的问题，更要考虑每个人都应该知道自己应该通知谁，否则方案无法实施。不断修正不正确的尝试，从而学生获得正确的结论。

有了前面的基础，学生立刻能想到这时已经知道消息的共有 4 人，在第 3 分钟的时候，这 4 人又可以分别通知另外的 4 人，因此总共只需要 3 分钟就可以通知到 7 人。教师不失时机地提问：如果照这样通知下去，第 4 分钟后知道消息的总共会有多少人呢？这其中又会有什么样的规律呢？用教师提供的学具摆一摆，画一画。

调整三：在交流反馈中渗透表格中的数学术语

前几轮试教，学生对表格中繁琐的数学术语理解不清。调整后的教学设计精简了表格（如下表所示）。

第几分钟	1	2	3	4	5	6	…
新通知到的人数	1	2	4	8	16	32	…
知道消息的总人数（包括佳佳）	2	4	8	16	32	64	…
已经通知的总人数	1	3	7	15	31	63	…

在解决"合唱队队长佳佳要电话通知其他 7 名同学周一穿演出服至少需要几分钟"的问题时，教师以问题形式渗透"新通知到的人数""知道消息的总人数"和"已经通知的总人数"这些项目内容。有了充分的操作体验为支撑，有了数字与意义的结合，学生填写表格探究规律就非常轻松自如了。

以下是学生发现的规律：

（1）后一分钟"新通知到的人数"是前一分钟"新通知到的人数"的2倍。

（2）后一分钟"知道消息的总人数"是前一分钟"知道消息的总人数"的2倍。

（3）第几分钟后，"已经通知的总人数"比"知道消息的总人数"少1。

（4）后一分钟"新通知到的人数"就是前一分钟"知道消息的总人数"。

（5）第几分钟"知道消息的总人数"就是几个2相乘。

最后用微课展示回顾发现的规律。

三、关于"课堂教学进度"与"学生学习接受度"关系的思考

课堂教学的实质是教与学的协同共进，唯有师生步调一致才能教学相长，提高课堂教学效率。在奥数辅导班教学中，通常是一味地让学生适应教师的教，大部分学生经过短期挣扎后最终兴味索然，因教学进度超过学习接受度思维疲软而掉队，因此这只能是精英教学。现行教材安排的奥数内容目的在于实现数学的价值——训练思维、感悟数学思想、获得成功体验，但如果一味地迁就学生的学，学生的学习兴趣可能会得到激发与维持，教学进度又该如何调控呢？

本节课调整后的实际教学效果非常好，教师较好地把握了师生的合作度，课堂教学进度与学生学习接受度相得益彰。教师先是依据课程标准在学习基础和学习目标之间搭建了供学生攀援的梯子，然后是灵活地使用教材，即教学着眼点高，着手点低，真正地用教材教。

四、悬而未决的问题

总觉得本节课学生获得"必须每人每分钟不空闲方能最优"这一结论快了些。如果按教材设定的分组方法放手让学生探究，先获得"分组打电话通知，并不是分组越多越省时间"这一结论，再思考"想要用最短时间通知到每个人，必须每人每分钟不空闲方能最优"，这至少要增加15分钟的课堂教学时间。这15分钟从哪来？可否将"合唱队队长佳佳要电话通知其他7名同学周一穿演出服至少需要几分钟"这一问题直接安排学生回家预习，第二天再带着学生的思考展开教学，课堂教学效果又会如何？

课题 打电话

◇**适用年级**　　五年级（下学期）

◇**教材再现**

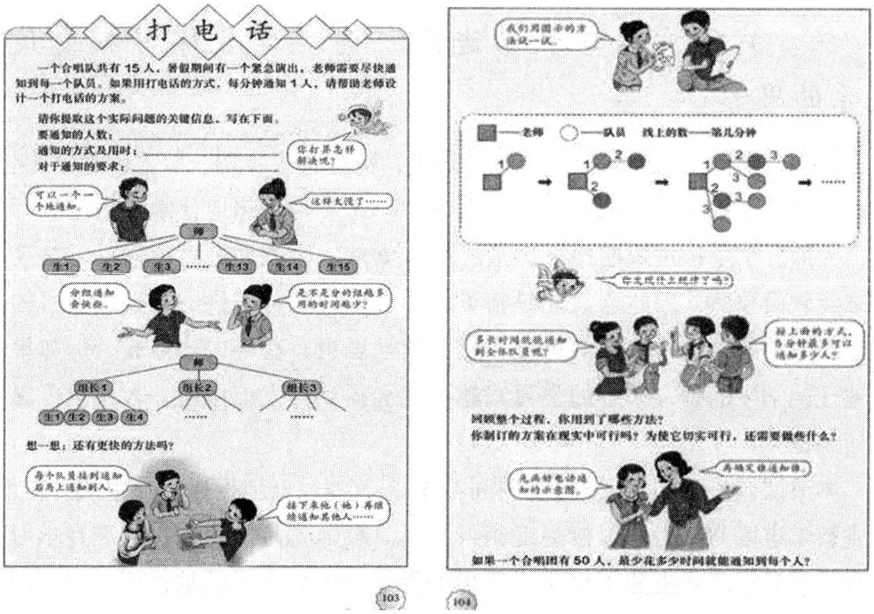

◇**备课思考**

一、研究背景

《打电话》是 2013 年人教版数学教材小学五年级下册中的数学与综合实践内容。在四年级上册的"数学广角"中教材已安排了有关优化思想的学习，通过日常生活中的一些简单事例，让学生尝试在解决问题的多种方案中寻找最优的方案。教材安排三个部分的活动：活动一是 15 人的合唱队接到紧急演出，通过打电话通知每个队员，如果每分钟通知 1 人，怎样尽快通知到每个队员？探讨最优方案。活动二寻找规律。组织学生讨论前面分组时出现的几个方案，再引导学生结合相关图示找出规律。活动三应用规律解决两个问题。让学生根据规律算一算5分钟可以通知多少人？如果一个合唱队有50人，最少花多少时间就能通知到每个人？

"打电话"这个学习活动就是结合学生生活中熟悉的素材，从具体情境问题出发，设计一个打电话的方案并从中寻找最优的方案。通过这个综合应用，让学生进一步体会数学与生活的密切联系以及优化思想在生活中的应用，培养学生应用数学知识解决实际问题的能力，同时通过画图等方式发现事物隐含的规律，培养学生归纳推理的思维能力。

二、学情分析

"打电话"素材是学生熟悉的，与学生的生活经验密切结合，为学生提供了探索的空间。在寻找"最佳通知方案"时，学生不能简单地应用已知的信息，也没有可直接利用的方法、公式，所以需要结合自己的学习经验和思维方式进行探究。教学起点是学生已有的优化思想，要想在"打电话"中实现优化，关键是每人每分钟不空闲。虽然优化思想在学生以往的学习中已有所体验，但"打电话"这个素材所提供的问题对于学生是陌生的。教学重点是让学生亲身经历最优方案形成的全过程。教学难点是落实怎样每人每分钟不空闲，从而发现事物隐含的规律，培养学生归纳推理的思维能力。鉴于以上分析，本节课采用小组合作学习方式，教师指导学生汇报交流，提示学生利用画图表的直观形式解决问题，掌握用图表解决问题的方法，通过设计具体通知方案（包括每人的通知对象）和流程图建立数学模型。

三、预期目标

[知识与技能] 从解决问题的多种方案中寻找到打电话的最优方案，通过动手操作、画图发现事物隐含的规律。

[过程与方法] 合作探究学习使学生亲身经历寻找最优方案的全过程，培养学生的归纳推理和解决简单实际问题的能力。

[情感、态度与价值观] 发现数量成倍增长的规律，感受数学知识的神奇，激发数学学习的兴趣，培养观察和比较的能力。

[课题研究目标] 分析学生学习起点，适当降低难度寻找规律，促进学生发展。

四、教学重难点

探究打电话省时的最优方案，通过图表的方式发现打电话隐含的规律。

五、教学准备

课件、学生探究表格练习纸、磁铁、微课件等。

◇教学流程

一、谈话导入，创设问题情境

打电话是日常生活中再平常不过的一件事情，但其中却隐含着很多的数学知识，让我们一起去探索它。今天这节课的主人公是8名和同学们年龄相仿的同班同学。下面，就让我们用热烈的掌声欢迎他们隆重登场。（课件出示8名同学的图片）

佳佳　小军　欢欢　小龙

蓓蓓　小东　小明　芳芳

这8名同学有4名男生和4名女生，他们是很要好的朋友，平日里喜欢互相打电话、聊聊天。他们还是学校合唱队的队员，佳佳是队长。首先，我们一起去看看这4名男生中间发生了什么故事。

从这4名男生的动作中，你们能猜出他们都喜欢什么运动吗？（生自由回答）他们是学校足球队的队员，小军是队长。周六的早上，小军接到消息周六的下午去学校训练，让他尽快通知其他3名队员（小东、小明、小龙），他若打电话通知，每分钟通知1人，需要几分钟？

[设计意图]选择学生学习生活相近的素材，创设一个学生熟悉的情境，充分调动学生学习的积极性、主动性。

二、尝试解决问题，寻找最省时方案

1. 展示通知方案

学生可能的方案预设（生答，师用小磁铁摆一摆）：

（1）小军 $\xrightarrow{1}$ 小东① $\xrightarrow{2}$ 小龙② $\xrightarrow{3}$ 小明③　　（用时 3 分钟）

（2）小军 $\xrightarrow{1}$ 小东①；小军 $\xrightarrow{2}$ 小龙②；小军 $\xrightarrow{3}$ 小明③　　（用时 3 分钟）

若学生只答出了上面两种方案中的一种也可以，关键是让学生明白这两种方案都是一个一个通知，即“逐个通知”。

（3）小军 $\xrightarrow{1}$ 小东① $\xrightarrow{2}$ 小龙②；小军 $\xrightarrow{2}$ 小明③　　（用时 2 分钟）

2. 比较不同方案，发现省时原因

（1）第三种方案比前两种方案节省了 1 分钟，这 1 分钟省在了哪里？

（2）比较第三种方案和前两种方案，它们的不同在第几分钟？

（3）第 2 分钟最多可以通知几人？为什么？（引出：这时知道消息的有 2 人。）

（4）在第一种方案中，第 2 分钟通知了几人？另外一人怎样？（引出“空闲”）在第二种方案中，谁空闲了？借此引出：因为在第三种方案中，在第 2 分钟时，知道消息的两人（小军和小东）都不空闲，继续通知后面的人，所以节省了 1 分钟。即：每个队员接到通知后马上通知其他人。

[设计意图] 设计“如何尽快通知到 3 个人”降低了新知探究的起点。正因为只需通知 3 人，可能的通知方案只有三种，学生更易从中观察并发现省时的原因，即要保证“每人每分钟不空闲”。找到了这个突破口，对于后面探究“通知 7 人至少需要多少时间”的最优方案也就不很难了。

3. 形成最优方案，了解图示法

（1）师：通过分析不同的通知方案，我们发现逐一通知会有人空闲，所以浪费了时间；只有每分钟每个人都不空闲，继续通知后面的人，才能节省时间，这就是一种优化思想。其实优化思想在四年级的时候我们已经接触过，

同学们还记得吗？（生答：烙饼、沏茶等。）

师：我们也可以将这种最优通知方案用一个简单的图表示出来。（课件演示）

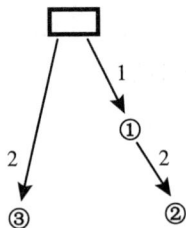

师：你能看明白这个图吗？长方形、标有序号的圆形以及斜线上的数字分别代表什么意思？

（2）完成填空练习。

第1分钟，佳佳通知了（　　）人，知道消息的共有（　　）人，已经通知（　　）人；第2分钟，又可以通知（　　）人，这时知道消息的共有（　　）人，已经通知（　　）人。

[设计意图] 通过简单的画图将学生的想法和摆法展示出来，是由直观到抽象的一个飞跃。通过有意识地分层画法，能更加清楚地看出每增加1分钟新通知到的人数的变化。通过对不同方案的对比评价，总结学生思考解决问题的不同策略，树立优化意识；而不同方案的对比、逐步优化和最优方案的模拟演示以及学生对最优策略从直观感知到逐步内化，都为进一步探究规律打下基础。

4. 运用优化思想，解决问题

（1）师：前面我们知道了这8名同学是学校合唱队的。周六的下午，队长佳佳接到消息，周一合唱队要演出，每个队员都要穿演出服，让她通知班上的其他7名同学。若佳佳打电话通知这7名同学，每分钟通知1人，至少需要几分钟呢？（出示问题：佳佳要尽快通知到其他7名同学，如果用打电话的方式，每分钟通知1人，至少需要几分钟呢？请大家帮助她设计一个"通知方案"。）

请同学们试着将你的通知方案画在一号练习纸上，并回答后面的问题。（请2名学生直接到黑板上摆一摆。）

（2）组内交流，全班交流。

先让在黑板上摆的2名同学分别说说是怎样通知的，再课件演示通知的过程。（主要是第 3 分钟通知的过程。）

讨论：第 3 分钟可以通知几人？为什么？第 3 分钟后知道消息的共有几人？第 3 分钟后接到通知的共有几人？

5. 合作探究，提升认识

（1）师：照这样通知下去，第 4 分钟又可以通知几人呢？你可以接着画下去看一看，又或许你已从中发现了什么规律已经知道了答案。下面就请同学们拿出二号练习纸试着填填这个表格，再在小组内交流你的想法。

（2）全班交流，发现规律。

第几分钟	1	2	3	4	5	6	...	n
新通知到的人数	1	2	4	8	16	32		2^{n-1}
知道消息的总人数（包括佳佳）	2	4	8	16	32	64		2^n
已经通知的总人数	1	3	7	15	31	63		$2^n - 1$

学生可能发现的规律预设：

生 1：后一分钟"新通知到的人数"是前一分钟"新通知到的人数"的 2 倍。

生 2：后一分钟"知道消息的总人数"是前一分钟"知道消息的总人数"的 2 倍。（即人数在成倍地增加）

生 3：第几分钟后，"已经通知的总人数"比"知道消息的总人数"少 1。（因为包括首先通知者佳佳。）

生 4：后一分钟"新通知到的人数"就是前一分钟"知道消息的总人数"。

生 5：第 n 分钟接到电话的人数（新通知到的人数）是 2^{n-1} 人。

生 6：前 n 分钟接到电话的总人数是 $2^n - 1$。

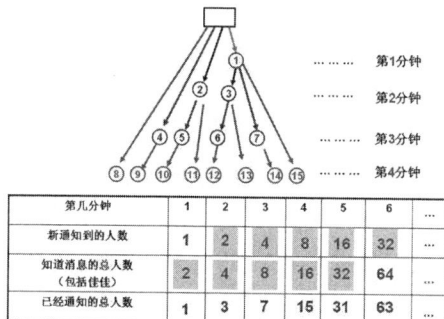

小结1：

1分钟通知到1人，2分钟通知到1+2=3（人）（2是佳佳和第1分钟被通知的人），3+4=7，7+8=15，…

后一分钟被通知的总人数是前一分钟"知道消息的总人数"的2倍减1。

1分钟：1人；

2分钟：$3=1\times2+1$（人）；

3分钟：$7=3\times2+1$（人）；

4分钟：$15=7\times2+1$（人）；

5分钟：$31=15\times2+1$（人）；

…

聪明的你发现它们之间的秘密了吗？
（知道消息的总人数与时间之间的关系）

第几分钟	1	2	3	4	5	…
知道消息的总人数（包括佳佳）	2	4	8	16	32	…

第1分钟，知道消息的总人数是（1）个2相乘；

第2分钟，知道消息的总人数是（2）个2相乘：2×2=4；

第3分钟，知道消息的总人数是（3）个2相乘：2×2×2=8；

那么，第n分钟，知道消息的总人数是（n）个2相乘呢？

$$\underbrace{2\times2\times2\times\cdots\times2}_{n个2}=2^n$$

小结2：

2分钟，通话的人数4可以写成：$2\times2=2^2$，通知的人数为2^2-1；

3分钟，通话的人数8可以写成怎样的算式？（$2\times2\times2=2^3$）通知的人数为2^3-1；

4分钟，通话的人数16可以怎么写呢？（$2\times2\times2\times2=2^4$）通知的人数为$2^4-1$；

n分钟，通话的人数为2^n，通知的人数为2^n-1。

[设计意图] 让学生去发现规律，自己描述总结性结论。表格的运用能让学生在演绎最省时方案时，把每分钟的数据变化有序表现出来，是发现"几分钟，知道消息的总人数共几人，能通知几人"规律的重要媒介。引导学生经历生活问题"数学化""模型化"的过程，体现了解决问题的方法论和策略论。

三、运用规律，解决问题

师：同学们真了不起，通过这张小小的表格发现了那么多的规律。老师想考考你们，看看你们会不会运用这些规律快速地解决问题。

（1）出示课本例题：一个合唱队共有 15 人，暑假期间有一个紧急演出，老师要尽快通知到每一个队员。如果用打电话的方式，每分钟通知一个人，那么要几分钟才能通知到每一个人？

> "打电话"中的规律：
>
> 用 n 表示时间，
>
> 知道消息的总人数可以表示为（2^n）人，
>
> 那么，通知到的学生人数 = 知道消息的总人数 $2^n - 1$ 人。
>
> 也就是，通知到的学生人数 = $2^n - 1$ 人。
>
> 结论：因为 $15 = 2^4 - 1$，
>
> 所以，通知到 15 人最短需要 4 分钟。

（2）现通知 5 人需要几分钟？你是怎么想的？

生：3 分钟。因为 2 分钟时最多可以通知 $2^2 - 1$ 即 3 人，3 分钟时最多可以通知 $2^3 - 1$ 即 7 人，5 人在 3 人和 7 人之间，因此时间在 2 分钟和 3 分钟之间。要保证全部通知，应该选大不选小，因此只能是 3 分钟可以通知 5 人。

师：要通知 17 人，又要几分钟？你是怎么想的？

生：因为 $2^4 - 1 < 17 < 2^5 - 1$，通知 17 人在 4 分钟和 5 分钟之间，所以要选 5 分钟。

师：通知 50 人最少要几分钟呢？（思考题）

（3）在现实中，这样的通知方案可行吗？为了使它可行，还需要做些什么？

（4）了解成倍增长规律。

出示问题：第 15 分钟后，知道消息的共有多少人呢？知道消息的总人数与时间之间的关系：

第 1 分钟，知道消息的总人数是（　　　）个 2 相乘；

第 2 分钟，知道消息的总人数是（　　　）个 2 相乘；

第 3 分钟，知道消息的总人数是（　　　）个 2 相乘。

相信这时学生一定能看出这两者之间的关系就是：第几分钟，知道消息的总人数就是几个 2 相乘。所以第 15 分钟后，知道消息的总人数就是 15 个 2 相乘即 2^{15}。

师：你们猜一猜 2^{15} 会是多少呢？（课件演示：32768）短短的 15 分钟后，奇迹出现了。那么第 15 分钟后接到通知的共有多少人？（生：32767 人）

师追问：减去的一人是谁呢？（第一个发打电话的人）

师：其实这种成倍增加的规律与现象，在很早的时候就已经有人发现了，就让我们一起去看一看吧！

四、听故事，感受数学之神奇

趣味小故事：棋盘与谷粒的故事（课件演示，配录音）

这是印度的一个古老传说，国王舍罕王打算重赏象棋发明人宰相西萨·班·达依尔。这位聪明的大臣的胃口看来并不大，他对国王说："请您在这张棋盘的第一个小格内，赏给我一粒麦子，在第二个小格内给两粒，第三小格内给四粒，一直这样下去，把摆满棋盘上所有 64 格的麦粒都赏给您的仆人吧！""你所求的并不多啊！"国王说道，心里为这样一件奇妙的发明赏赐不致破费太多而暗喜。"你当然会如愿以偿的！"国王命令如数付给达依尔。

师追问：为什么国王开始会那么轻易地答应宰相的要求呢？（生答）对，这就是成倍增加的规律的神奇与魅力。

原来，所需麦粒总数为：

$$1 + 2 + 2^2 + 2^3 + 2^4 + \cdots + 2^{63} = 2^{64} - 1 = 1844 \vdots 6744 \vdots 0737 \vdots 0955 \vdots 1615$$

[设计意图] 运用规律解决问题，在进一步深化所学知识的同时，使学生感受到优化思想在生活中的妙用，强化学生学习数学的兴趣，加强所学知识与生活的联系。

五、观看微课，总结全课

结语：今天我们通过设计打电话的通知方案，知道怎样才能最省时间，并进一步了解了优化思想在日常生活中的广泛应用。生活中很多看似很复杂、很费时的事情，如果运用数学知识合理安排，不仅能使事情有条不紊，还能节省很多宝贵的时间。希望同学们能在今后的学习和生活中做一个有计划、讲效率的人。

［设计意图］引导学生总结，让学生学会总结并用自己的方式表现出来。微课回顾全课精髓，内化数学模型。

教学前测，准确把握探究难点

——《确定起跑线》教学思考

执　　教：马鞍山市山南小学　张小玲

案例撰写：马鞍山市山南小学　张小玲

在学校教学研究周的四校联谊教学活动中，我承担《确定起跑线》的教学任务并与中学教师同课异构，所以我要从心理上战胜自己。那么在实践活动课上，对于整个课堂的掌控、学生的把握、教材的理解，我到底能做到几分？因为是第一次在公开课中尝试，所以有几分忐忑，倒也在"因为没上过，所以就不怕被比较""只要认真对待便可""这未尝不是一种自我挑战和锻炼"的心态中慢慢地摸索、经历、成长……

1. 教学前有意识地进行课前调查，更好地备学生

本节课是以活动贯穿整节课，教师力求在各种活动中帮助每个学生都能有所收获，并得到充分发展。为了找准学生起点，教师通过批改前测卷，了解到大部分学生对圆已经有了一定的认识，较好地掌握了圆的画法和圆周长的计算方法等知识，但对整个跑道的周长还不是很清楚（容易看成是一个圆的周长与一个长方形的周长和），还有的学生对于圆环中外圆周长求得不是很好，关键是未能准确地找出外圆半径，实则渗透这个跑道的宽对于圆环的周长（跑道的周长）有着至关重要的作用。下课时通过和部分学生谈话，我还发现学生很喜欢体育活动，相当一部分学生对起跑时运动员不能站在同一起跑线的现象也有一定的认识，但对于相邻两跑道起跑线该相差多远，学生很少从数学的角度去认真地思考，所以在教学中学生可能会在"相邻跑道相差多远"这一探究上有些困难。理解了这些，就可以更好地设计教学了。

2. 在教学中不断优化方法，为的是学生思维火花的迸发

在试教时，学生了解到跑道的结构后，探究确定起跑线的方法为：

（1）课件出示：标有数据的跑道示意图。

（2）教师带领学生填写表格的第一行，剩下的多媒体显示出来。

（3）让学生充分地进行比较观察，再让学生计算出相邻跑道的差是多少。

如同剥笋，一层一层，由繁到简，最终了解了相邻两跑道的差就是相邻的跑道宽乘以 2π，即 $1.25 \times 2 \times \pi$ 米。实际教学时，这样的设计一环接一环，虽然学生的自主性不太够，但很想看到学生的潜力究竟有多少。看看学生能不能根据对跑道的了解，通过这样的表格，自主探究出相邻两跑道的差。最好几种方法都能出现，这样借助课件随机演示，让学生逐步通过形象的计算过渡到抽象的建模。

由于问题设计得指向性不明，加上巡视时没有对所有小组进行关注，有的小组写出了很好的方案，却没有被及时发现，导致效果不佳，未能合理地使用表格。如果没有表格的存在，可能会出现更多的问题吧！

3. 在活动中探究，在探究中发现

在研究跑道时，让学生通过观察发现探究内容与直道无关，然后把直道拿走，只留下了左右两个弯道，再将左右的弯道合成一个圆，从而找出问题的结果：弯道之差其实就是圆的周长之差。这样的设计层次清楚、鲜明，有效地突破了本节课的重点、难点。本节课中，教师密切关注了学生思维的发展特点，给学生留有广阔的思维空间。教师在提出每一个问题之后都会要求学生先独立思考，让其经历思考问题的过程，再听取别人的意见，随后进行小组交流、讨论，并在这种思维的碰撞中达到升华。通过填写表格，找出确定起跑线的规律：即 400 米起跑线差距是 2.5π 米。为了便于学生发现规律、减轻计算负担，差距均用代数式来表示。在教师的引导下，学生积极参与数学活动，亲身经历知识的形成过程，并逐渐掌握探索的技巧和方法，真正体会数学的思想和智慧。

当学生知道每相邻两起跑线相差 2.5π 米之后，教师引导学生解决周长为 400 米的运动场上进行 200 米的比赛，跑道宽为 1.25 米，起跑线又该依次提前多少米？这一问题是对所学知识的综合应用，学生的学习热情特别高，充分参与其中，自然并自觉地运用所学知识去寻求解决问题的思路和方法。在这种活跃的气氛中，学生对知识的理解达到了一个新的高度，做到学以致用；当面对一些现实问题时，学会了如何去分析，并做出正确的判断和选择；理解数学知识来源于生活，并最终要应用于生活，让学生感受到数学知识的应用价值。

课题　确定起跑线

◇**教材再现**

◇**备课思考**

一、研究背景

　　《确定起跑线》是一节综合应用数学知识的实践活动课，是 2011 年人教版数学教材小学六年级上册的内容。这节活动课既是发展学生数学思维的过程，又是培养学生应用意识、创新意识的重要途径。"确定起跑线"这个活动是在学生掌握了圆的概念和周长等知识的基础上设计的，一方面能够让学生了解田径场跑道的结构，综合运用所学的知识和方法，动手实践，解决问题，从而学会确定起跑线的方法；另一方面可以让学生体会数学在日常生活中的应用价值，增强学生应用数学的意识，不断提高实践能力和解决问题的能力。"确定起跑线"活动由以下四个部分组成。

（1）提出研究的问题。教材呈现了400米椭圆形跑道的一部分，跑道上有一些同学站在起跑线上正准备起跑，教师开门见山地提出问题，引起学生对起跑线位置的关注和思考。经过小组同学共同讨论，达成共识："终点相同，但每条跑道的长度不同，如果在同一条起跑线上，外圈的同学跑的距离长，所以外圈跑道的起跑线位置应该往前移。"在此认知基础上，教材紧接着引申出进一步研究的问题"各条跑道的起跑线应该相差多少米"，即如何确定每条跑道的起跑线。

（2）收集数据。教材第75页第二幅图中呈现了小组同学测量有关数据的场景，旨在帮助学生了解400米跑道的结构以及各部分的数据。由于不同田径场的规格可能有所不同，而且实地测量需要花费较多的时间，同时测量还可能会产生误差，因而实际教学时不必要求学生实际测量。只要通过该图让学生明确相关的数据是通过测量获得的即可，具体的数据则可以配合图片、投影等相应形式给出。教师还可就半圆形跑道的直径在此是如何规定的，以及跑道线的宽在这里忽略不计等问题，向学生作一具体说明。

（3）整理数据，确定思路。对已获得的数据进行整理，通过适宜的方式呈现数据，使学生明确：①每圈跑道的长度等于两个半圆形跑道合成的圆的周长加上两个直道的长度。②两个半圆形跑道合在一起就是一个圆。③各条跑道直道长度相同。要确定跑道的起跑线，只要算出每相邻两条跑道的长度差就可以了。

（4）进行计算，得出结论。在学生明确解决问题的思路和方法后，教材在第四幅图中给出了一张表格，先让学生分别计算各条跑道的半圆形跑道的直径、两个半圆形跑道的周长以及跑道的全长，从而计算出相邻跑道长度之差，确定每条跑道的起跑线。在此，可以向学生说明：理论上相邻跑道之间的长度差是相同的，即 2.5π 米，但由于 π 的取值造成了相邻跑道之间的差有的是7.85米，有的是7.86米。在确定起跑线时，可以根据计算结果来确定。最后，为了巩固对该类问题的认识，请学生进一步确定200米赛跑中跑道起跑线的位置。

二、学情分析

在教学本课之前，通过问卷调查（笔试）了解到大部分学生对圆已经有了一定的认识，较好地掌握了圆的画法和圆周长的计算方法等知识，但对整个跑道的周长还不是很清楚（容易看成是一个圆的周长与一个长方形的周长之和），还有的学生对于圆环中外圆周长求得不是很好，关键是未能准确地找出外圆半径，实则渗透这个跑道的宽对于圆环的周长（跑道的周长）有着至关重要的作用。通过问卷调查（谈话）还发现学生很喜欢体育活动，相当一部分学生对起跑时运动员不能站在同一起跑线的现象也有一定的认识，但对于为什么这样做，相邻两跑道起跑线该相差多远，学生很少从数学的角度去认真地思考。所以在教学中学生可能会在"相邻跑道相差多远"这一探究上有些困难。因此，教学中将采用提问法、演示法、讨论法等多种方法，让孩子去猜想、推理、交流、表达，进行自主思维活动，从而培养学生表象—抽象—建模的思维能力和合作交流能力等。

三、预期目标

[知识与技能] 让学生认识田径场跑道的结构，经历用圆的有关知识计算所走弯道距离的过程，了解"跑道的弯道部分，外圈比内圈要长"，从而学会确定起跑线的方法。

[过程与方法] 结合具体的实际问题，通过观察、比较、分析、归纳等数学活动，让学生通过独立思考与合作交流等活动提高其解决实际问题的能力。

[情感、态度与价值观] 在主动参与数学活动的过程中，让学生切实体会探索的乐趣，感知数学在体育等领域的广泛应用。

[课题研究目标] 通过教学前测，准确把握探究难度，创设合理的问题情境，鼓励学生积极思考、发现问题，并尝试提出问题、解决问题。

四、教学重难点

[重点] 了解田径场跑道的结构，根据起跑线设置原理，并利用圆的周长计算公式正确计算起跑线的位置。

[难点] 理解周长差就是相邻起跑线的差距。如何利用分析、比较等方法，推导出跑道长度差从而确定起跑线的位置。综合运用圆的知识解答生活中遇到的实际问题，探究起跑线位置的设置与什么有关。

五、教学准备

（1）根据班级上课人数 52 人，将学生正好分成 13 个小组。每组均有能力较强的学生、中等生及能力稍弱的学生。

（2）学生准备：于课前进行测量及其他调查、1支黑色笔、圆规。

（3）教师准备：课件、实物展台、磁扣、自制的环形跑道等，每一小组准备一份实践活动报告单。

◇教学流程

课前准备：播放"你知道吗"？

你知道吗？

一个标准的400米田径场的跑道是由两个180°的半圆（弯道）和两条直道组成。一般要设8～10条分道，每条分道宽1.22～1.25米。赛跑时按逆时针方向进行，环形跑道从内向外依次是第1至8号跑道。运动员在所有短跑比赛、110米跨栏和4乘100米接力赛中自始至终都必须留在自己的跑道里。800米和4乘400米接力赛起跑是在自己的跑道里，直到运动员通过标志可以串道的分离线才能离开自己的跑道。

[设计意图] 让全体学生在课前对于跑道有一个初步的了解，同时介绍了比赛的相关规定，为后续有关起跑线的延伸提前埋下伏笔。

一、创设情境，提出问题

师：猜一猜，这节课我们学习的内容和什么有关？（当学生说到跑道时，老师出示图片予以肯定。）

我们班有不少的体育健将（举例个别典型），他们经常利用课余时间刻苦

69

训练，在市运动会上努力为校争光，在这里先把掌声送给这些甘于付出的小运动员们！我拍下了他们热身赛的画面，一起去看看吧！出示照片：

首先进行的是 100 米比赛：四位小运动员们各就各位，哨声一响，同学们冲向了终点。接下来进行的是 400 米比赛。

师问：他们还能站在相同的起跑线上吗？（生：进行 400 米的比赛时，会将起跑线依次向前移，这样保证了公平。）出示照片：

看到这种情形，你想提出什么问题？教师根据学生的提问及时有选择性地板贴：

（1）为什么要站在不同的起跑线上？——为什么要确定起跑线？

（2）相邻起跑线的差是多少？——怎样确定起跑线？

这节课共同探究：确定起跑线。（板书课题）

[设计意图] 几幅运动场上的图片搭起了现实生活与数学课堂之间的桥梁，充分体现了数学来源于生活。通过学生感兴趣的跑步比赛，让学生感知起跑线提前的道理，培养学生质疑、提问的能力。利用学生的发现提出问题：起跑线提前的距离是多少？使学生感受到生活中也隐藏着数学问题，数学就在我们的身边。

二、引导探究，深入理解

师：如果起点相同的话，你们更愿意跑哪条道？

[设计意图] 用小记者采访的形式，让学生充分理解终点相同的情况下，起点是不同的。

1. 探究跑道结构

屏幕显示 400 米跑道结构图：

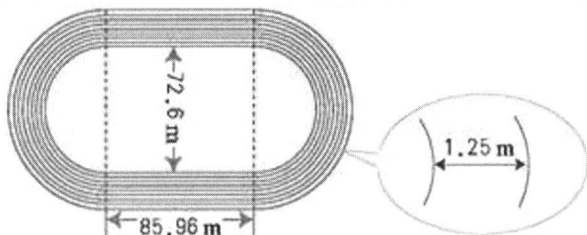

师：1 号、2 号、3 号、4 号运动员分别跑哪条道？（学生用手指跑道的内圈，课件及时演示。）

师：通过这个结构图，你发现每条跑道都由哪几部分组成？

生 1：由弯道和两条直道组成。

生 2：两条弯道合并起来就是一个圆。

第一层次：每条跑道的长度 = 一个圆的周长 + 两条直道的长度。（教师及时板贴）

第二层次：仔细观察这 4 条跑道，什么是相同的，什么是不同的？（课件演示：每条跑道左右两个弯道合成一个圆的动画，直道闪烁。）

学生发现相邻两条跑道的差实际上就是比较圆的周长。

2. 计算相邻两跑道的长度差，确定起跑线的方法

下面我们就实际地算一算。你们想知道哪些数据？课前教师布置同学们上网查阅资料或进行实地测量。下面请各小组代表来汇报一下你们的成果。学生边说，教师边点击数据。

（1）课件出示：标有数据的跑道示意图。

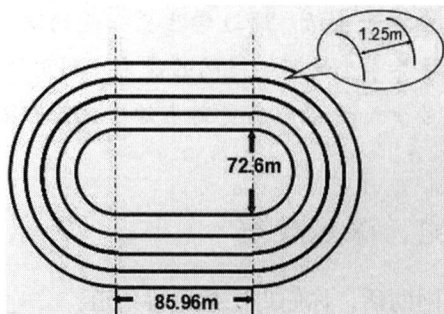

1.25m

72.6m

85.96m

（2）师：相邻两跑道之间的起跑线究竟应该相差多少呢？同学们通过计算才能得出结论。

小组合作，你们小组准备如何算出每相邻两条跑道的起跑线的差是多少？用你们喜欢的方法试试看。

	跑道1	跑道2	跑道3	跑道4
直径（m）				
弯道周长（m）				
直道长度（m）				
跑道全长（m）				
相邻起跑线的差（m）	（ ）	（ ）	（ ）	

[设计意图] 设计这种自主的表格，学生能够探讨出不同的内容，如：跑道全长之差，弯道周长之差，以及通过周长之差发现起跑线的差就是2.5π。学生在教师的组织、引导下，通过填写表格，找出确定起跑线的规律，不仅加强了对所学知识的理解，同时掌握了运用数学知识解决问题的方法，学会了与他人合作，全面提高了数学素养。

（3）学生小组活动。

[设计意图] 鼓励学生大胆设想，通过小组的合作、交流，倾听别人的意见和想法，激发自己的灵感，让每一个学生对问题发表自己的见解，呵护他们的创新思维。

（4）小组代表汇报。

生1：我们小组用第二条跑道的全长407.85m减去第一条跑道400m得到

7.85m，说明相邻两跑道的长度差就是7.85m。

	跑道1	跑道2	跑道3	跑道4
直径（m）	72.6	75.1	77.6	80.1
弯道周长（m）	228.08	235.93	243.79	251.64
直道长度（m）	171.92	171.92	171.92	171.92
跑道全长（m）	400	407.85	415.71	423.56
相邻起跑线的差（m）	7.85	7.86	7.85	

生2：我们小组不是用跑道全长相减的，而是用相邻跑道圆的周长相减的，我们用第二条跑道的弯道周长235.93m减去第一条跑道的弯道周长228.08m，发现相邻两跑道的长度差也等于7.85m。

生3：我们把圆周率用π表示，相邻两跑道的长度差就是2.5π。

学生汇报，教师同步用课件在表格中表示。

	跑道1	跑道2	跑道3	跑道4
直径（m）	72.6	75.1 =72.6+2.5	77.6 =75.1+2.5	80.1 =77.6+2.5
弯道周长（m）	228.08 =72.6π	235.93 =72.6π+2.5π =75.1π	243.79 =75.1π+2.5π =77.6π	251.64 =77.6π+2.5π =80.1π
相邻起跑线的差（m）	2.5π	2.5π	2.5π	

出示算式：

$(72.6+1.25\times2)\pi-72.6\pi=1.25\times2\times\pi$

$(75.1+1.25\times2)\pi-75.1\pi=1.25\times2\times\pi$

小结：从这里我们发现相邻两跑道的长度差其实就等于跑道宽×2×圆周率。

若没有学生回答出，教师也要在上面计算的基础上引导学生：有没有更简洁的方法？π用3.14159表示，学生通过上述计算及乘法分配律的推广，从而得出此结论：直径中增加了2个跑道宽，周长就增加了2.5π。

[设计意图] 从众多的数据计算到帮助学生构建数学模型，学生的理解也有了一定的飞跃。开始学生用常规的办法算出各道周长，确定各道起跑线的

73

位置。本来这节课已达到目的，但可以借助学生解决问题后的成就感和积极性，引导学生迈向更深入的研究。在引导学生探索 8 个弯道合成同心圆后，转化为研究熟知的圆环问题，使问题研究变得倍感亲切，找到影响跑道差异的道宽，突破难点，从而找到理解问题的关键。通过对计算弯道周长算式的比对和转化到环形周长变化的探究，让学生深入认识到道宽是影响跑道长度差异的关键。学生的深化认识为下面解决不同道宽、不同跑程等问题提供了简易可行的方法。

追问：根据跑道间的长度差，怎样才能确定起跑线的位置呢？

生：跑道间相差 $1.25 \times 2 \times \pi$ 米，那么起跑线的位置就要依次提前 $1.25 \times 2 \times \pi$ 米。

总结：在确定起跑线时，与直道无关，与跑道宽有关。

过渡延伸：为了奖励同学之前的表现，让我们一起欣赏运动员们在奥运会上的风采。

伦敦奥运会男子 800 米决赛中，
肯尼亚名将大卫·鲁迪沙破世界纪录夺冠

刘海莉在北京奥运会女子
七项全能 800 米比赛中起跑

伦敦奥运会田径男子 1500 米决赛中，
阿尔及利亚选手马赫卢菲夺冠

伦敦奥运会 200 米决赛中，大邱世锦赛冠军
基拉尼·詹姆斯以 43 秒 94 的成绩轻松夺冠

看到这些，有什么想说或想问的？

[设计意图] 精心选取的这几张图片，一是想进行爱国主义教育；二是想让学生结合所学的知识学会确定起跑线的方法。观察图片发现 200 米是不允许抢道的，而 800 米是允许抢道的……同时很好地引入了下一问题。

三、巩固练习，及时反馈

（1）快速口答：400 米的跑步比赛，跑道宽为 1 米，起跑线该依次提前多少米？如果跑道宽为 1.2 米呢？

（2）思考：在这个 400 米的跑道里进行 200 米跑步比赛，跑道宽为 1.25 米，起跑线应依次提前多少米？

学生畅谈想法，教师结合课件演示：

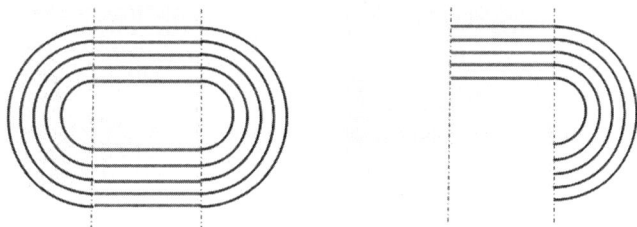

[设计意图] 生活中的数学问题很多，学生通过对 400 米跑道起跑线的确定，让他们能灵活运用知识解决其他类似的问题。两道相关练习题，让学生在练习中及时掌握确定起跑线的方法，将所学知识运用到实际中，打开了学生的思维空间，开发了学生的无限智慧，使学生的知识变得鲜活起来。

四、畅谈收获，感悟所学

[设计意图] 在实践中感悟、在思考中升华"我究竟学会了什么"，培养学生的归纳总结能力及语言表达能力。

五、课外作业，拓展延伸

小资料：黄金跑道

排在中间道次（4 道、5 道、6 道）的运动员可以观察到左右两边选手的位置，对比赛有利，所以中间道次（4 道、5 道、6 道）为黄金道次。其实，每一个跑道的弯道向心力不同，对于一个职业运动员来说，弯道的跑法极为重要，不同的弯道跑法略有不同。

[设计意图] 从课堂到课外，为学生提供了无限的可能，从中再次培养了学生解决问题的能力、实践操作能力和小组合作能力。

◇学生实践活动成果

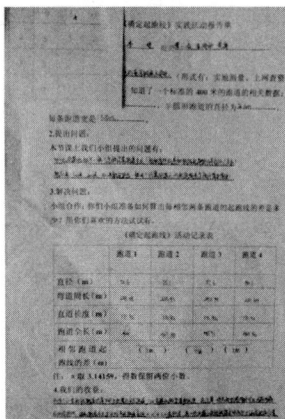

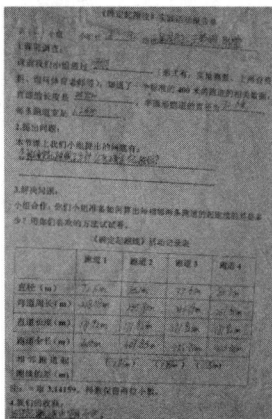

附：

《确定起跑线》实践活动报告单

第（　　　）小组　　　小组长（　　　　）

组员（　　　　　　　　　　　　　　　　　　　　　　）

1. 课前调查

课前我们小组通过＿＿＿＿＿＿＿＿＿＿＿＿＿（形式有实地测量、上网查资料、询问体育老师），知道了一个标准的400米跑道的相关数据：

直道的长度是＿＿＿＿＿＿＿＿，半圆形跑道的直径为＿＿＿＿＿＿＿＿，每条跑道宽是＿＿＿＿＿＿＿＿。

2. 提出问题

本节课上我们小组提出的问题有：

＿＿＿＿＿＿＿＿＿＿＿＿＿＿＿＿＿＿＿＿＿＿＿＿＿＿＿＿＿＿＿＿＿＿＿＿＿

＿＿＿＿＿＿＿＿＿＿＿＿＿＿＿＿＿＿＿＿＿＿＿＿＿＿＿＿＿＿＿＿＿＿＿＿＿

3. 解决问题

小组合作：你们小组准备如何算出每相邻两条跑道的起跑线的差是多少？用你们喜欢的方法试试看。

	跑道 1	跑道 2	跑道 3	跑道 4
直径（m）				
弯道周长（m）				
直道长度（m）				
跑道全长（m）				
相邻跑道起跑线的差（m）	（　）	（　）	（　）	

注：π取 3.14159，得数保留两位小数。

4. 我们的收获

_____

_____

小学数学综合与实践生态课堂要素研究

——《数字编码》教学思考

执　　教：马鞍山市山南小学　俞洁文

案例撰写：马鞍山市山南小学　俞洁文

1. 小学数学综合与实践生态课堂要素

作为省级课题"小学数学基于综合实践的学生'四能'培养"核心研究学校，我们一直思考如何构建小学数学综合与实践生态课堂，培养学生"四能"。综合与实践本质上是一种解决问题的活动，具有实践性、综合性和应用性的特点。既然是解决问题的活动，就可以按照解决问题的程序分以下四个阶段展开：①进入问题情境；②实践体验；③解决问题；④表达和交流。因此，在活动设计时，应强调学生的自主探索、体验和交流；在实践过程中，应理解和掌握相关的知识技能，感悟数学思想，积累活动经验。关于小学数学综合与实践生态课堂，我们初步获得这样的结论，其四大要素分别为"情境、合作、生成、评价"。以下通过表格形式对这四大要素内涵进行简要释义：

生态课堂要素		简要释义
情境	趣味性	1. 所创设情境自然真实，符合儿童需求。 2. 学生学习兴趣浓厚，能持续集中学习的注意力。
	实效性	3. 所创设情境符合学生认知规律，有助于教学内容亲近学生，引疑中启迪思维。 4. 能推动学生探究活动进程，促进全方位交流，实现学习的综合化。 5. 引发全员参与，在挑战中伴生愉悦感。
合作	多向性	6. 小组合作形式规范，活动时间充足，参与面广。 7. 合作对象信息联系与交流反馈的内容较丰富。
	多维性	8. 尊重合作伙伴，善于倾听，学会交流、协作、共享，培养合作意识与合作能力。 9. 按时完成知识与技能目标，在实践中增进相互间情感，融洽同伴关系。

生态课堂要素		简要释义
生成	调控性	10. 及时处理课堂突发状况，应对自如。 11. 合理把握课堂节奏，根据学习反馈调节课堂进度。
	价值性	12. 具有较强的生成意识，敏锐把握生成契机，适时点拨促进生成。 13. 合理运用生成资源，灵活处理学习内容，教学实效显著。
评价	丰富性	14. 评价主体多元化，师生互评、生生互评、自我评价交互出现，以学生为评价主体。 15. 评价方式多元化，集体评价与个体评价适时结合。 16. 评价内容多元化，既关注知识学习的评价又重视学习品质的评价。
	合理性	17. 本着相互尊重原则，引导学生进行公正、客观的评价。 18. 评价具有激励性，满足不同层次学生的心理需求，引发继续学习意愿。

了解小学数学综合与实践生态课堂四大要素内涵，我们不难发现其实质是营造一个让儿童觉得有意思的课堂教学情境。以下将以课堂教学《数字编码》一课为例，浅谈如何凸显小学数学综合与实践生态课堂四要素，实现课堂有效与有趣的兼得。

2. 凸显小学数学生态课堂要素的策略

（1）关于课堂的有趣。"有趣"即"有意思"，是儿童爱说的一个词，如这本书有意思，这个游戏有意思，这部电影有意思……构建小学数学生态课堂的核心是让孩子们发自内心地说"这节课真有意思"，老师们发自内心地说"这节课真带劲"。

小学数学三年级上册《数字编码》是一节综合与实践活动课。教学目的是通过日常生活中的一些事例，使学生初步体会数字编码思想；在解决问题时，通过观察、比较、猜测等活动探索数字编码的简单方法，让学生学会运用数字进行编码。生活中用到数字编码的事例很多，教材选取了学生身边最常见的车牌号、邮政编码和身份证号码作为素材，便于教师在孩子已有经验的基础上展开教学。首先提出问题"你知道邮政编码和身份证号码中的数字或字母表示的含义吗？"接着详略有别地处理了这两个素材。以邮政编码的解读作为重点，全面给出了六个数字背后所蕴含的信息，而身份证号码通过两名学生对话的方式给出了其中表示出生日期的信息，其余的让学生自己调查了解。最后又安排了让学生自己尝试编码的活动。这样的编排方式无疑给学生的自主探索留出了时间和空间。

　　教学策略："情境要素"驱动——引入数字编码产生的需要。通过课前调查生活中常见的数字编码，课始交流，从生活中常见的限速标志牌和电话号码入手，引导学生通过交流体会数字编码在生活中的应用。教学中创设的情境自然真实，符合学生需求，使其产生极大兴趣。原因是教师关注课堂有趣的价值因素，严格区分有意有趣与无意有趣，将情境创设置身于教学目标有效实现背景之下，使课堂有趣本身成为课堂有效的组成部分。"材料引起学习，材料引起活动"，学习材料的选择往往影响学生对数学知识的理解和数学能力的形成，而课堂的有趣是有价值的，必须是"寓教于乐"。

　　（2）关于课堂的有效。不论是公开课还是日常教学，追求课堂教学有效性是教师常常挂在嘴边的一句话，我们所认识的课堂的有效性往往看重于一节课的教学目标的达成，其中只有一部分教师会想到我们的课堂是否有助于学生今后的成长。

　　教学策略："合作要素"驱动——探寻身份证号码、邮政编码的奥秘。通过分析邮政编码蕴含的数字信息，了解其结构和每一部分数组代表的信息；了解身份证号码蕴含的信息，感受数字编码表达信息的好处，体会数字编码的广泛运用性。如：身份证号码的探索活动，先让学生自己探索其中蕴含的信息，与课前准备的几个身份证号码进行比较，发现其中相同和不同的地方；再通过小组交流，说一说身份证号码中发现的一些信息和它们的含义，教师在巡视中给予适当提示和帮助。在此基础上，教师组织全班学生交流，让学生介绍从中了解到的信息。大多数学生发现出生日期的信息，个别学生可能还能发现同一个省市的身份证的前几位数字都相同，等等；最后，在学生汇报的基础上教师再适当补充，介绍身份证号码的结构及蕴含的其他信息。学生通过观察、比较、猜测去探索数字编码的简单方法。

　　以上环节的小组合作体现了综合与实践生态课堂合作要素的多向性与多维性。层层递进的教学过程推动着学生的思考进程，合作要素驱动下的自主探究，内容较丰富的信息联系与交流反馈，深化了学生对数字编码内涵与外延的理解，增进了相互间情感，融洽了同伴关系。

　　（3）课堂有效与有趣的兼得。作为综合与实践的内容——数字编码，对三年级的学生来说有一定的难度。教材只是让学生通过日常生活中的一些实例，初步体会数字编码在实际问题中的应用，并通过观察、比较、猜测来探索数字编码的简单方法，学会运用数字进行编码。要想实现课堂有效与有趣兼得，必须抓住课堂生成，要合理评价。

教学策略一："生成要素"驱动——合理有效解决问题。课堂的有效包含知识技能的掌握，又包含师生愉悦的心理感受，教育的智慧在于将课堂的有趣与有效相结合。其实课堂有趣是对课堂有效强有力的支撑。"知识运用"安排了"给学生编排学籍号""破译码"这样两个活动，有诸多生成学习资源，使教师能敏锐把握生成契机，适时点拨促进生成，在有趣的活动中提高学生的应用意识，实现课堂有效与有趣的兼得。

教学策略二："评价要素"驱动——激励引发学习意愿。《义务教育数学课程标准（2011年版）》强调："综合与实践"学习活动的题材，可以以"长作业"的形式出现，将课堂内的数学活动延伸到课堂外，经历搜集数据、查阅资料、独立思考、合作交流、实践检验、推理论证等多种形式的活动。数字编码在生活中的运用十分广泛，一节课能学习到的东西非常有限。课后延伸环节考查学生的自学能力，打开英特网，登录网站"走进数字与编码世界"，选择自己感兴趣的内容，自由浏览，课后完成"自学册"上的问题，再进行集体评价。通过这一过程，学生学习能力得到提升，能持久激发学生内在的学习兴趣。可见真正有趣的课堂有利于有效课堂的实现。

课题　数字编码

◇适用年级　三年级（上学期）

◇教材再现

姓名	年级	班级	性别	入学年份	班级排序	学号
丁小琪	四	3	女	2009	28	20090403282
王奕飞	三	1	男	2010	01	20100301011

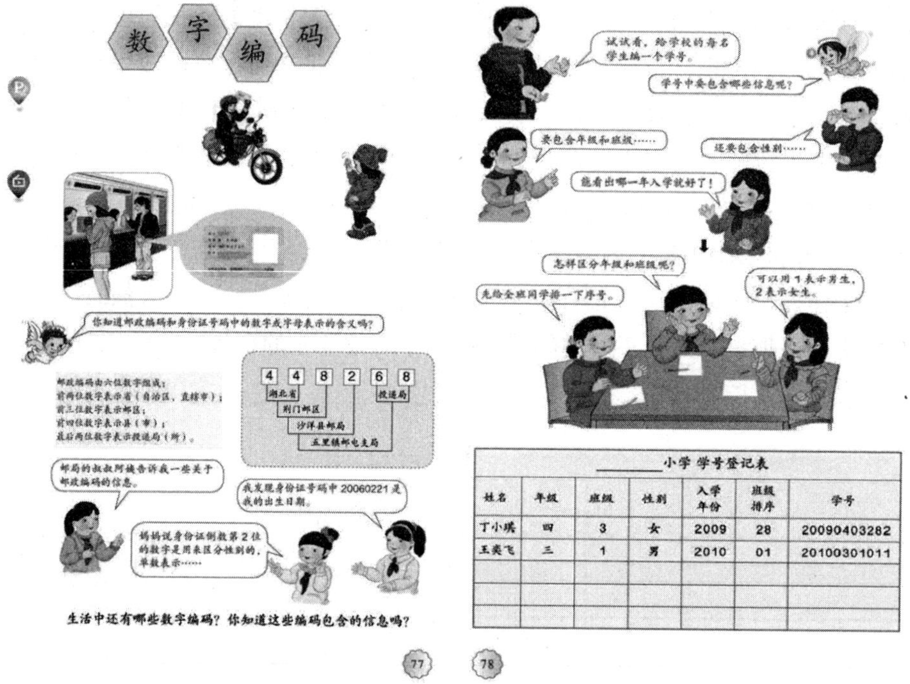

◇备课思考

一、研究背景

本节课研究生活中常见的数字编码，初步体会编码的思想和方法。有两个层次：第一个层次呈现邮政编码和身份证号码等生活中常见的数字编码的事例，展开对邮政编码和身份证号码中的数字及字母表示的含义的探索。同时以邮政编码为例，让学生了解邮政编码的结构和含义，初步体会编码的方法。关于身份证号码只通过两个学生的对话，截取"出生日期码"和"倒数第2位表示性别"作为引子，引导学生通过观察、比较、猜测等探索身份证号码中蕴含的一些基本信息。第二个层次是自主编码。让学生给学校的每名学生编一个学号，目的是通过这个实践活动来运用数字编码的简单方法进行编码，加深对数字编码思想的理解。针对这一任务提出了一个问题：学号中要包含哪些信息呢？该问题是统领后面整个讨论过程的核心问题。教材给出的一张学号登记表是综合了讨论过程中达成的共识而汇总形成的。教材在这里只是提供了一个范例，学生可以有各自不同的设计方案。本节课的重点是体会编码的合理性、便利性、有效性、统一性，通过亲身体会、经历，运用所学知识解决实际问题的过程，培养学生的探索精神和实践能力。

二、学情分析

一年级教材中已经出现过门牌号、车牌号等，让学生初步体会数字编码在生活中的应用。本节课的内容原先作为"数学广角"安排在五年级上册，现在移到三年级上册，作为综合与实践的内容。数字编码，对三年级的学生来说有一定的难度。教师要恰当把握教学要求，具体教学时，如身份证号码，不要求学生掌握每个数字所代表的含义及编排方法，不易理解的（如校验码）让学生知道就可以了；教学过程须强调探索、体验和交流，不要求学生完全掌握编码的方法和规则。通过课内外相结合的形式，布置了"长作业"，让学生围绕"生活中还有哪些地方用到数字编码"这一问题，继续搜集一些生活中的事例，要求不加重学生的课业负担，做到适度与适量。

三、预期目标

[知识与技能] 让学生能在具体情境中，了解一个编码中某些数字所代表的意义；让学生通过观察、比较、猜测去探索数字编码的简单方法。

[过程与方法] 让学生经历设计编码的过程，体会在信息化、数字化时代下数字在表达、交流和传递信息中的作用，初步学会用数字进行编码。

[情感、态度与价值观] 使学生在数学活动中养成与人合作的良好习惯，培养分工协作能力，初步养成表达和交流问题的能力。

［课题研究目标］抓住小学数学综合与实践生态课堂四要素在该课中的落实。

四、教学重难点

［重点］让学生通过观察、比较、猜测来探索数字编码的简单方法，尝试运用数字进行编码。

［难点］尝试用数字来处理信息。

五、教学准备

（1）调查110、112、114、120等特殊电话号码的含义。

（2）调查自己所在学校和家庭居住地的邮政编码。

（3）了解家庭成员的出生日期和身份证号码。

（4）了解生活中常见的数字编码表达信息的例子。

◇教学流程

一、说一说——激趣导入

（1）谈话：在高速公路上会有一些限速标志牌。

读一读，说说标志牌表示的意思。行驶的小型载客汽车最高车速不得超过每小时120公里。

（2）出示多个急救电话，并说说这些电话表示的意思。

110（报警）　　112（故障申告）　　114（本地电话查询）　　117（报时）

119（火警）　　120（救护）　　121（天气预报）　　122（交通事故报警）

12315（消费者投诉热线）

（3）说一说，你了解哪些地方用到数字编码。

预设：车牌号、qq号、电话号码、学籍号、身份证号码、商品的条形码、运动员编号、邮政编码……

（4）小结：电话号码等号码是由数字组成的编码。数字不仅可以组成数来表示数量和顺序，还可以根据不同的要求编排成数字编码，传递信息。今天我们来探究数字编码的奥秘。（板书课题：数字编码）

[设计意图] 从生活中常见的号码入手，感悟数学来源于生活。交流数字编码表达信息的例子，体会数字编码的广泛运用性，激发好奇心与探究欲望。

二、比一比——探索规律

（一）探索身份证号码编排规律

1. 收集身份证号码

身份证在我们生活中非常重要。根据你课前收集的身份证号码，输入到"我收集的信息"中（板书）。同桌互相说一说，猜一猜，从这些身份证号码中你获得哪些信息？

（1）中国第二代身份证号码一共多少位？

（2）身份证号码由哪几部分组成？分别是什么含义？

（3）顺序码中如何表示性别？

我收集的信息

我爸爸的身份证号码：

我妈妈的身份证号码：

其他人的身份证号码：

2. 反馈交流

你能从身份证号码中看出一个人的出生日期吗？

不同身份证号码有相同部分吗？你知道这一部分包含的信息吗？

★日期码

出生日期在身份证号码的哪几位？（7～14位）

（1）第二代身份证号码第7至14位为出生日期码。第7至10位为出生年份，第11至12位为出生月份，第13至14位为出生日期。

（2）比较第一代和第二代身份证号码。15位身份证号码与18位身份证号码的出生日期有什么不同？为什么第二代身份证号码不遵循编码的简洁性？

（3）指一名学生，通过他们手中的身份证号码说说出生日期。

★地址码

（1）身份证号码第1至6位表示户籍地"省、市、区"。第1至2位是省、自治区、直辖市代码，第3至4位表示地级市、自治州、盟，第5至6位表示县、县级市区。

（2）省份（自治区、市级、县级）的号码为什么不用1位数呢？

★顺序码

（1）第二代身份证号码第15至17位为顺序码。对同年、同月、同日出生的人编定的顺序号。

（2）日期码后面的3位编码是由某人居住地所在派出所设置的。其中前2位是按照出生当天人口的出生顺序设置的编码，第3位是用来表示某人的性别。单数表示男性，双数表示女性。

★校验码

（1）第二代身份证号码第18位数字有什么作用呢？

师：身份证号码的最后一位数字是计算机根据前面17位数字按一定的公式自动生成的，叫做校验码，是用来识别身份证真伪的。

（2）小结：身份证号码是由18位数字组成的，前6位为地址码，第7至14位为出生日期码，第15至17位为顺序码，第18位为校验码。身份证的编排是有规律的。（板书：规律）

3. 组织反思

（1）身份证用数字表示比用文字表示优越性在哪？（科学、简洁、唯一）

（2）回归生活。说说身份证的用途。

谈话：在日常生活中，人们通常在什么情况下用到身份证呢？

学生回答预设：出境旅游、购买飞机票、学历考试……

谈话：过去人们出差办事住宾馆都需要单位开的介绍信，信里要写清楚住宿人的姓名、性别、出生日期、年龄、来自哪里，而现在只需要带身份证，登记身份证号码就可以了，因为身份证号码就能包含这些信息了。那用身份证号码代替这些信息有什么好处吗？

学生回答预设：用数字比较简洁、好记。（板书：简洁）

（3）小结：身份证对每个人来说都是非常重要的，一定要妥善保管，不可以轻易转借给他人。

[设计意图] 通过观察、辨别、讨论身份证号码问题，引导学生了解身份证号码蕴含的信息，以及身份证号码的特点。感受数字编码表达信息的基本方法和作用，引导学生留心观察生活，生活中处处有数学。

（二）探索邮政编码编排规律

1. 自学邮政编码

刚才同学们的举例中提到了邮政编码，邮政编码也是一种常用的数字编码。你们知道我们学校的邮政编码是多少吗？（243071）根据学习身份证号码的方法，自学课本第 33 页——探索邮政编码的规律。

2. 反馈交流

了解邮政编码的结构与含义。我国邮政编码由 6 个数字组成，采用"四级六位制"。

结合本校邮政编码可知：前两位 24 表示安徽省，前三位 243 表示安徽省马鞍山市所在邮区，前四位 2430 表示安徽省马鞍山市雨山区，最后两位 71 表示投递局。

2 4	3	0	7 1
安徽省	马鞍山市邮区	雨山区	投递局

3. 组织反思

质疑：为什么信封上有详细地址，还要写上邮政编码呢？

反馈小结：有了邮政编码，机器识别分拣信件的速度更加快捷。（板书：快捷）

[设计意图] 通过学生自学、反馈交流、质疑讨论，分析邮政编码中蕴含的信息，引导学生了解邮政编码的结构和每一部分数字所代表的信息，帮助学生进一步了解邮政编码的作用。

三、练一练——知识运用

生活中的编码还有很多，它们的用处很大！你能借助编码的知识解决生活中的问题吗？

1. 全班共同练习——编学号

_____ 小学 学号登记表						
姓名	年级	组级	性别	入学年份	班级排序	学号
丁小瑛	四	3	女	2009	28	20090403282
王奕飞	三	1	男	2010	01	20100301011

山南小学 2015 年 9 月共有学生 1856 人，小红是刚入学的一年级学生，排在第 79 号，请大家帮她编排学号吧！想一想，怎样设计能使小红的学号在整个小学期间都不会发生变化呢？

（1）讨论：学号包含哪些信息？（年级、班级、性别、入学年级）

（2）小组合作。总结编制要求：能保证学号从一年级用到小学毕业，不用改变；能看出来是男生还是女生；能看出是哪个班的学生。

（3）反馈交流验证，及时评价。

（4）试一试，应该怎样给全校每个学生设计学号？（思考编学号必须反映哪些信息。）

2. 分小组选择练一练

要求：每个学生任选其中一项内容与同桌合作完成。

★知识运用一

2014 年 9 月山南小学举办小学生语文知识素养大赛，请将表格填完整。

参赛号码	参赛学生信息
310105	这位学生是三年级 1 班的，在第 1 考场第 5 个座位
	这位学生是四年级 2 班的，在第 3 考场第 12 个座位
520621	

★知识运用二

根据下面的译码表，能翻译出老师给你们的赠言吗？

数 11	编 12	字 13	码 14	学 15	显 16	穷 17	威 18	力 19	科 20
是 21	无 22	大 23	的 24	我 25	好 26	们 27	玩 28	风 29	爱 30

（1）　11　　15　　21　　22　　17　　24　　20　　15
　　　 数　 学　 是　 无　 穷　 的　 科　 学

（2）试一试，根据译码表，写一条编码让同桌翻译。

[设计意图] 小组合作运用知识解决生活问题，感受数学在生活中的作用，增强学习数学的信心。

四、想一想——全课总结

（1）谈谈今天的收获。

（2）课后延伸。考查自学能力，请同学们打开英特网，登录网站"走进数字与编码世界"，选择自己感兴趣的网站，自由浏览，课后完成"自学册"上的问题。

自学册	
车牌号	1. 了解我市车牌号的前两位。 2. 了解车牌号的结构。写一个车牌号，说说它的信息。
电话区号	1. 查询我市电话区号码。 2. 查询北京、安徽、上海的电话区号，它们有共同点吗？
身份证号码	想一想，你的身份证号码是多少？ （不确定的数用 x 表示）
图书标识代码	1. 你知道商品条形码的哪些知识？ 2. 观察数学书后面的书号，你了解到什么信息？

[设计意图] 课外延伸，利用网络扩大知识面，增加信息量，为学生思维拓展提供广阔的空间，同时培养学生灵活运用所学知识的能力。

"微"调整，追求实效凸显创新

——《掷一掷》教学思考

执　　教：马鞍山市山南小学　尹其启

案例撰写：马鞍山市山南小学　尹其启

　　　　　马鞍山市四村小学　唐　明

　　《掷一掷》是2014年人教版数学教材小学五年级上册的一节综合实践活动课，教材在学生学完了《可能性》这一单元后设计了这个以游戏形式探讨可能性大小的实践活动。本课设计主要以游戏的形式探讨"掷两颗骰子和是几"的可能性大小，可以使学生通过猜想、实验、验证、总结、应用的过程，巩固"组合"等有关知识，探讨事件发生的可能性大小。

　　教材以连环画的形式来展示活动的过程。从知识内容上看，整个活动分为以下三个层次：第一层：组合（质疑），教材通过让学生同时掷两颗相同的骰子（六个面上分别写着数字1～6），把两个朝上的数字相加，看和有哪些情况，这是一个"组合"问题。根据前面所学的组合知识，学生可以把两个数字相加的和的所有情况都列出来。第二层：事件的确定性与可能性（实验），在上面的所有组合中，最小的和是$1+1=2$，最大的和是$6+6=12$，所以，两个数的和是2，3，4，…，12都是可能发生的事件，但不可能是1和13，这是一个确定事件。第三层：可能性的大小（验证），虽然掷出的两个数的和可能是2，3，4，…，12中的任一个数，但发生的可能性大小是不同的。教材通过游戏的方式，让学生探索、比较掷出各种和的可能性大小。

1. 活动要求微调，凸显实效性

　　数学综合实践的课堂上一旦有活动必然会有小组合作，合作的实效却经常被表面的热闹所掩盖。教师在讲解活动要求时往往出示一张幻灯片，读一读合作要求就一带而过，有的小组成员根本不明确要求，就在教师的一声令下忙成一团，甚至有的活动沦为优等生唱独角戏，其余学生作壁上观。在《掷一掷》这节课中，教师首先介绍学生熟悉的骰子并做了一个关于骰子的游戏，让学生有种亲切的感觉，也为探究两颗骰子打好铺垫。其次，在掷两颗骰子和的环节中，明确小组中每个学生的责任和任务。这样既激发了学生参与实践活动的兴趣，又为小组实践活动的顺利实施提供了保障，防止有些学生在实践活动中无事可做，造成实践活动只是少数人的活动。事先根据学生的能力情况科学分组，每组均有 1 名操作员、2 名记录员和 1 名观察员。为了说得更仔细、听得更清楚，教师改动了课件，逐一展示时就像在和学生进行一对一对话，力求让小组的每个学生都明白自己承担的具体任务。最后，再次动态展示小组合作活动的全部流程，让活动要求清晰地印在每个学生的脑海中。如此细腻的处理过程，学生的合作效果可想而知。

1 号同学的任务

2 号同学的任务

3 号同学的任务

4 号同学的任务

2. 评价方式微调，凸显创新性

本节课中，教师力图在课堂中充分体现学生的主体作用。一是在活动中表现好的小组奖励卡片，并有机会上黑板贴卡片完成教学板书，这种对孩子们的激励可以使评价活动更有效地服务于课堂。二是利用数学家的 1000 次实验结果来证明，当实验的次数越多其结果就越能与理论相符合，以此来说明概率的随机性中还是有规律的。三是设计了让孩子们用所学的概率知识进行实际应用，提高孩子们分析问题、解决问题的能力。应用分两个层次，作为消费者（简单的判断）和作为营销者（概率应用的合理性）。同时教会学生在生活中一定要换位思考来解决生活中的问题。四是设计了课堂延伸，让学生在家掷50次骰子（两个）求差，并制成统计图表，并在下一次的数学活动课上评析孩子们在家的统计情况，再用表格的形式来验证两颗骰子之差中的秘密——差是1出现的概率最高，差是5出现的概率最低，这样证明了孩子们在家掷骰子的情况，也让学习更加完整与厚实。

数学学习中如何实施有效评价是本节课追求的一个方向。众所周知，要关注学生数学学习的水平，更要关注他们在数学活动中的情感和态度，帮助学生认识自我、建立自信。课堂评价的作用不可小觑，尤其是在数学综合实践活动课的教学中。在小组活动中，学生特别容易失控，汇报交流环节处于一种事不关己的状态，这时就需要适时地评价，起到调控、示范、激励的作用。本节课采取的是小组加星的办法，考核小组的纪律、倾听、合作、汇报等方面，促进小组间的竞争。评价创新亮点是教师给完成任务的小组发放奖励——四张卡片，当时这一举动让观者心存疑惑：这些写有算式的卡片仅仅就是一种奖励吗？果然，在分析"两颗骰子的和的所有可能情况"时，谜底揭开。学生们纷纷将这些磁铁卡片有顺序地贴在黑板的相应位置，从而形成反映核心教学内容的完整板书。这种方法为小组评价打开了另一扇窗，让激励与评价更有效地服务于课堂。

和：	2	3	4	5	6	7	8	9	10	11	12
	1+1	1+2	1+3	1+4	1+5	1+6	2+6	3+6	4+6	5+6	6+6
		2+1	2+2	2+3	2+4	2+5	3+5	4+5	5+5	6+5	
			3+1	3+2	3+3	3+4	4+4	5+4	6+4		
				4+1	4+2	4+3	5+3	6+3			
					5+1	5+2	6+2				
						6+1					

综合与实践给学生创造了"学中玩、玩中学"的氛围，能最大程度激发学生学习的主动性和积极性。综合与实践给学生提供了广阔的思维空间，引导学生多向联想、多面思考，积累活动经验、感悟数学思想。那么作为教师，我们能为孩子们做点什么呢？积极地尝试、深入地思考，蹲下身子和学生在综合实践活动中一起享受玩转数学的快乐。

课题　掷一掷

◇**适用年级**　五年级（上学期）

◇**教材再现**

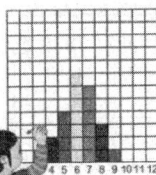

两人一组，轮流掷。和是几，就在几的上面涂上一格。涂满其中任意一列，游戏结束。

从图中你发现了什么？小组间互相交流一下。

◇**备课思考**

一、研究背景

《掷一掷》可以使学生通过猜想、实验、验证、总结、应用的过程，巩固"组合"的有关知识，探讨事件发生的可能性大小；是一种通过实验来验证孩子们自己的猜测是否正确的实践形式，还可以提高学生的动手实践能力和学习数学的兴趣。在愉快的实践活动中获得知识，再利用所学知识解决实际问题。这样的实践活动以学生为主体，注重培养学生的动手能力、合作意识。创设情境，让学生在"玩"中获得数学知识，在实践活动中感受数学的趣味。

二、学情分析

知识的学习固然重要，以知识学习为载体渗透数学思想和方法更为重要。这节课的内容就是一个很好的例子，是在学习了可能性的基础上，利用组合来探讨可能性的大小。对于中、低年级学生来说，这些数学方法主要通过动手操作和实践进行渗透，让学生在活动中体会这些数学思想和方法。这主要靠教师合理利用教学资源，采取有效的教学方法，把抽象的知识变为学生可接受的有趣的知识。

三、预期目标

[知识与技能] 巩固组合的有关知识，探讨事件发生的可能性大小，初步感知大事件概率。

[过程与方法] 充分经历猜想、实验、验证、总结、应用的过程，学会操作、观察和分析的方法，初步感受统计、组合、有序的数学思想，养成合作学习的习惯，提高动手实践能力。

[情感、态度与价值观] 感受数学的奥秘，获得成功的体验，提高学习数学的兴趣。

[课题研究目标] 调整活动要求，调整评价方式，创设和谐生态课堂。

四、教学重难点

[重点] 通过合作探索，发现同时掷两颗骰子得到两个点数的和是 5，6，7，8，9 的可能性大。

[难点] 运用已有知识探究"同时掷两颗骰子得到两个点数的和是 5，6，7，8，9 的可能性大"的原因。

五、教学准备

（1）将学生分成 4 人一个小组的形式，每组有 1 名操作员负责掷骰子报两颗骰子的和，2 名记录员负责完成统计图表，1 名观察员负责监督前三名同学的操作是否正确和规范。

（2）学生准备：两颗骰子、掷骰子的小碗、笔和彩笔。

（3）教师准备：为每个小组准备一张统计表和一张统计图、一张作业纸、1个方便袋，以及36张不同的带磁铁算式卡片和课件。

◇ 教学流程

一、激趣导入，生成问题

（1）谈话：小朋友都玩过掷骰子吗？一颗骰子中藏着哪些数学知识？（骰子上有6个数、有6个面，是个正方体……）小朋友们真有数学眼光，掷一颗骰子，掷出的数可能是几？最小是几？最大是几？（掷出的数可能是1，2，3，4，5，6，最小数是1，最大数是6。）

（2）分组。我们把这六个数分成两组1，2，3，4为第一组，5，6为第二组，掷10次，你们猜测一下哪组掷到的次数可能多一些？为什么？（第一组数字掷到的次数可能会多一些，第二组数字掷到的次数可能会少一些。）好！下面我们验证一下你们的猜测。让一名操作员实际掷10次骰子。

[设计意图] 可能性是本节课的教学起点，本节课的教学活动是在学生认识可能性的基础上建构的。通过猜测、实验掷一颗骰子掷到哪组数可能性大，唤醒了学生对于"可能性"这部分知识的记忆。

（3）若同时掷两颗骰子，掷出的两个数可以解决哪些数学问题？（求和、差、积、商）

（4）今天主要研究同时掷两颗骰子得到两个数的和中藏着的奥秘。（板书：掷一掷）

①同时掷两颗骰子得到两个数的和可能有哪些？（和可能是2，3，4，5，6，7，8，9，10，11，12）。（板书：2~12）

②掷出的两个数的和可能是1或13吗？为什么？

[设计意图] 课始开门见山，由掷一颗骰子的可能性到掷两颗骰子的可能性，为新课做好铺垫，也为新课游戏的顺利进行埋下伏笔。同时掷两颗相同的骰子，把两个朝上的数字相加，看和可能有哪些情况，最小的和是1+1=2，最大的和是6+6=12，所以，两个数的和是2，3，4，…，12都是可能发生的事件，但和不可能是1和13，这是一个确定事件。

二、猜测结果，实验验证

（1）刚才同学们说得真好，为了你们优秀的表现，老师和你们做个游戏（掷骰子的游戏）。

游戏规则：将掷骰子得到的这些和分为两组，一组是5，6，7，8，9，另一组是2，3，4，10，11，12。各选一组，哪组掷出的次数多，哪组就获胜。

一起掷 ⚁ ⚁ ，得到两个数，想一想，它们的和可能有哪些？

2, 3, 4, 5, 6, 7, 8, 9, 10, 11, 12

游戏：

(1)首先把这些和分成两组：一组：5，6，7，8，9，
　　　　　　　　　　　　 另一组：2，3，4，10，11，12。

(2)猜测一下哪一组赢得可能性大？为什么？

（2）猜测一下，选择哪组获胜的可能性大一些？（板书：猜测）为什么？让学生简单地说说其猜测的理由。

（3）刚才同学们做了大胆的猜测，下面我们一起来实验。（板书：实验）

为便于研究，教师给大家准备了一些材料。

实验材料：4人为一组，每组有两颗骰子、一张统计表、一张统计图。

实验方法：4人一组，第一人同时掷两颗骰子并算出两数字和。第二人用画"正"的方法完成统计表。第三人根据掷出的和完成统计图，和是几就在几的上面涂一格，涂满其中一列，游戏结束。第四人很关键，负责关注前面三个同学的操作是否正确。

（4）教师请4位同学示范，之后让各小组完成游戏，哪组完成得快就可以获得教师的4张卡片奖励。

四人合作提示

1号同学：掷骰子，每次同时掷2颗。

2号同学：用画"正"法记录

4号同学：关注1，2，3号同学操作是否正确。

3号同学：计算每次掷的和，是几就在相应的和上面涂一格。

[设计意图] 两颗骰子的和是本节课研究的重点，由于在之前已经对一颗骰子分组，有了猜测、实验、总结的经验，此环节就不是很难进行了。实践活动课的成败关键就在于实践活动是否有效地实施，因此本环节的重点就是如何组织孩子们进行有效地小组合作，利用课件逐一引出，详细地介绍小组合作时每个人的工作和所需要完成的任务。让每个孩子在实践活动中都有事可做，让每个孩子都参与到实践活动中来，同时知道自己在小组中起到了非常重要的作用，活动的成败与自己很有关系，明确具体的责任，培养孩子们在实践活动中的责任意识和合作意识。

（5）分析统计图表，提升猜想。

请同学们仔细观察你们组的统计图表，检验你们的猜测正确吗？组内讨论你们的实验结果与你们的猜测有什么不同？再小组汇报。（学生根据自己组内的实验结果——统计图表，简单阐述。）

[设计意图] 学生经过六七分钟的实验，掷了近 50 次的骰子，已经很有效地完成了统计图表。利用已有的实验结果来分析问题是必需的。先让学生在小组内议一议，让每个学生都能把自己实践活动的结果在组内说说，提高学生的活动参与度，无形中促进了学生之间的相互交流。之后再由组内语言表达能力强的学生代表小组发言。

三、回顾整理，理论验证

（1）为什么掷出和是 5，6，7，8，9 的可能性较大？里面藏着什么奥妙呢？

（2）大屏幕演示掷两颗骰子得到的点数的和的所有可能情况。

这些偶然性后面有没有其必然性？这些现象中有没有其本质的东西？下面我们一起来验证一下！（板书：验证）

当一颗骰子掷出的数是 1 时，另一颗骰子掷出的数有可能是 1，2，3，4，5，6，他们的和可能就是 2，3，4，5，6，7；当一颗骰子掷出的数是 2 时，另一颗骰子掷出的数依然可能是 1，2，3，4，5，6，他们的和可能就是 3，4，5，6，7，8；……；当一颗骰子掷出的数是 6 时，另一颗骰子掷出的数依然可能是 1，2，3，4，5，6，他们的和可能就是 7，8，9，10，11，12。（让孩子们拿出老师奖励给他们的磁铁卡片，然后有顺序地贴在黑板相应的地方，从而完成板书。）

和：	2	3	4	5	6	7	8	9	10	11	12
	1＋1	1＋2	1＋3	1＋4	1＋5	1＋6	2＋6	3＋6	4＋6	5＋6	6＋6
		2＋1	2＋2	2＋3	2＋4	2＋5	3＋5	4＋5	5＋5	6＋5	
			3＋1	3＋2	3＋3	3＋4	4＋4	5＋4	6＋4		
				4＋1	4＋2	4＋3	5＋3	6＋3			
					5＋1	5＋2	6＋2				
						6＋1					

利用板书和多媒体的扇形统计图总结：掷两颗骰子得到的点数的和一共有 36 种不同的掷法，掷出的和可能是 2，3，4，10，11，12 的情况只有 12种，而掷出和可能是 5，6，7，8，9 的情况有 24 种，因此掷出的和是 2，3，4，10，11，12 的次数少，掷出的和是 5，6，7，8，9 的次数多。

6 × 6 ＝ 36种

1 ＋ 2 ＋ 3 ＋ 4＋ 5 ＋ 6 ＋ 5 ＋ 4 ＋ 3 ＋ 2＋ 1＝36种

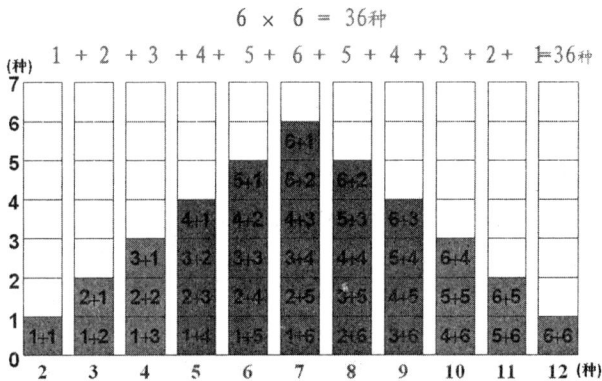

[设计意图] 通过多媒体直观展示掷两颗骰子得到的点数的和的所有情况（36 种）：让孩子们知道为什么和是 2，3，4，10，11，12 的数字多而出现的次数少，而和是 5，6，7，8，9 的数字少而出现的次数却多，主要是和是 5，6，7，8，9 的这些和的组合有 24 种，而和是 2，3，4，10，11，12 的组合只有 12 种。

（3）师：刚才我们从数学理论上验证了掷两颗骰子得到的点数的和是 5，6，7，8，9 出现的可能性比和是 2，3，4，10，11，12 出现的可能性要大。事实上我们掷的次数越多就越能和理论相似。出示数学家掷 1000 次的统计图展示给同学们看看（如右图）。通过同学们的实验和科

实验1000次"两颗骰子的和"出现情况统计图

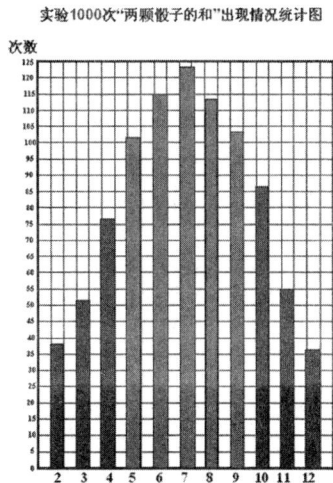

学家的多次实验说明了掷两颗骰子得到的点数的和中的秘密。其实今天我们研究的问题就是数学中的一个非常重要的分支——概率。（板书：概率）

出示概率论创始人的统计图——雅各布·伯奴利图。

概率是研究随机现象中的数学规律的数学分支。（板书：随机现象、数学规律）概率在我们生活中出现的机会比较多，如同学们玩的剪刀石头布、买彩票、摸奖等有关应用概率的游戏。

[设计意图] 出示科学家的1000次的实验统计图是为了说明，当实验的次数越多，实际情况就和理论越相似，以此来让同学们了解概率中的随机性也是有其数学规律的。展示概率的雅各布·伯奴利图，是让同学们知道掷骰子求和的游戏所研究的问题就是我们数学中的概率知识。

四、利用结论，实际应用

摸奖中也有概率的问题。出示摸奖活动情景：前不久某商场举行了一次摸奖活动，规则是消费一定金额就可以得到一次掷骰子的机会，将两颗骰子同时掷出，得到的数字和如果是下列几种情况，那就可以得到相应的奖品。

    1   特等奖   奖品为组合家电一套，价值10000元

    2 或 12   一等奖   奖品为一个电饭煲，价值350元

    3 或 11   二等奖   奖品为一壶油，价值60元

    4 或 10   三等奖   奖品为一瓶饮料，价值3元

    5 或 9   鼓励奖   奖品为一支笔，价值1元

（1）对于这样的摸奖活动，你们能用今天学到的概率知识揭开商家的秘

密吗？

（2）换位思考，如果你是商场的营销经理怎样修改才能使这次活动既不欺骗消费者，也不损害商场的利益。

[设计意图] 任何知识的学习都是为了解决生活中的问题，如果不能解决生活中的问题，这样的学习就没有意义。因此这个环节设计了让同学们用所学概率知识进行实际应用，提高分析问题、解决问题的能力。应用分两个层次，一是作为消费者（简单的判断），二是作为营销者（概率应用的合理性）。

五、课堂总结，课外延伸

（1）师：说说这节课的收获。

（2）师：这节课我们利用骰子，经历了猜想、实验、验证、总结、应用的过程，研究了同时掷两颗骰子得到的点数和中的奥秘，也就是数学中的概率问题。当然，在今后的学习中，你们还会系统地学习概率知识。其实，关于骰子中的数学知识远不止今天我们研究的这些。

（3）作业设计（以4人一组为单位，在下周的数学活动课上进行）。

课后研究

猜想—实验—验证—总结—应用

★ 同时掷2颗骰子，计算出朝上面的2个数的差。差可能是哪些数（   ）。你能发现差（   ）出现得多？差（   ）出现得少？

-	1	2	3	4	5	6
1						
2						
3						
4						
5						
6						

[设计意图] 短短的40分钟无法满足同学们探究概率知识的热情，概率知识也不仅仅局限在掷两颗骰子得到的点数的和里面。根据学生的年龄特征，选择了研究掷两颗骰子得到的点数的差作为同学们的作业，既可以作为下次数学活动课的研究内容，也可以作为本次实践课的延续。

◇学生实践活动成果

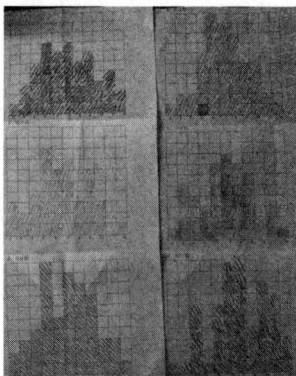

创造性地使用例题，
融知识性、趣味性于一体

游戏中"形→数→式"的三次升华

——《抢数游戏》教学思考

执　　教：马鞍山市四村小学　殷晓丹

案例撰写：马鞍山市四村小学　殷晓丹

抢数问题是 2011 年人教版数学教材小学四年级上册"数学广角"中的对策问题之一，选择这一课题本身就是一次挑战，因为本课题往往只作为对策问题的延伸，教师在教学上难于驾驭，对学生的思维要求比较高，而且课本是以思考题的形式出现。选择执教的初衷是想通过本节课的教学给学生渗透数学思想，让学生在探索的过程中体会数学思想对数学策略形成的价值。本节课的学习设计了三个层次：

1. 由形开始直观探究策略

课始，学生在棋眼上"抢3"。最后一个棋眼帮助学生获得"抢3"确保获胜的直观感受，初步形成"凑3"的策略。摆棋子的好处有利于学生操作，有利于学生选择，有利于学生调整修正。本节课的另一个目的就是要发挥电子白板的交互作用，因此在电子白板的使用下，学生在操作中反思，在反思中互动修正，最终形成最佳的策略选择。

2. 由形到数为后续教学与学生探究提供了简洁便利的工具

用数来表示抢数过程，显然比图形更加简洁。有了图形的基础，学生再看数，心里更有底气，写起来更轻松。

3. 算式的形成与提炼为策略的运用提供了更数学化的工具

学生在探究过程中，自然形成了合情合理的算式，算式中包含了抢数问题诸多的信息元素。由算式开始思考，由算式确定思考的起点，由算式作为问题解决的终点。算式的运用，为学生今后学习数学提供了一条有价值的思考之路。

抢数游戏重在活动中发现取胜策略，运用策略。课始师生对弈，学生很感兴趣，都跃跃欲试，但为了完成教学任务，怕耽误过多的时间，教师难以放开。其实，和学生放开了玩效果可能会更好。在有计划、有目的的游戏中，教师引导学生发现取胜策略，并主动运用策略。因此本节课应定位于以游戏活动为主，是以游戏活动为平台展开探究的数学实践活动。

本节课创意特色之一：把数学综合实践活动教学与白板应用深度融合，开创"数学综合实践活动"教学的先河。例如：师生对决导入——拖动克隆、遮罩等功能，生生互抢3——特效交互功能和拖动克隆功能，探究试验抢6——聚光灯、书写、展示功能，转化推理抢4、抢5——特效交互、拖动克隆和半透明遮罩等功能，巩固练习——拖曳、书写功能。

创意特色之二：

$$\text{五合一}\begin{cases}\text{师生互动板（师生对决导入）}\\\text{生生互动板（生生互抢3）}\\\text{探究试验板（探究试验抢6）}\\\text{转化推理板（转化推理抢4，抢5）}\\\text{成果展示板（巩固练习）}\end{cases}$$

创意特色之三：依据课标，对教材内容大胆改编开发，充分运用白板功能，融入个人教学风格，力图打磨出一节值得研究、值得推广的原创教学课例。

课题　抢数游戏

◇ **适用年级**　四年级（上学期）

◇ **教材再现**

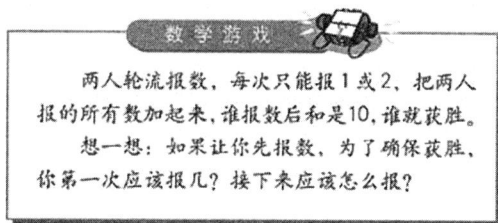

数 学 游 戏

两人轮流报数，每次只能报1或2，把两人报的所有数加起来，谁报数后和是10，谁就获胜。

想一想：如果让你先报数，为了确保获胜，你第一次应该报几？接下来应该怎么报？

116

◇ **备课思考**

一、研究背景

本节课的教学内容是在学生学习了"数学广角——对策问题"后安排的一次数学游戏活动。教材首先呈现游戏规则：两人轮流报数，每次只能报1或2，把两人报的所有数加起来，谁报数后和是10，谁就获胜。随后提出问题"如果让你先报数，为了确保获胜，你第一次应该报几？"最后，在"接下来应该怎么报？"的问题中，引导学生完整地归纳出报数策略。

《抢数游戏》一课的特点在于让学生在活动中学习，在游戏中发现不同的抢数取胜策略并学会运用取胜策略进行游戏活动和作品设计。通过"抢数游戏"这样一个内容载体，利用现代信息技术，让学生学会用数学的思维方式去观察、判断、选择，能把所学的知识应用于生活中有实用价值的物体，体验创造性思维的全过程，让学生在具有探索性和创造性的数学活动中，获得成功的体验，增强创新意识，树立学好数学的信心，形成实事求是的科研态度和正确的价值观。

在整节课的设计中，本着"教师是学生学习和知识构建的促进者，教学是师生之间的对话、沟通、合作、共建的交往活动"的教学理念，让学生经历数学知识的形成和应用过程，鼓励学生自主探索与合作交流，注重培养学生良好的思想力并让其体验创造性思维的全过程。在游戏的过程中，运用"问题解决"教学模式，先从问题出发，激发学生探求新知的兴趣；接着运用现代信息技术，让学生对游戏策略进行大胆猜想，做出初步的选择与判断，通过这样高互动的信息反馈教学，不仅能让各层次的学生参与到数学活动中来，而且还能培养学生直觉思维和逻辑思维的能力，初步形成实事求是的科研态度。为了帮助学生了解取胜策略，为他们提供充分从事数学活动的机会，本课还设计师生、生生间的多次互动游戏，利用现代信息技术再次让学生做出选择与判断，让学生在自主探究和合作交流中验证他们的猜想，使学生经历从不知道到知道、不清晰到逐渐清晰，最终能正确选择答案的学习过程，从而领会数学思维方法，获得数学活动的经验。

二、学情分析

对于数学游戏，也是数学实践应用活动，四年级的学生具有以下特点：

（1）学生具有一定的数学思维能力，敢于进行提问、猜想、选择等思维活动，但把所学的知识应用于生活中有实用价值的物体的能力不强。

（2）学生对活动课有着浓厚的兴趣，但探索数学知识的能力不强。

（3）学生的思维活跃，能积极参与讨论，而且口头表达的能力较强。

三、预期目标

[知识与技能] 使学生在游戏中发现不同的抢数取胜策略，并会运用取胜策略进行游戏活动。

[过程与方法] 培养学生直觉思维与逻辑思维的能力，体验一种创造性思维的过程。

[情感、态度与价值观] 激发学生的好奇心与求知欲，培养学生爱数学、学数学的情感。

[课题研究目标] 多种方法体现综合与实践活动课的知识性与趣味性。

四、教学重难点

让学生发现取胜策略和报数策略。

◇教学流程

一、游戏导入

（1）师：这节课我们来玩抢数游戏。（板书：抢数）数怎么抢，一起去看看。（指名读题）

出示规则：两人从头开始轮流往后摆棋子，每次摆1枚或2枚，谁抢到第9个棋眼谁就获胜。

第一回合　师生对决

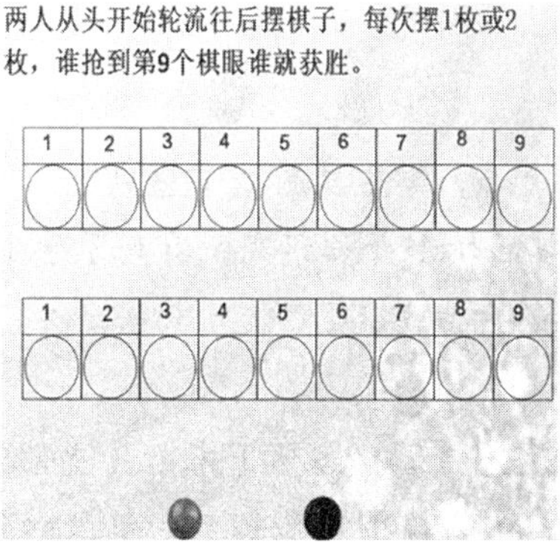

（2）师：你们认为规则中哪些要求很重要？（学生说，教师标注）

师：儿童优先，你先摆！

（3）师生两次在白板上对决，第二次剩下3个棋眼，学生就发现老师必胜。

小结：教师两次都必胜，谈谈你认为与什么有关？引导学生体会这与"后摆"有关。

（4）师：让你后摆，我们来抢3。

[设计意图] 用师生摆棋子游戏导入，激发学生探究游戏奥秘的兴趣。巧妙地因"儿童优先"而创设学生先摆、教师后摆的游戏顺序。两次对决教师获胜，让学生初步感受到抢数的必胜策略与"后摆"有关。

二、新知探究

1. 探究抢3的必胜策略

（1）出示规则：两人从头开始轮流往后摆棋子，每次摆1枚或2枚，谁

109

抢到第 3 个棋眼谁就获胜。

第二回合　抢 3

（2）师生快速完成抢 3，学生从游戏中直觉感知抢 3 的必胜策略。

[设计意图] 从简单的情形开始研究，有利于学生探究规律，为学生今后研究复杂问题提供科学的方法支撑。

（3）引出抢 6。

师：照这样接着往后抢，后摆者接下来抢几能必胜？生：抢 6。

[设计意图] 猜想后摆者接下来能抢到的数，初步运用规律，小试牛刀，激活学生的数感。

2. 同桌合作，探究抢 6 策略

（1）出示游戏规则：两人从头开始轮流往后摆棋子，每次摆 1 枚或 2 枚，谁抢到第 6 个棋眼谁就获胜。

（2）规则：同桌合作，轮流摆棋子涂色，左边同学先摆，右边同学后摆。先摆的涂红色，后摆的涂黑色，摆几枚就涂几枚。右边后摆者，你能做到必胜吗？能想出几种必胜的摆法就写几种，一行写一种！开始！（教师介绍）

（3）学生合作探究，教师巡视，搜集三种摆法，逐一让学生在白板上摆出来，同时帮助有困难的同桌。

[设计意图] 抢 6 需要两轮，学生一眼看不出，值得探究。抢 6 必胜的情况共有 4 种，对于四年级学生来说，合作抢 6 的实践活动应该是在其能力范围之内的。

第三回合 抢6

1	2	3	4	5	6
○	○	○	○	○	○

○	○	○	○	○	○

○	○	○	○	○	○

○	○	○	○	○	○

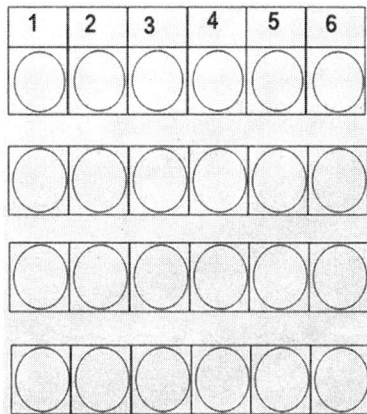

（4）学生汇报交流。

第一种摆法：先摆1枚，后摆2枚。

师：每人各摆一枚，称为第一轮。第二轮先摆1枚，后摆2枚。

师：谁抢到6了？是不是必胜？

第二种摆法：迅速汇报……

小结：观察各种抢6的摆法，你有什么发现？

生：都是后摆者胜！他摆1我就摆2，他摆2我就摆1……

[设计意图] 分层汇报，逐步提高要求，有助于培养学生的语言表达能力和数学展示能力，符合学生的心智发展规律。

（5）介绍用数字表示棋子的个数，像这样报数就是第一轮先报1后报2，第二轮先报2后报1，谁抢到了6？

	第一轮		第二轮	
	先报	后报	先报	后报
抢6	1	2	2	1

（6）研究用算式表示思维过程。

师生再次对决。

师：你选择先报还是后报？生：后报。师：为什么？生：后报能胜。师：抢6必胜策略是后报。（板书：必胜策略　后报）

师报1，生报2。

师：你为什么不报1呢？（是什么原因让你决定报2的？）生：1+2=3。师：你报2是要和先报的数凑3。（板书：报数策略　凑3）

师：后报和先报一共凑了几轮？生：2轮。师：算式？生：6÷3=2（板书：式　6÷（1+2）=2）

师：3可以写成几加几？生：1+2。

[设计意图] 必胜策略、报数策略是否由孩子自主发现、主动运用，是评价这节课是否培养了学生数学学习能力和数学应用意识的一块试金石。师生抢6游戏设置，成功地调动了学生理解必胜策略和运用必胜策略的积极性。

3. 验证摆棋子游戏

师：接下来抢几，后报必胜？生：抢9。

小结：抢3的倍数，后报必胜，后报要和先报的数凑3。

[设计意图] 回应游戏导入，简简单单地一问一答中，必胜策略和报数策略已然深植于孩子的思维土壤之中。

4. 类推规律

师：用这样的方法抢下去，后报者还能抢到几呢？

生：还能抢到9，12，15，…，3的倍数。

学生得出结论：抢3的倍数，后报者必胜。

[设计意图] 类推水到渠成，规律呼之欲出，让学生自己发现、探究、总结出规律。

5. 抢不是3的倍数

（1）师：抢不是3的倍数，后报者还能必胜吗？（指名猜想）生：先报者胜。

师：你们组选一个不是3的倍数。为了方便研究，选个小一点的数。（两组抢4，两组抢5）

（2）同桌分组抢一抢、议一议：必胜策略是先报还是后报？报数策略是什么？

[设计意图] 分组抢4，抢5，为接下来研究抢不是3的倍数提供完整的学习材料，也为学生增加了一次运用转化策略解决问题的机会。

第四回合　抢不是 3 的倍数

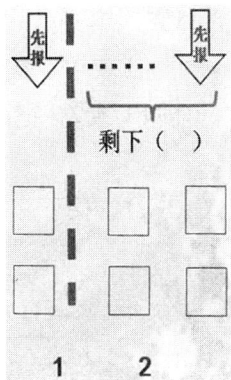

（3）学生分组在练习纸上抢 4，抢 5。

学生汇报。

师：必胜策略是什么？生：先报。师：先报第一次要报几？接下来他应该怎么办？

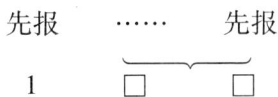

先报　……　先报

1　□　□

师（类推）：先报者接下来能抢到几？生：7。师：算式？生：7 ÷ 3 = 2 …1。

引导学生：抢 3 的倍数和抢不是 3 的倍数两种情况，能对比说一说吗？分别说出必胜策略和报数策略。

小结：抢 3 的倍数，后报必胜，后报要和先报的数凑 3。抢不是 3 的倍数，先报必胜，先报者第一次报余数，接下来和后报的数凑 3。

[设计意图] 抢不是 3 的倍数，重点在于转化策略，把抢不是 3 的倍数转化成抢 3 的倍数，也是运用抢 3 的倍数策略的一次实践尝试。此过程完全放手由学生独立完成。

三、应用巩固

（1）甲、乙两人轮流报数，每次只能报 1 或 2，把两人报的所有数加起来，谁报数后和是 18，谁就获胜。甲想获胜，他应该（　　　）。

A. 先报　　B. 后报

师：你是怎么想的？

生：18÷3＝6，所以他应该后报。

［设计意图］引导学生运用算式来解释算理，算式是数学规律的高度概括，用算式揭示规律，有利于训练学生数学思维的简洁性、严密性。

（2）两人轮流报数，每次只能报1或2，把两人报的所有数加起来，谁报数后和是8，谁就获胜。

（　　）必胜。第一次报（　　）。接下来和后报（　　）。凑（　　）轮就抢到8。

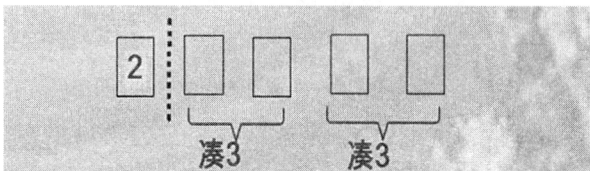

四、全课总结

你能根据板书，说说这节课的收获吗？

［设计意图］清晰的板书，能够帮助学生梳理整节课的学习过程，自主总结抢数策略。

跳出静态的教材，呈现灵动的课堂

——《魔术变直角》教学思考

执　　教：马鞍山市山南小学　刘　萍

案例撰写：马鞍山市山南小学　俞洁文　刘　萍

　　新课标指出，学生的数学学习内容应当是现实的，有意义的，富有挑战性的。这些内容应该有利于学生主动地进行观察、实验、猜测、验证、推理与交流等数学学习活动。有效的数学学习活动不能单纯地依赖模仿和记忆，动手实践、自主探索与合作交流是学生学习数学的重要方式。学生在数学学习活动中，可以通过具体的实际操作、观察和思考，获得对学习材料的直观感受和体验，从而感悟数学的理性思维，积累活动经验。操作活动作为小学生学习数学的重要方式之一，可以联系学生的实践让学生经历数学经验产生的过程，使学生在"做"中学，在"做"中思，从而乐于掌握抽象的数学知识。

　　实验教材中，"角"的初步认识单元只包括认识角和直角的内容，锐角和钝角的认识安排在二年级下册。而修订后的教材既认识直角，也认识锐角和钝角，可以使学生更为深入、全面地认识角，形成对角的更为完整的认识。例3出示了红旗、椅子、双杠等生活中常见的实物，继续体现角与生活的密切联系。里面呈现的角的开口度都是一样的，将这些角抽象出图形来，知道它的大小是一定的，使学生知道像这样的角叫做直角，并会标直角符号。再通过观察发现每个三角尺上都有一个直角，判断一个角是不是直角，可以用三角尺上的直角比一比。接下来通过操作，用任意一张不规则的纸都可以折出直角，调动学生的多种感官参与，进一步了解直角的特征。例4以3幅连续的直观图，呈现了用三角尺上的直角画直角的方法，并使学生进一步认识直角，体会直角的特点。

　　本节课是在学生学习直角之后开发的一节综合实践活动课，旨在通过操作活动积累数学活动的经验和解决问题的经验。贯穿本节课的主要线索是富有挑战性的闯三关比赛活动。在初步认识直角的基础上，学生观察随着图形的变化，直角的个数发生怎样的变化；猜测并验证若增加一条线段，图形可以变出几个直角。在以学生为本、师生互动、民主、轻松的氛围中，学生充分展示着思维的全过程，展现自己的认知个性。

以关注学生的个体生命为基点回归儿童世界，愉快的游戏易于激发学生的学习动机、想象力和创造力。在综合实践活动课中设计游戏要注意以下几点：①把课本例题转变为游戏化情境时要注意避免为游戏而游戏，选择适合游戏的教学内容。②根据学生的实际因材施教，设计游戏应该要有助于突出重点、突破难点，启发学生思维的积极性，学会思考方法，提高教学质量。③选择适合游戏的方式，注意引导儿童用数学眼光看待游戏，发挥游戏的教育价值。④游戏情景设计应该新颖、形式多样、富有情趣，才能有效地激发学生的内驱力，使他们主动地学、愉快地学。⑤游戏情景应直观形象。游戏情景的形式是为教学内容服务的，这样可以在学生"具体形象的思维"与"抽象的数学知识"之间架起一座桥梁，帮助学生理解掌握概念、法则等知识，引导学生由具体形象思维向抽象逻辑思维过渡。

本节活动课在编排上力求做到以下几点：

（1）设计体现"新"。当学生学习"直角认识"之后，为帮助学生进一步学习建立直角模型，教师设计《魔术变直角》一课。旨在通过操作性的变式训练活动，让原本抽象的直角在孩子们的手中生动活泼起来。教师充分发挥创造性，依据学生的年龄特征和认知水平，设计具有探索性和开放性的闯三关活动，这对二年级学生来说是新鲜有趣的，有效地激发了学生探索求知的欲望。

（2）课堂落实"动"。数学课堂教学是数学思维活动的教学，不是数学活动的结果——数学知识的教学。本节活动课的"动"体现在动手、动脑、动口三个方面，即动手操作、动脑思考、动口说理。闯三关活动尽可能地为学生提供操作、归纳、类比、证明等机会，学生在观察、操作、讨论、交流、猜测、验证等过程中，实现了思维跳跃性的发展，培养了其观察能力、动手能力和推理能力。

（3）过程突显"实"。扎实、有效的课堂教学效率，是活动课追求的目标。本节课的设计安排符合学生认知规律，体现了教学层次性，为学生提供了积极思考合作交流的空间。将闯关游戏与数学学习相结合，做到玩中有学，学中有思。第一次闯关，帮助学生建立自信心。第二次闯关，通过思辩引导学生多想一步，深想一步，寻求规律，体会数学的逻辑性、严密性。第三次闯关，引导学生亲历观察、猜想、验证等数学活动，进而获得一种充满张力的数学思考和触及心灵的精神愉悦。学生在掌握知识的同时，领会数学方法、感悟数学思想，为今后可持续发展打下基础。

（4）情境强调"趣"。课始，凯蒂猫作为学生们的新伙伴走进课堂，课始趣生。课中，凯蒂猫带领学生们参与闯三关活动始终，给学生们鼓励与信任，极大激发了学生的参与热情。课堂生动，学生乐学爱学，课中趣浓。课尾，"为什么不能变出九个直角？"这一问题的提出，使学生达到情绪高涨、精神振奋的积极状态。因此，课尾趣更浓。

教学活动永远都是生成状态下的师生互动的过程，学生通过操作活动经历数学知识形成的同时，不断地获取理性的活动经验，使数学抽象思维能力得到训练与发展。这就要求教师要跳出静态的教材内容编排，恰当地运用不同的操作形式，适时地引导学生观察、思考、评价，促使每个学生都在各自的基础上获得相应的数学经验，得到不同的发展，从而呈现出灵动的数学课堂。

课题　魔术变直角

◇ **适用年级**　二年级（上学期）

◇ **教材再现**

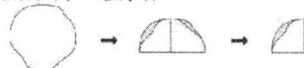

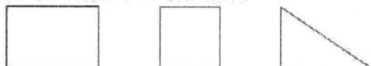

◇ **备课思考**

一、研究背景

　　本节课旨在引导学生通过一系列操作、探索活动进一步认识直角。二年级学生在初步认识直角的基础上，观察"随着图形的变化，直角的个数发生怎样的变化"；猜测并验证"若增加一条线段，图形可以变出几个直角"，从而提升学生的学习兴趣。

二、学情分析

对于二年级学生，本节活动课的活动重点是在操作活动中感知"随着图形的变化，直角的个数也随之变化"的规律。活动难点是掌握规律找出图形中所有的直角，运用规律变出指定个数的直角。

三、预期目标

[知识与技能] 通过闯三关比赛活动，使学生进一步认识直角的特征。

[过程与方法] 通过闯三关比赛活动，培养学生观察、探索的能力，并让学生感受到在探索数学知识的活动中，仅有猜测是不够的，还必须经过严格的实践验证，从而提升学生的思维能力。

[情感、态度与价值观] 激发学生对数学美的认识，进而喜爱数学，从而产生要学好数学的愿望。

[课题研究目标] 将静态教材动态化，体现小学综合实践活动课的趣味性与知识性。

四、教学准备

四边形框（如下图，每两位同学一个），每位同学准备小棒若干根、小组活动作业纸若张。

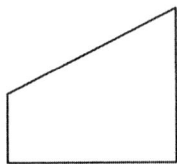

◇教学流程

一、激趣导入

师：今天，将有一位新朋友和我们一起学习数学知识，想知道她是谁吗？（在这里稍停片刻，引起学生的好奇心）让我们用热烈的掌声欢迎新朋友到场，她就是可爱的凯蒂猫。（课件演示：在音乐声中，凯蒂猫出现在小朋友的面前）

[设计意图] 将二年级学生喜爱的卡通人物凯蒂猫引进课堂，作为同学们的学习伙伴。抓住学生好奇心理，活跃了课堂气氛。课始，趣生。

师：凯蒂猫是一个小小的魔术师，她手中的魔术棒可神奇了，可以变出各种各样的东西。（课件演示：在音乐声中，凯蒂猫用魔术棒变出不同类型的角）

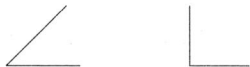

同学们手中也有这样的魔术棒，你们知道是什么吗？（生：我们的魔术棒是小棒。）对，今天我们也来做一回魔术师，变一变我们学过的一种平面图形，猜猜看是什么？（生：是角。）确切地说，我们要变的是直角。（出示课题：魔术变直角）

[设计意图] 借助小游戏凯蒂猫变魔术，巧妙引出本节课的研究内容，自然地揭示课题《魔术变直角》。

二、挑战闯关

师：今天，凯蒂猫想考考大家对于直角的认识，她给同学们带来了一个特别的比赛项目——闯三关。比赛的过程中，凯蒂猫觉得哪位同学表现得出色，就会送给同学们一份礼物—— 一张凯蒂猫的照片，你们敢于接受这份挑战吗？（生：敢！）做好准备，现在我们就开始闯三关。（课件演示闯三关的内容）

[设计意图] 以闯三关比赛活动为线索，为学生创设数学学习情境，逐步展开探索活动。

（1）第一关：两条线段可以变出几个直角呢？（用小棒代替线段）
全体学生进行活动操作，汇报操作活动结果。
小结：两条线段可以变出 1 个直角、2 个直角和 4 个直角。

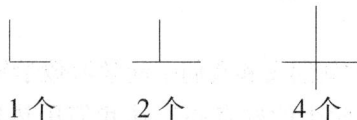

师：第一关同学们很顺利地闯过了。现在我们闭上眼睛，在心中默默地记住刚才三幅图的样子。回想一下，两根小棒怎样放能分别变出 1 个、2 个、4 个直角。

播放凯蒂猫画面：小朋友们，跟我来，我们乘胜追击，继续闯第二关。

［设计意图］第一关两根小棒分别变出1个、2个、4个直角，难度不大，并且本环节活动能够使学生建立闯关的自信心。在心中默记三幅图的样子，为下面的闯关埋下伏笔。第一关操作较简单，由学生独立完成。

（2）第二关：随着图形的变化，直角的个数在变吗？摆一摆，想一想，完成表格。

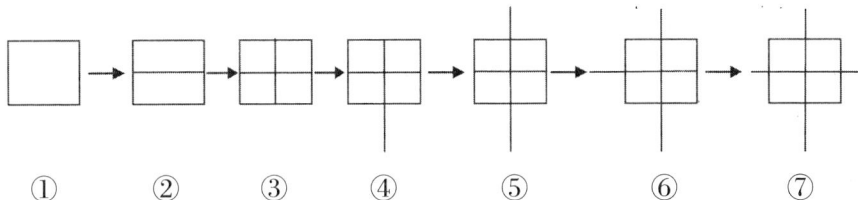

观察：图形在变吗？把每个图形和它前面的图形相比，发生了怎样的变化？

要求：说出每个图形中直角个数时，说说是怎么思考的，填写练习纸。

图形编号	增加直角个数	共有直角个数
①—②	4	$4 + 4 = 8$
②—③	8	$8 + 4 + 4 = 16$
③—④	2	$16 + 2 = 18$
④—⑤	2	$18 + 2 = 20$
⑤—⑥	2	$20 + 2 = 22$
⑥—⑦	2	$22 + 2 = 24$

小组合作讨论、汇报。教师适时启发：每一次图形变化后，与前面一个图形比一比，增加了哪些直角？

汇报总结如下：

①中有4个直角。

①—②增加了两个 ┼ ，共有8个直角。（4 + 4）

②—③增加了两个 ┼ ，共有16个直角。（8 + 4 + 4）

③—④增加了一个 ┼ ，共有18个直角。（16 + 2）

④—⑤也增加了一个 ⊥ ，共有 20 个直角。（18＋2）

⑤—⑥，⑥—⑦也都是在前一个图形的基础上增加了一个 ⊥ ，所以⑥有 22 个直角，⑦有 24 个直角。

播放凯蒂猫画面：小朋友们真了不起，不仅有数直角个数的方法，还能总结出规律。第三关更有意思，我们一起去闯关吧。

［设计意图］教师给学生提供自主探索、合作交流的时间和空间，先让学生汇报小组讨论方法，交流探讨。二年级学生有数直角个数的方法，但大多是无序的。通过自身实践与教师引导，学生将每次变化后的图形与变化前的图形相比，观察图形发生怎样的变化，增加了哪些直角，探究其中的规律，引领学生体验数学规律的存在。第二关小组合作，分工完成操作、讨论、填写表格。

（3）第三关：在下面的图形中只增加一条线段，可以变出几个直角呢？

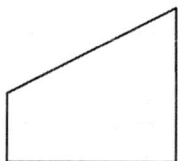

两位同学共用一个的四边形框（如上图），用小棒代替线段动手操作，根据学生的回答，可以变出 3 个、4 个、5 个直角等，让学生在黑板上演示操作结果。

具体操作结果如下：

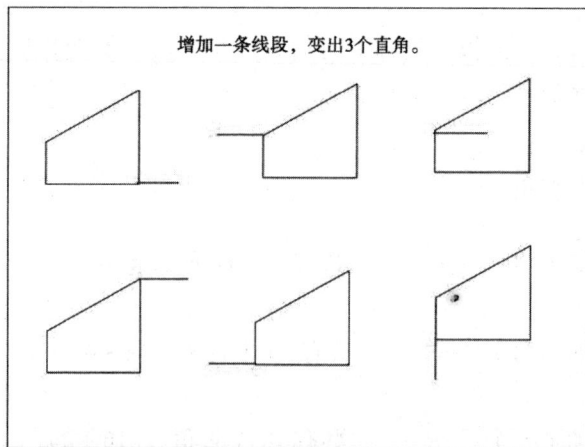

增加一条线段，变出3个直角。

　　总结方法：图形中原有两个直角，只要在图形中增加一个 ⌐。只需在四边形任意一个顶点处，往一个方向加一条伸展的线段即可。

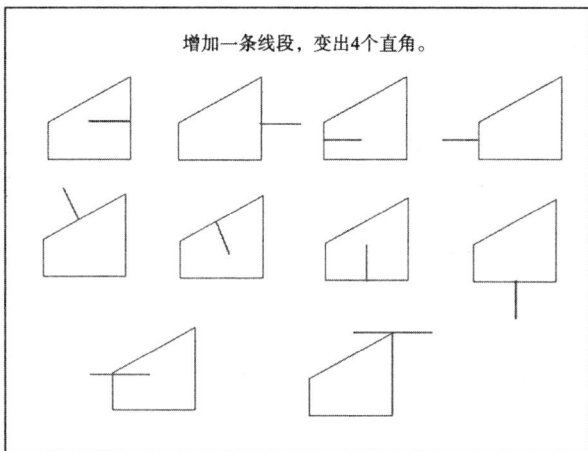

增加一条线段，变出4个直角。

　　总结方法：图形中原有两个直角，只要再增加一个 ⊥。只需在四边形每条边上，往一个方向加一条伸展的线段即可（在图形中、在图形外）；或在两个不是直角的顶点处，加一条往两个方向都伸展的线段。

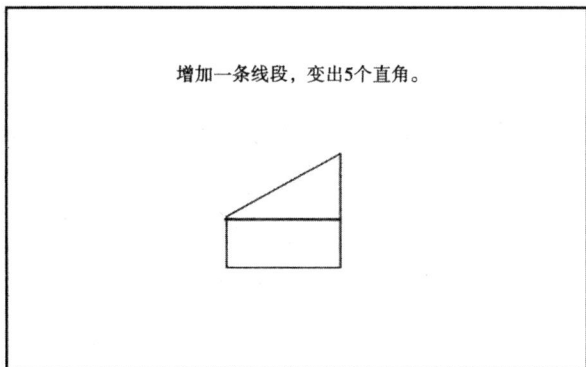

增加一条线段，变出5个直角。

　　总结方法：图形中原有两个直角，只要再增加一个 ⊥ 和一个 ⌐ 即可。

123

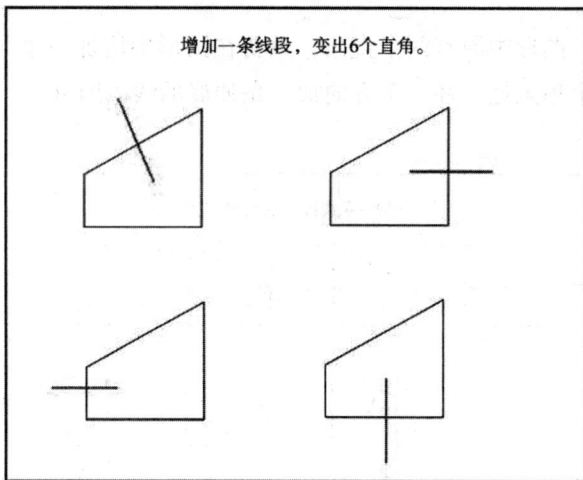

增加一条线段，变出6个直角。

总结方法：图形中原有两个直角，只要再增加一个 ┼ 。只需在四边形的每条边上，加一条往两个方向都伸展的线段即可。

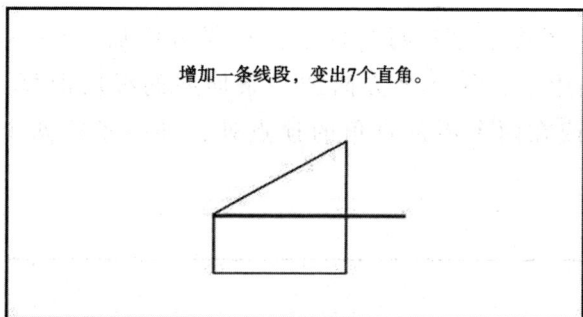

增加一条线段，变出7个直角。

总结方法：图形中原有两个直角，只要再增加一个 └ 和一个 ┼ 即可。

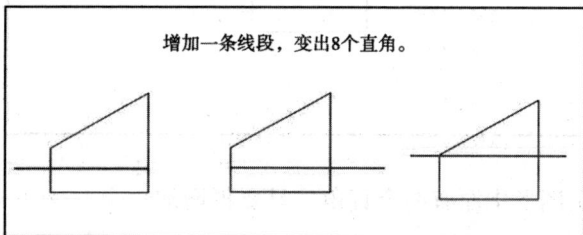

增加一条线段，变出8个直角。

总结方法：图形中原有两个直角，只要再增加一个 ⌐ 和一个

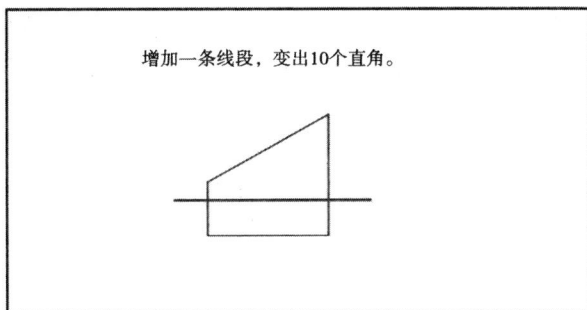

⊢ 即可。

增加一条线段，变出10个直角。

总结方法：图形中原有两个直角，只要再增加两个 ⊢ 即可。

在小组活动中，同学们将手中的"魔术棒"摆在图形中不同的地方，原来的图形不停地变出了3个、4个、5个、6个、7个、8个、10个直角。

[设计意图] 一个四边形，只增加一条线段，会变出几个直角？带着这个问题，小组操作活动中频频发生着热烈的争论。在解决问题的过程中，学生真正成为学习的主人。从变出的直角个数不同，到变出相同的个数却有不同的变化方法。学生边操作边思考，一次次感受着数学的奇妙，切身体验解决问题策略的多样性。通过独立思考和与同伴交流，培养学生更合理、更优质的思维。

播放凯蒂猫画面：小朋友的魔术棒太神奇了，但我还有一个疑问，只增加一条线段，为什么没能变出9个直角呢？

"一石激起千层浪"，学生自觉运用刚才总结出来的方法猜测、思考、操作、验证，最终得出结论：在只增加一条线段的情况下，原来的图形中无法再增加7个直角，所以不能变出9个直角。

[设计意图] "为什么不能变出9个直角？"进一步提升了学生数学思考能力，即：不是盲目地增加一条线段，而是分析是否可行，再通过操作加以验证。再一次让学生充分体验了"数学学习是有规律可循的"，培养了学生科学严谨的学习态度。而此时的数学规律，也在充满张力的数学思考中绽放理性之美。

三、激励总结

今天小朋友们表现得都不错。

播放凯蒂猫画面：凯蒂猫照片。这份礼物在老师手中，它属于你们全体同学，同时凯蒂猫希望你们在今后的学习中，也要像今天这样积极动脑，勇于探索，争取更大的进步！再见了，小朋友，我以后会常来你们的课堂做客。

兴趣，实践，体验

——《密铺》教学思考

执　　教：马鞍山市采石小学　何秀宝　魏　珍

案例撰写：马鞍山市采石小学　何秀宝　魏　珍

　　《密铺》是根据 2003 年人教版数学教材（新课标版）小学四年级下册中的"生活中的数学"而创编的一节综合实践课。密铺是生活中非常普遍的现象，它给我们带来了丰富的变化和美的享受。本册教材通过实践活动让学生认识一些可以密铺的平面图形，并会用这些平面图形在方格纸上密铺，从而进一步理解密铺的特点，增强空间观念。作为新课改中的亮点之一：数学实践活动成了数学教学中的焦点。数学实践活动课是以兴趣为核心，以数学知识为载体的一种自主性实践活动。学生根据兴趣爱好接触自然和社会，运用课堂上学来的数学知识，经过观察、操作、实验、调查、推理等活动，在合作与交流的过程中获得良好的情感体验，在解决实践问题时激发学习数学知识的热情。有了兴趣，枯燥的数学变得趣味盎然，被动的接受变为主动的探索，激情贯穿于数学实践活动的始终。

　　依据教材例题创设生活化情境的策略：①必须依托教材将学习材料生活化，沟通教材与学生生活的联系；②合理运用数学知识，分析解决现实问题；③关注学生熟悉的、身边的日常生活，找准学生学习知识的兴趣点；④充分挖掘一个主题情境所负载的数学内涵，使之产生良好的教学效果。

1. 熏陶感受，触发动机——诱趣

　　（1）活动有趣。数学实践活动是以学生为主教师为辅的探究性活动，学生以什么样的心境进入是活动取得效果的前提。良好的心境来自于对活动的认识，认识水平的高低决定激起愿望的层次。本节课的学习主要安排了以下活动流程：观察理解，感知密铺——初步感知密铺的特点；操作探究，体验密铺——通过学生操作进一步理解密铺的特点；拓展延伸，欣赏密铺——体验密铺与生活的联系，感受数学知识在生活中的应用；综合运用，创作密铺——创作设计使学生经历创造数学美的过程，拓展延伸并欣赏体验数学美。

（2）互动有趣。尊重学生，就是要正确处理学生的自主选择、主动实践。实践活动是教师与学生合作开发与实施的，师生双方既是活动方案的开发者又是活动方案的实施者。因此，活动中，首先对于学生的选择教师不能直接否定或忽视，否则容易打消学生的参与积极性，应该因势利导、优化组合，让学生的选择为课堂所用；再次要客观地分析学生的身心发展规律和现有的数学认知水平，尊重、理解、宽容每一个学生，正确预测学生在实践活动中的"错误"，尊重活动中学生个性的张扬，关爱每一个学生。

2. 探究发现，体验成功——撷趣

随着探究的不断深入，活动中形成了一个"知识经验—解决问题—知识经验"的良性循环，已有的数学知识在活动中不断应用，并与新的知识不断结合。学生在解决问题的过程中不断思考，在思考中探究发现，在探究发现中获得乐趣，体验成功。活动中要提倡团体协作精神，发挥集体的力量，加强小组间的合作与交流，从而提高活动成功的概率。同时通过开展"想一想、做一做、看一看、议一议"等活动，进行探索与交流，在探究发现中体验成功。如"小小设计师"环节让每一个学生都能体验到成功带来的快乐，并使他们兴奋不已，回味无穷。

本课中，教师与学生课前共同搜集了生活中大量的密铺实例和精美的密铺作品，使学生在惊叹之余感受到数学知识的实用性与艺术性，激发了学生的创作欲望，提高了学生学习数学的兴趣和应用数学知识解决实际问题的意识；同时，让学生感受到生活中处处存在数学知识，认识到数学知识不仅可以解决实际问题还可以美化生活，从而提高学生的审美能力。在学生进行探究活动时，注重激发学生的自主学习意识，为学生提供充分参与数学活动的机会，帮助他们在自主探究和合作交流的过程中理解和掌握基本的数学知识与技能、数学思想与方法，从而获得数学活动经验。

这节课让学生先猜想再验证，在动手操作中发现规律，最后展示操作成果，让学生获得充分的成就感。欣赏生活中的密铺图案的教学环节，让学生意识到尽管有了初始的观察与操作体验，但如果不去很好地联系生活，他们对于密铺的认识还是比较肤浅的。所以，密铺图案欣赏是为了让学生更好地体验密铺与我们的生活紧密相关，知道它在生活中是非常普遍的现象，领悟数学知识在生活中的应用广泛性。

欣赏引发兴趣，实践丰富体验，创作让学生将所学知识应用到了实践。

课题　密　铺

◇适用年级　四年级（下学期）

◇教材再现

密　铺

生活中的数学

欣欣家搬进了新居，这是她家地面和墙面铺瓷砖的图案。

地面　　墙面

地砖是正方形的，墙砖是长方形的。其实砖的形状还有菱形、六边形等。无论是什么形状的图形，没有重叠、没有空隙地铺在平面上，就是密铺。例如：

谈到密铺，小蜜蜂可是个有艺术家气质的设计大师！你看，它的家多漂亮啊！

94

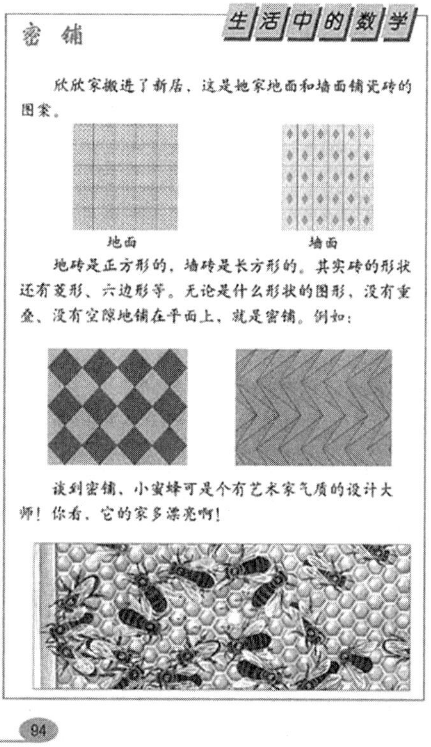

◇备课思考

一、研究背景

《密铺》是一节根据有关平面图形的特点进行观察、操作、思考和简单设计的实践活动。教材分三部分安排：第一部分，通过观察生活中常见的用砖铺成的地面或墙面，初步理解什么是图形的密铺。第二部分，通过动手操作和思考，探索并了解能够进行密铺的平面图形的特点，知道有些平面图形可以密铺，而有些则不能密铺，有的还可以利用两种或两种以上的平面图形密铺。从而在活动中进一步体会密铺的含义，更多地了解平面图形的有关特征。第三部分，通过欣赏和设计简单的密铺图案，进一步感受图形密铺的奇妙，获得美的体验。

二、学情分析

四年级的学生对平面图形的特征有了基本的了解，掌握了基本平面图形周长和面积的计算，学会了图形的平移与旋转等知识，已经具备一定的观察能力和动手操作能力，而且学生对于生活中的密铺已经积累了一定的感性认识。在此基础上，学习密铺概念，进行密铺设计，教师可以放手让学生在学习过程中动手操作、合作交流、共同探讨，培养学生的组织学习能力，提升审美能力和创新能力。本课的学习方法主要是学生利用教师提供的多种学具，自主探索、小组合作、相互交流、共同探究。

处于这一年龄阶段的孩子已经初步具有感受美、发现美的能力，对美有了一定的渴望与追求。因此，在被同学们一向视为枯燥抽象的数学课上引进生活中美的事物，把数学与生活中的美有机结合，真正实现了"教学即教育"的思想。同时，引导学生用自己的眼睛去发现美，用自己的心灵去感受美，用自己的智慧去创造美，从而进一步激发学生爱生活、爱学习的美好情感。

三、预期目标

[知识与技能] 通过观察生活中常见的密铺现象，初步理解密铺的概念。通过拼摆各种图形，探索密铺的特点及规律，知道哪些平面图形可以密铺。

[过程与方法] 让学生经历观察、猜测、验证、推理和交流的活动过程，培养学生发现问题、提出问题、分析问题和解决问题的能力。

[情感、态度与价值观] 通过欣赏密铺图案和设计密铺作品，让学生体会数学在生活中的广泛应用，并感受数学美。

[课题研究目标] 挖掘教材的生活化因素，联系生活实际，让学生兴趣盎然地学习。

四、教学重难点

[重点] 掌握密铺的特点，知道哪些图形可以密铺。

[难点] 理解密铺的特点，能进行简单的密铺设计。

五、教学准备

每个小组准备若干个大小相等的等边三角形、平行四边形、梯形、圆形、正五边形、正六边形。

◇教学流程

一、观察理解，感知密铺

1. 谈　话

师：同学们，2008 年是中国年，那一年全世界的目光都聚焦北京。知道为什么吗？

生：因为那年 8 月在北京举办奥运会。

师：那我们一起去看看水立方奥运场馆。课件出示：水立方图片。

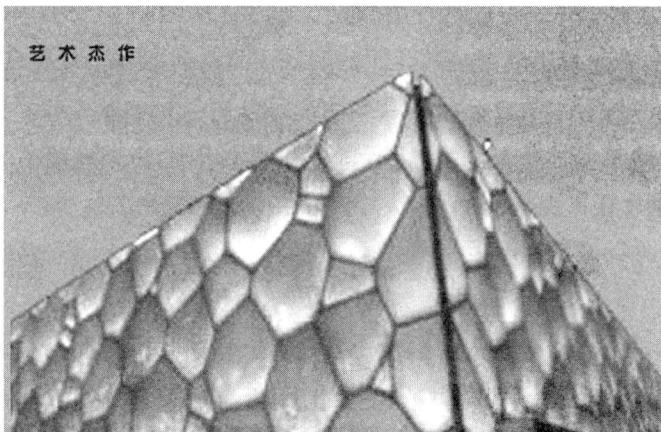

师：这是水立方的外围墙壁，如果用数学的眼光去观察，你发现了什么？

2. 生活中的密铺图案

课件出示：生活中的浴室瓷砖、地板、壁画、阳台、墙面装饰、天花板等密铺图案。

 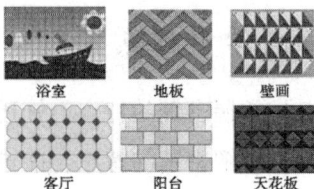

（1）这些图片分别是由哪些图形拼形成的？
（2）这些平面图形在拼的时候有没有什么共同的地方？

3. 欣赏并观察思考

（1）师：你愿意向大家介绍一下这些图片分别是由哪些图形拼成的吗？学生思考讨论并回答。（它们都是由一种或几种平面图形铺成的。如浴室墙面图案是由不同颜色的正方形铺成的。）（板书：平面图形）

根据学生回答，从上面的图案中依次抽象出基本图形：正方形、长方形、三角形等。

（2）师：这些平面图形在拼的时候有没有什么共同的地方？（学生思考交流）把你的发现和同组的小伙伴分享吧！

师：同学们观察得特别投入，那么谁愿意把你的新发现说给大家听听。（板书：无空隙　不重叠　大小、形状完全相同）

（3）小结：像这样把大小、形状完全相同的一种或几种平面图形既无空隙，又不重叠地铺成一片，这种铺法数学上称它为密铺。

[设计意图] 以奥运会建筑物上的密铺图案引入新课，这样既贴近时代，贴近生活，又切合主题，有利于激发学生的好奇心和学习兴趣，较好地调动了学生学习的积极性和主动性。从而，揭示课题自然、有序。

4. 观察比较发现

师：下面的三幅图，可以看作是密铺吗？为什么？同桌小声地说一说。（第一幅图是密铺，因为每个三角形之间既无空隙，也不重叠；第二、第三幅图都不是密铺，因为第二幅图每个正方形之间是重叠的，第三幅图每个八边形之间有空隙。）

（1）　　　　　　　（2）　　　　　　　（3）

5. 联系生活，揭示课题

师：密铺的图形奇妙而美丽，生活中肯定还有很多，平时你们在哪里也见过类似的图形？

师：的确，密铺把我们的世界装点得丰富多彩。密铺给我们的生活带来了美的享受，今天就让我们一起走进奇妙的图形密铺世界。（板书课题：密铺）

[设计意图] 教学中让学生在观察的同时尝试总结密铺的概念，培养学生认真观察、勤于思考的学习习惯和概括总结的学习能力。再通过三幅图让学生进行辨析，这样图形结合使学生进一步加深了对密铺的认识。整个设计过程符合学生的学习心理与认知规律。

二、操作探究，体验密铺

活动一：一种图形的密铺

（1）创设情境，大胆猜想。

学校要在教室的地面铺地砖，现在有如下形状的地砖。（课件出示：圆形、正三角形、长方形、梯形、平行四边形、正五边形、正六边形）你选择哪一种？

学生大胆猜想，相互争论，填写分类。

如果只用一种图形，下面哪些图形能够密铺？

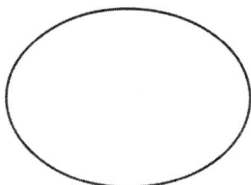

能

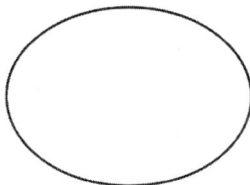

不能

（2）设疑牵引。

师：圆形为什么不可以密铺呢？

生：圆上没有角，圆与圆放在一起，中间总有空隙，不能密铺。

师：你们确信其他的图形都能密铺吗？有没有可怀疑的？

生：其他的图形上都有角，铺起来不会像圆形那样中间有空隙。

（3）动手操作，实践验证。

师：那么这些猜测都对吗？怎样知道大家的猜测是否正确呢？就让我们一起动手来操作验证吧。

学生分组操作。出示活动要求：

要求1：选择一种图形铺一铺。

要求2：想一想铺的过程中要注意什么？

要求3：将铺的结果在小组里交流，并完成记录。

（4）汇报结果，展示交流。

师：哪个小组愿意展示你们验证的结果。（展示有代表性的学生密铺作品，并让学生汇报交流。）哪些图形可以单独密铺？为什么可以密铺？相同的任意四边形能单独密铺吗？如果是相同的任意三角形呢？哪些图形不可以单独密铺？

生：圆形和正五边形不能密铺。

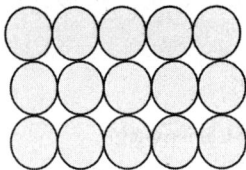

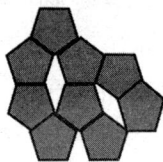

圆形不能密铺　　　　　正五边形不能密铺

（5）小结：我们通过观察分析认为正五边形能够密铺，但通过操作验证发现正五边形不能密铺。这说明只凭眼睛看、凭感觉猜想是不够的，必须要动手验证一下。

[设计意图] 教学过程就是提出问题、分析问题、解决问题，最后形成各项能力的过程。这里布疑激思，引发学生的学习需求，真正使学生参与合作、交流、探索，感悟出"原来如此"的道理。首先以"猜一猜"的形式充分调动学生的学习兴趣，培养学生的合理推理能力。其次学生在小组动手操作、合作交流的过程中，多种感官协同活动，做到在观察中思考，在思考中操作，亲身经历知识的产生和形成的过程，突出了学生的主体地位。

（6）圆形、正五边形与其他图形组合。

启发：单个圆形和正五边形不能进行密铺，如果与其他图形组合起来，是否就可以实现密铺呢？

提问：如果用圆形或正五边形与另一个平面图形来密铺，你会选择下面哪个图形？

根据学生的回答，动态演示圆形、正五边形与另一个平面图形密铺的过程。

小结：用圆形或正五边形这一种平面图形不能密铺，但他们产生的空隙却可以用另一种图形铺满。用一种平面图形能密铺一个平面，用两种甚至更多的图形也能密铺成一个平面。

活动二：两种不同平面图形的密铺

师：下面就请每组同学选择两种不同的平面图形进行密铺操作。

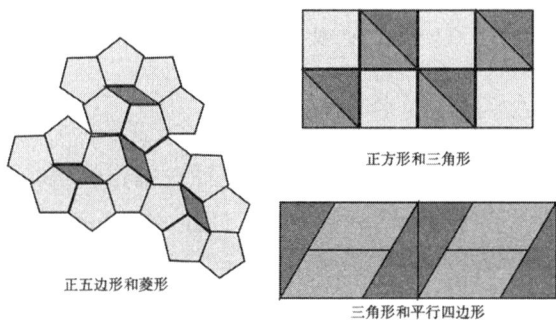

正方形和三角形

正五边形和菱形

三角形和平行四边形

[设计意图] 获得空间观念的途径是多样的。在一种图形不能密铺的情况下，引导学生提出两种甚至多种图形密铺的问题。让学生在思考和实际操作中，进一步感受出多个平面图形的密铺。

三、拓展延伸，欣赏密铺

谈话：用一种平面图形可以密铺一个平面，用两种或两种以上的图形也能密铺成一个平面。设计师们正是将数学与艺术巧妙结合，用密铺的方法为我们设计了许多赏心悦目的图案。让我们来欣赏一下生活中的密铺图案和埃舍尔的艺术世界。

师：密铺图案奇妙而美丽，古往今来，不少艺术家都在这方面进行过研究，其中最富趣味的是荷兰艺术家埃舍尔的作品。

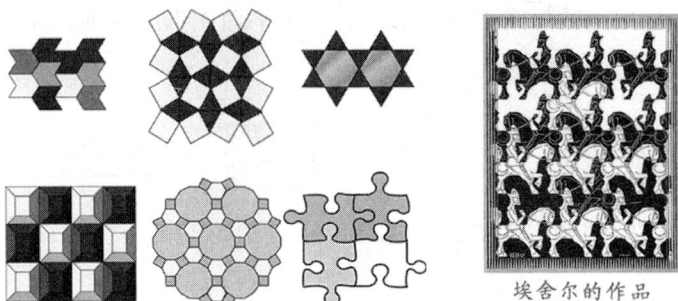

埃舍尔的作品

师：看了这些图案，你有什么想说的？

小结：无论什么形状的图形，如果能既无空隙、又不重叠地铺在平面上，那么都属于密铺。（板书：无论什么形状的图形）

[设计意图] 通过欣赏精美的图案设计，让学生走进奇妙的密铺世界，随着音乐的旋律、教师生动的讲述，学生用心感受着密铺图形的神奇和美妙，这样既扩展了学生的思维空间，也激发了他们的创造性思维，陶冶了情操。

四、综合运用，创作密铺

师：这些作品很美吧？你们想不想也设计一幅作品呢？下面我们来当一回"小小设计师"，用今天学的密铺知识，设计一幅美丽的图案，并涂上不同的颜色。相信你一定行！

教师巡视，并对学生的创作进行必要的指导。

[设计意图] 鼓励学生运用图形密铺的特点进行创作设计，使学生进一步加深对图形密铺的认识，发展他们的空间想象力。学生在这一过程中，获得了成功的体验，增强了学好数学的意识和自信心。

五、全课回顾，总结提升

谈话：同学们，今天我们一起研究了图形的密铺，你有什么收获？在我们的生活中也有很多美丽的密铺图案，希望大家学了今天的知识后，能用眼睛去发现美，用心灵去感受美，用智慧去创造美。

体味思维之趣，体验简算之乐

——《巧填运算符号》教学思考

执　　教：马鞍山市山南小学　俞洁文
案例撰写：马鞍山市山南小学　俞洁文

混合运算题的编排是从学习只有加减或乘除混合运算，到乘加乘减混合运算，再到除加除减混合运算，最后到学习带有小括号的混合运算。即：混合运算中，只有加减或乘除，按从左到右顺序计算；既有加减又有乘除，先乘除后加减；带有小括号的，先算小括号里的。

混合运算题看似简单，但学生日常作业中却出现错误最多，诸如计算导致的错误和运算顺序导致的错误。怎样通过系统的练习提高学生计算的正确率？怎样设计活动才能激发学生的学习兴趣，达成教学目标？正当苦思冥想之时，一道习题引起了我浓厚的兴趣。题目是这样的："三个数字分别是80，8，4，要求不改变位置，添上加号减号，可以得到哪几种运算结果？"细细品味，这一题经过拓展变化就可以作为数学综合实践活动课的素材。

1. 素材的选择具有数学价值

以讲练为主要结构的计算课，教师讲得辛苦，学生学得平淡，教学缺乏有效性。本节数学综合实践活动课选取的素材具有丰富的数学信息，活动内容的呈现方式充满探究意味，有助于教学目标的达成。

一则数学游戏"数字添符号，得数大变样"，另三个数字80，8，4变成20多道混合题。智慧的产生需要催生智慧的土壤，游戏中逐步牵引出的问题隐藏着知识的神秘感。悬念式的情境带动，让学生带着好奇复习混合运算，激发了学生的创造欲望，点燃了学生的智慧之火。

2. 数学学习过程突出思考性

（1）思维过程层层递进。游戏过程给学生提供了较大的思考空间，有利于学生自主探索，且在思维策略提升中呈现出层次性，学生在学习过程中思维始终处于活跃状态。第一层按"从左到右顺序计算"，一道算式中只能出现加减号或乘除号，可以写出 4 道算式；第二层按"先乘除后加减顺序计算"，一道算式中既有加减又有乘除，可以写出 8 道算式；第三层给以上 12 道算式添加括号改变运算顺序，观察比较，添加小括号后运算顺序变了，得数都变了吗？第四层引导学生科学地归纳。比较 $80+8-4$，$80+(8-4)$，$80\times8\div4$，$80\times(8\div4)$ 的计算结果，然后猜测规律，举例验证规律，用字母表达规律。此时学生思维已跳出了计算证明的水平，上升到意义理解的层面上；第五层运用规律进行简算。规律理解的过程是学生数学思维提升的过程，学生充分体会思维之趣，体验简算之乐，形成综合学习能力。

（2）课堂互动扶放结合。本节课探究过程中，教师精心营造了互动的课堂，以动态生成方式推动教学活动的全过程。教师先扶后放，扶放结合，使得学生的探究过程曲中有直，提升探究的实效性。在第一层按"从左到右顺序计算"写出 4 道算式之后，教师及时引领学生进行讨论总结。

①"不计算可以比较 $80+8-4$，$80-8+4$ 两题得数大小吗？"

②"4 题中得数最大、最小分别是哪道算式？"

③"4 题何处相同？何处不同？"

④"怎样快速有序地写出这些算式？"

对数学知识真正理解的过程是主体重新发现的过程，教师合理的安排支撑了这一过程的有效实现。这些问题引导学生学会思考，为第二层的学习打下基础。

第二层按"先乘除后加减顺序计算"写出 8 道算式，然后学生当小老师提问，指名学生回答。这个过程教师注意强化正确信息，淡化无关信息，根据本节课的需要合理追问和补问。整个过程既活跃了课堂气氛，又拓展了学生发散性思维的宽度与深度。

3. 教学中注重内隐智力开发

学习形态中的隐性学习活动获得的是隐性心灵的发展，表现为人的一种内隐智力。内隐智力的开发要求将学生置于一个开放的过程中。本节课创设了有利于学生建构意义的情境，并倡导教学中的合作伴随教学活动的始终，加强对问题的分析和对假设的验证。如比较 $80+8-4$，$80+(8-4)$，$80\times8\div4$，$80\times(8\div4)$ 的计算结果，然后猜测规律，举例验证规律，用字母表达规律。同时，本课加强师生对话、生生对话，实现了意义建构和成果共享。在活动过程中，学生掌握了学习技能，提高了综合素质。

　　数学学习的最终目标是让学生拥有一双能用数学视角观察世界的眼睛，拥有一个用数学思维思考世界的大脑。作为一名数学教师，我们理应走进学生数学学习的思维历程，关注他们的数学思考方法，让数学学习绽放理性之美。

课题　巧填运算符号

◇**适用年级**　四年级（下学期）

◇**教材再现**

试一试

数字添符号　得数大变样

80　8　4

游戏要求：

不改变三个数的位置，

添上不同的运算符号，

能够按指定的顺序计算。

◇**备课思考**

一、研究背景

《义务教育数学课程标准（2011年版）》在"学段目标"的第二学段中提出了"掌握必要的运算技能""尝试从日常生活中发现并提出简单的数学问题，并运用一些知识加以解决""能探索分析和解决简单问题的有效方法，了解解决问题方法的多样性""在运用数学知识和方法解决问题的过程中，认识数学的价值"。四则运算的含义：数（自然数）是刻画一个集合中事物数量信息的符号，运算（整数四则运算）是刻画多个集合中事物数量信息之间关系的符号（组合）。从数学发展的逻辑体系来看，加法是四则运算的基础，减法是加法的逆运算，乘法是一种特殊的加法，除法是乘法的逆运算。数的运算内容贯串于整个第一、第二学段，是这两个学段比较重要、占用学习时间最多的内容。对于数的运算首先要使学生理解为什么要运算，因为不同目的决定了选择不同的运算方式和精度要求。美国数学教师学会 1989 年编写的《学校数学课程与评价标准》对计算问题有一段论述，反映对运算的观念（见下图），我们从中可以受到一些启示。

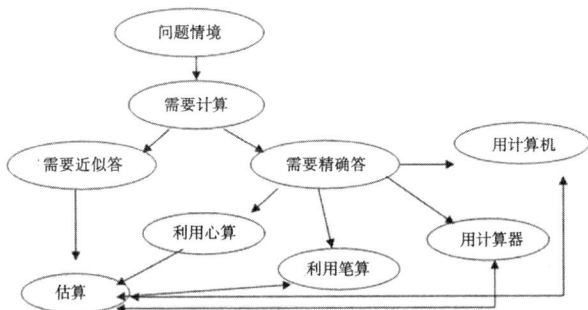

首先应当让学生理解的是，面对具体的情形确定是否需要计算，然后再确定需要什么样的计算方法。口算、笔算、计算器、计算机和估算都是供学生选择的方式，都可以起到算出结果的目的。

应当重视学生对算理的理解和掌握，按照要求把握运算的熟练程度，重视估算的理解运用。同时，鼓励学生用自己的方法去尝试运算，选择合适的方法进行运算。

二、学情分析

通过前面七册内容的学习，学生已经掌握了整数的四则运算，本学期的目的是对以前的知识进行较为系统的概括和总结，完善学生的认知结构。主要内容分为三个方面：四则运算的意义和各部分间的关系，混合运算的顺序，解决问题。混合运算题看似简单，但学生日常作业中却出现许多错误，诸如计算导致的错误和运算顺序导致的错误。本节课淡化对运算熟练程度的要求，重在理解运算顺序，选择正确的运算方法，准确得到运算结果，而不是单纯地看运算的速度。

三、预期目标

[知识与技能] 以多种活动形式（改错活动、对比活动），加深学生对运算顺序的体验，正确掌握混合运算顺序。

[过程与方法] 经历游戏活动的全过程，掌握四则混合运算的顺序，能进行简单的四则混合运算。

[情感、态度与价值观] 激发学习兴趣，通过数学学习提高抽象概括能力，养成认真审题、独立思考等良好的学习习惯。

[课题研究目标] 将一道练习题改编为综合实践活动课，注重趣味性、知识性。

◇教学流程

一、课前谈话

师：数学学习特别需要我们用一双会发现的眼睛去观察，去倾听，学会安静地思考。准备好了吗？让我们登上403号列车，开始出发。

师：数学学习离不开数字，离不开运算。我们学过哪几种运算？（预设：加、减、乘、除，并板书）

师：数的加、减、乘、除四种运算，统称为四则运算。什么是混合运算呢？

生：在一个算式里，含有两种或两种以上不同的运算，叫做混合运算。

强调：出现的不是同一种运算。

说明：加法和减法叫做第一级运算，乘法和除法叫做第二级运算。

[设计意图] 简要的谈话直奔主题，引入本节课的研究方向。引出"数的加、减、乘、除四种运算，统称为四则运算"。在此基础上说明，加法和减法叫做第一级运算，乘法和除法叫做第二级运算。有了第一级运算和第二级运算的概念，为学生更科学地总结概括四则混合运算的运算顺序创造了条件。

二、在改错中体验运算顺序（活动一：小小判官）

1. 观察四则混合运算

下面的计算有问题吗？

（1）$50 + 50 \times 7$

$= 100 \times 7$

$= 700$

（2）$40 - 7 + 4$

$= 40 - 11$

$= 29$

（3）$(79 + 57) \div 34$

$= 126 \div 34$

$= 4$

分析：第（1）题、第（2）题运算顺序发生错误。第（3）题 $79 + 57$ 计算结果是错误的，重新计算来验算结果非常必要。

2. 总结四则混合运算的步骤

看：几种运算　　想：运算顺序　　查：计算正误

师：计算混合运算题，我们已学过哪些运算顺序？（在"想：运算顺序"环节中教师顺势板书运算顺序。）

小结：只有加减，从左到右；既有加减又有乘除，先乘除后加减；有小括号的算式，先算小括号里的。

[设计意图] 学生在前面已经学会加、减、乘、除计算方法，积累了丰富的有关加、减、乘、除的意义的感性认识。本环节"活动一：小小判官"热身赛，通过一组改错训练，总结四则混合运算的注意点及运算顺序。

三、在比较中体验运算顺序（活动二：数学游戏官）

1. 数字添符号，得数大变样

给出三个数字：80　　8　　4

游戏要求：不改变三个数的位置，添上不同的运算符号，能够按指定的顺序计算。（先分析要求，再开始作答。）

小组合作，先分两类：一至四小组组成运算顺序是"从左到右"，五至八小组组成运算顺序是"先乘除后加减"。如果完成本组任务，可以思考其他小组任务。（给学生充足的时间思考，先交流再集体反馈。）

2. 交流反馈

第一类：按照从左到右顺序计算。（强调：只含有加减或只含有乘除）

$80+8-4$	$80-8+4$	$80×8÷4$	$80÷8×4$
$=88-4$	$=72+4$	$=640÷4$	$=10×4$
$=84$	$=76$	$=160$	$=40$

总结：一道算式中只有加减或只有乘除，按照从左到右顺序计算。

反馈：教师提问，学生回答。

（1）不计算比较 $80+8-4$，$80-8+4$ 两题得数大小。

（2）4 题中得数最大、最小分别是哪些算式？

（3）4 题何处相同？何处不同？

（4）怎样快速有序地写出这些算式？

第二类：按照先乘除后加减顺序计算。（强调：既有加减法又有乘除法）

$80 + 8 \times 4$	$80 - 8 \times 4$	$80 \times 8 + 4$	$80 \times 8 - 4$
$= 80 + 32$	$= 80 - 32$	$= 640 + 4$	$= 640 - 4$
$= 112$	$= 48$	$= 644$	$= 636$
$80 + 8 \div 4$	$80 - 8 \div 4$	$80 \div 8 + 4$	$80 \div 8 - 4$
$= 80 + 2$	$= 80 - 2$	$= 10 + 4$	$= 10 - 4$
$= 82$	$= 78$	$= 14$	$= 6$

总结：一道算式中既有加减法又有乘除法，按照先乘除后加减顺序计算。

反馈：教师提问，学生回答。

两组题目中任选两题进行比较：如比较$80 + 8 - 4$，$80 + 8 \times 4$，体会乘加混合运算与加减混合运算在顺序上的区别；比较$80 + 8 \times 4$，$80 - 8 \times 4$，估计哪一题得数大一些。通过运算符号的对比，提高对题目感知的准确度，提高计算正确率。即不用计算就能知道哪一题得数最大，哪一题得数最小。为什么？请学生举例比较。

3. 练习题

（1）哪些算式添上"（   ）"改变运算顺序？分组进行。

$80 + （8 - 4）$	$80 - （8 + 4）$	$80 \times （8 \div 4）$	$80 \div （8 \times 4）$
$= 80 + 4$	$= 80 - 12$	$= 80 \times 2$	$= 80 \div 32$
$= 84$	$= 68$	$= 160$	$= 2 \cdots 16$
$（80 + 8） \times 4$	$（80 - 8） \times 4$	$80 \times （8 + 4）$	$80 \times （8 - 4）$
$= 88 \times 4$	$= 72 \times 4$	$= 80 \times 12$	$= 80 \times 4$
$= 352$	$= 288$	$= 960$	$= 320$
$（80 + 8） \div 4$	$（80 - 8） \div 4$	$80 \div （8 + 4）$	$80 \div （8 - 4）$
$= 88 \div 4$	$= 72 \div 4$	$= 80 \div 12$	$= 80 \div 4$
$= 22$	$= 18$	$= 6 \cdots 8$	$= 20$

总结：一道算式中有小括号要先算小括号里的。

[设计意图] 充分运用活泼有趣的素材，激发学生参与练习活动的兴趣。同时组织思考交流，通过"数学游戏：数字添符号，得数大变样"引导学生体会"相同的三个数，运算顺序不同运算结果也不同"。学生通过不计算比大小，估一估$80 + 8 \times 4$，$80 - 8 \times 4$得数大小，激活已有的混合运算的知识和经验，经历从感性认识上升到理性认识的过程。

（2）比较有"（   ）"与没有"（   ）"的区别，体会"（   ）"对

改变运算顺序的作用。如：

比较 $80 + 8 \times 4$，$(80 + 8) \times 4$，估计哪一题得数大一些？大多少？为什么？

比较 $80 + 8 - 4$，$80 + (8 - 4)$ 什么相同？什么不同？

再比较 $80 \times 8 \div 4$，$80 \times (8 \div 4)$ 异同点，你有什么发现？能用字母表示吗？

$A + B - C = A + (B - C)$ $A \times B \div C = A \times (B \div C)$

猜测规律，举例验证规律，用字母表达规律。

(3) 利用你的发现，通过转化可以进行简算吗？

$94 + 78 - 28$ $25 \times (4 \div 5)$

[设计意图] 学生凭借对小括号的认识，判定运算顺序并完成计算，在亲历中切实感受和认识括号的作用，体会小括号在改变运算顺序中的作用，掌握简算方法。该环节利用丰富的游戏，梳理四则混合运算顺序的知识，引导学生把分散学习的知识串成线、结成网，逐步完善知识结构；同时沟通知识间的内在联系，加深学生对知识的理解和掌握。

四、课堂练习

生活中"24 点"游戏。任选一题试一试。

添上运算符号或"(   )"，每个数字只用一次，写成一道算式，结果是 24。

(1) 1，2，5，8

$(5 - 2) \times 1 \times 8 = 24$ $(8 + 5 - 1) \times 2 = 24$

$(5 + 1) \times (8 \div 2) = 24$ $8 \times (5 + 1) \div 2 = 24$

(2) 3，3，5，6

$3 \times (5 + 6 - 3) = 24$ $5 \times 6 - 3 - 3 = 24$

$(6 - 3) \times (3 + 5) = 24$

(3) 2，2，4，8

$8 \times (4 - 2 \div 2) = 24$ $4 \times (2 + 8 \div 2) = 24$

$8 + (2 + 2) \times 4 = 24$ $4 + 2 \times (2 + 8) = 24$

(4) 1，4，4，5

$4 \times 1 + 4 \times 5 = 24$

五、全课总结

通过刚才的活动，你有什么收获？

学习列车只有起点，没有终点。愿 403 号列车载着我们向更高更远的目标前进。

[设计意图]"24 点"游戏是学生喜爱熟悉的活动，借此激发学习兴趣，加深学生对混合运算的掌握程度。

在灵活多样的活动过程中

学习数学

翻转小学数学综合与实践活动课课堂

——《自行车里的数学》教学思考

执　　教：马鞍山市山南小学　张小玲

案例撰写：马鞍山市山南小学　俞洁文

微课制作：马鞍山市山南小学　俞洁文　刘　萍

2014年5月23日，马鞍山市小学数学"微课程设计与制作"交流研讨活动在山南小学举行，全市三区三县教研员、数学教师200余人参加。活动内容包括：讲座《小学数学微课程设计与制作》《微课程选题与脚本设计》、微课视频展示、现场微课录制演示，所有活动全部由山南小学数学组教师承担。活动引发了微课热，俞洁文、刘萍老师共同制作的微课《自行车里的数学》在当日展示中受到好评，并于当年获得安徽省教育信息技术比赛一等奖。

2015年4月17日，安徽省"基于微课的翻转课堂项目研究"观摩研讨现场会在马鞍山市22中隆重举行。在小学数学分会场，山南小学张小玲老师执教翻转课堂《自行车里的数学》观摩课，引发了老师们对基于微课翻转课堂的思考。

信息技术对教育的革命性影响包括教师的角色再造、课堂教学模式的改变，所以教育信息化的根本在课堂、落实靠教师、重点在应用。小学数学中，什么样的教学内容更适用于微课翻转课堂呢？小学数学综合与实践是一类以问题为载体、以学生自主参与为主的学习活动，其内容是现实的、综合的和富有挑战性的，在活动中学生需要主动地观察、实验、猜测、验证和交流。目前这类课的教学主要采用传统教学模式甚至不教，所以教学效果不太明显。那么如何让学生成为学习过程的主体，掌控学习进度，满足个性化学习需求呢？

一、微课的教学功能与制作

1. 微课的教学功能简析

微课是在新兴媒体应用于教学后而产生的全新应用形式，对教师来说，微课可以作为一种新的教研模式来利用。

（1）什么是微课？美国的戴维·彭罗斯（David Penrose）于2008年秋首

创一分钟课程。国内由佛山市教育局的胡铁生率先提出微课。在胡铁生看来，微课是按照新课程标准及教学实践要求，以教学视频为主要载体，反映教师在课堂教学过程中针对某个知识点或教学环节而开展教与学活动的各种教学资源的有机组合。

（2）微课的特点。微课以形式上的微落实内容上的精，整体效果追求妙。微课以 5～10 分钟的讲解来完成某个知识点的教授，符合学生的视觉驻留规律和认知学习特点，利于激发学生学习的积极性。在有限的时空内做到主题突出，指向明确，结构又相对完整；资源多样，情境真实，深入浅出又形象生动，达到掌握该知识点之目的。同时，微课短小精悍，使用方便，便于反复观看，满足不同层次学生的学习需求。

微课与我们当下能熟练使用的多媒体课件一样，具有两种性质的教学功能，即理论上潜在的教学功能和现实中实际达到的教学功能。要想使微课的教学功能最大化，必须选择合适的教学内容，精心设计制作微课视频，在恰当时机合理使用，尽可能充分发挥其潜在的教学功能。

2. 微课制作，寻找与综合实践活动课内容的最佳联系点

《自行车里的数学》重在通过实践探究活动，建立数学模型，运用模型解决问题。本课教学重点是了解自行车的速度与其内在结构的关系，建立解决问题的数学模型；难点是齿轮组对自行车前进的影响，以及数学模型的形成过程。鉴于以上教学重难点，分析设计微课脚本如下：

正文讲解（6分20秒左右）	第一节内容：了解自行车的结构和行进原理 （1）简要介绍自行车驱动（行走）系统。（2）行进原理。自行车依靠后轮驱动，前轮主要是引导方向。即：脚蹬一圈前齿轮转动一圈，后齿轮转动一圈，后轮转动一圈。	播放视频或课件演示 第 3 至 4 张 PPT	2分10秒
	第二节内容：探究普通自行车的速度与内在结构的关系 探讨：前齿轮转动一圈，后齿轮转动多少圈？ 前齿轮的齿数乘圈数等于后齿轮的齿数乘圈数。当前齿轮转动一圈，后齿轮转过的圈数＝前齿轮的齿数：后齿轮的齿数。	第 5 至 7 张 PPT 演示齿轮运动情况	2分50秒
	第三节内容：计算蹬一圈自行车行走的距离 （1）建立数学模型。蹬一圈自行车行走的距离＝车轮的周长×后齿轮转过的圈数。（2）有人说：蹬一圈车轮就转一圈，走的路即是车轮的一周周长，你认为对吗？说说理由。	第 8 至 10 张 PPT	1分20秒

微课《自行车里的数学》以阐释"普通自行车的速度与内在结构的关系"这一知识点为目标，有三个特点：第一，它是一个模块化的知识点，是

必须要教师讲述引导学生才能理解的内容，是学习的重难点、易错点；第二，它是按照学科规律生成的资源，是活的资源，不是静态的资源，如在介绍自行车驱动（行走）系统穿插"人骑车"的视频，让学生通过观看明白自行车前轮、后轮、前齿轮、后齿轮各自作用；第三，有文字有图片，可视化程度高，与学科内容和知识点紧密结合，模拟一对一的教学情景，区别于一对多的课堂教学，优势明显。

二、微课翻转课堂的实验研究

1. 微课翻转课堂教学形式

《自行车里的数学》一课由"课上"和"课下"两个部分组成。变结构：改变学习结构（前置预学），先学后教。运用微课技术以短小精悍的在线视频为表现形式，将学习起点前移，学习任务提前，学生带着"前研究"产生的问题疑惑与思考进入课堂开展后续学习，课中充分交流，梳理问题获得结论。调方式：适合不同学生需求。运用微课技术，学生学习有了抓手，微课可以重复观看满足不同层级学生的学习需求。变关系：小组合作完成报告单。同学之间、同学与老师、同学与家长相互交流，协作学习。微课的运用重建了课堂模式，达到了分享的状态。

2. 微课翻转课堂教学模型

我们认为基于微课翻转课堂的模型为"新知探究—意义建构—经验融入—综合运用"。

（1）新知探究—意义建构。课下学生根据自身学习进度，观看微课，反复学习深入思考，将困惑提出，课上交流解决。知识的价值是由知识的内容和学习方式来决定的，因为不科学的方式会减弱学科的育人作用。本节综合实践活动课主要研究解决两个问题：普通自行车蹬一圈能走多远和变速自行车能变出多少种速度。前一个是后一个学习的基础。虽然学生对于自行车不陌生，但对于自行车的行进原理并不熟悉，所以要想在短短40分钟完成两个问题的学习是有一定难度的。对于此类综合实践活动课的教学处理，本课采用了将难点问题前置学习的方式，即观看微课视频与个性实践学习相结合。课前预习安排学生以组为单位"玩"自行车，要求学生"玩"的时候观察自行车的结构，了解自行车行进的基本原理。学生收集关于自行车的相关数据，记录在观察和体验中的发现，通过观看微课视频填写活动任务单，让学生有目的地"玩"，在小组活动中探索发现自行车的秘密，激起学生进一步探究的欲望。

（2）经验融入—综合运用。课上通过小组交流讨论将自己已经有的经验融入教学主题中，课下综合运用所学知识解决问题。本节课教师从学生提出的问题中提炼出核心问题：①自行车怎样行进？前后轮、前后齿轮的作用是什么？②前齿轮转一圈，后齿轮是否同样转一圈呢？③蹬一圈，自行车行走的路程怎样求？本节课还完成了如何结合实际使用变速自行车这一问题，加大了课堂容量。

3. 翻转课堂的核心思想

翻转课堂的核心思想是"先学后教"，并以"学生为中心"为教学理念。本节课完整的学习活动包括"教材预学—微课助学—合作互学—课堂测学"。翻转课堂，翻转的是教与学的顺序。

（1）先学，学什么？怎么学？翻转课堂包括"课上"与"课下"两个部分。先学是指课下完成的学习，即观看微课，完成学习任务单（达成目标、方法建议、学习任务）、进阶练习单。第一节任务：了解自行车的结构和行进原理。第二节任务：研究普通自行车的速度与内在结构的关系。第三节任务：计算蹬一圈自行车行走的距离。

（2）后教，谁来教？怎么教？翻转课堂包括"课上"后教，兵教兵，小组合作讨论解决问题，对话协作、自主探究，从而赋予学生更多质疑交流的机会。教师恰当点拨，解答学生不能自行解决的问题。学生带着先学的问题走进课堂，带着解决问题的意识走出课堂。

（3）教师做什么？微课翻转课堂，教师备课的三步骤"疑难问题精选—脚本设计精确—微课录制精准"。《自行车里的数学》在研发中提高了教师的教学设计能力，准备如下：

①设计《自行车里的数学》学习任务单。

②录制微课《自行车里的数学》，并予以课前上传至"复兰科技快乐课堂"平台中"班级课程"，供学生自学观看，并及时了解学生自学动态。

③设计《自行车里的数学》进阶练习单，教师于课前了解学生的掌握情况。

④设计《自行车里的数学》测试题，予以课中在线考试用。

4. 微课翻转课堂三问

（1）什么样的教学内容更适合翻转课堂？是不是所有的教学内容都需要翻转才能实现教学的最优化？微课的运用是以"教"为主向以"学"为主转变，由基于经验的教学研究向基于事实和数据的研究转变，由注重统一性的教学向注重个性化的服务转变，由基于课堂教学传统模式向基于开放的信息化教学的现代教育模式转变。微技术的显性化与推广运用是为学而教，少教多学，鼓励学生的挑战性学习。

（2）什么样的学习者更适合翻转课堂？利用微课教学对学生有很高的要求，学生要有强烈的主动性，现实中教师往往是学生学习的监督者。学生能否在课下自主观看视频？是否有能力进行深入的自学？观看微课需要学生有强烈的学习意愿，需要学生具有形成完整知识结构的能力，不能停留在只见热闹不见本质的层面上。

（3）什么样的教师能承担翻转课堂的重任？教师要建立"课上"与"课下"相辅相成的整体课堂观，同时教学团队有效地开展集体备课，发挥集体智慧力量，教师提升利用网络资源进行教学的能力。以上这些对于教师是严峻的挑战。

课题　自行车里的数学

◇**适用年级**　六年级（下学期）

◇**教材再现**

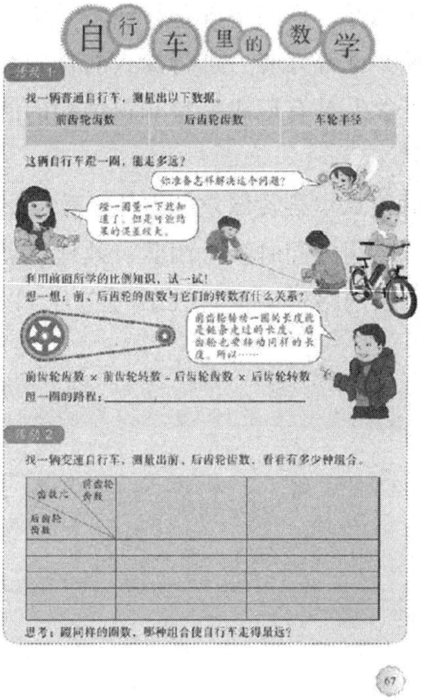

◇**备课思考**

一、研究背景

《自行车里的数学》是 2011 年人教版数学教材小学六年级下册中第三单元"比例"之后的内容，旨在让学生运用所学的圆、排列组合、比例等知识解决实际问题。通过解决生活中常见的有关自行车的问题，了解数学与生活的广泛联系，经历"提出问题—分析问题—建立模型—实际应用"的解决问题的基本过程，获得运用数学知识解决实际问题的思考方法，并加深对所学知识及其相互关系的理解。

《自行车里的数学》主要研究两个问题：普通自行车的速度与内在结构的关系；变速自行车能变化出多少种速度。要想一节课研究两个问题，课堂上难以解决。因此将难点问题前置学习，课前安排学生以组为单位"玩"自行车，要求学生"玩"的时候观察自行车的结构，了解自行车与行进的基本原理；同时收集关于自行车的相关数据，记录在观察和体验中的发现，填写活动任务单，观看微课，让学生有目的地"玩"，激起学生进一步探究的欲望。

二、学情分析

本节课涉及的知识点有圆、排列组合、比例等知识，但不是直接运用这些知识，而是在解决问题的过程中选择所需要的知识来运用，这样的教学过程考量学生的综合能力。本节课学生学习的障碍在于对自行车的内部结构和行进原理缺乏了解，对研究的问题存在认识上的误区。自行车是学生熟悉的交通工具，蕴含的数学问题隐藏在自行车的结构中，同时，自行车的速度与内在结构的关系以及变速自行车的变速原理，都是学生感到陌生的。对于核心问题"自行车蹬一圈，能走多远"，学生无法从数学的角度在"蹬一圈"和"走多远"之间建立联系。

三、预期目标

[知识与技能] 通过观察自行车的结构，分析其行进原理，帮助学生建立数学模型，综合运用所学的圆、排列组合、比例等知识解决实际问题。

[过程与方法] 通过一系列的数学实践活动，经历"提出问题—分析问题—建立模型—实际应用"的解决实际问题的过程，获得运用数学知识解决实际问题的思考方法。

[情感、态度与价值观] 通过解决生活中常见的有关自行车的问题，了解数学与生活的广泛联系。

[课题研究目标] 运用翻转课堂学习方式实现课堂的大容量。

四、教学重难点

[重点] 了解自行车的速度与内在结构的联系，建立解决问题的数学

模型。

[难点] 齿轮组对自行车前进的影响，数学模型的形成过程。

五、教学准备

（1）教师准备：录制微课，课前上传供学生自学观看，并及时了解学生自学动态；设计《自行车里的数学》学习任务单和进阶练习单，教师于课前了解学生的掌握情况；设计《自行车里的数学》测试题，予以课中在线考试用。

（2）学生准备：对照《自行车里的数学》学习任务单进行自学；课前观看微课《自行车里的数学》，并提出自己的疑惑或感受；课前在线完成《自行车里的数学》进阶练习单；每人准备一台平板电脑。

◇教学流程

一、情境引入

教师准备了 3 辆自行车，一辆普通自行车，一辆变速自行车，一辆电动自行车。同时，课件出示了一个自车结构图。

普通自行车

变速自行车

电动自行车

后轮　后齿轮　前齿轮　前轮

自行车里含有数学问题吗？谁能从中找出我们学过的知识？（三角形的知识、圆的知识等）（板书课题：自行车里的数学）

二、自主探索

1. 了解自行车的结构和行进原理

（1）先让学生一边演示一边说自行车怎样前进的。

预设：靠车把推动的，靠车轮流动的，靠脚踏推动齿轮转动、齿轮带动车轮前进的。

（2）播放微课视频。进一步清晰自行车的结构和行进原理。

①简要介绍自行车驱动（传动或行走）系统：由脚蹬、中轴、牙盘、曲柄、链条、飞轮、后轴、后轮等部件组成。

②行进原理：通过曲柄、前轮、链条、飞轮、后轴等部件传动，自行车不断前进。即：人的脚对脚蹬施加蹬力，曲柄带动前轮转动，前齿轮链条带动后齿轮，后齿轮带动后轮转动，后轮在地面上滚动，车子就前进了。

小结：前齿轮和曲柄在同一轴上，脚蹬一圈，前齿轮转动一圈。后齿轮和后轮在同一轴上，后齿轮转动一圈，后轮转动一圈。

③围绕下面问题，说说观看视频后对自行车结构的认识。

★蹬一圈，是什么转动一圈？ ★走多远，是什么距离？

小结：蹬一圈，是前齿轮转动一圈。走多远，是后轮滚动行驶的距离。

了解普通自行车的结构与行进原理。

普通自行车的行进原理：

◆自行车的前轮与后轮的作用：

脚对脚蹬施加力，曲柄带动前齿轮转动，前齿轮通过链条带动后齿轮，后齿轮带动后轮转动，后轮在地面上滚动，车子就前进了。

脚蹬一圈，前齿轮就转动一圈。

后齿轮和后轮在同一轴上，后齿轮转动一圈，后轮转动一圈。

后轮　　　　　　　　前轮
（驱动行进）　　　　　（引导方向）

[设计意图] 课前要求学生以小组形式观察自行车的结构，了解自行车的结构与行进原理，并观看微课视频，完成一些练习题。观察实物结构、观看微课视频、汇报交流、操作演示，有利于学生准确理解其内在的数学原理；两个小问题帮助学生建立正确的表象，并将众多问题中有价值的问题凸显出来，为后面的学习做好铺垫。

2. 研究普通自行车的速度与内在结构的关系

（1）自行车蹬一圈，能走多远？你准备怎样解决这个问题？

方案1：蹬一圈，量一下就知道了。通过直接测量来解决问题，但误差较大。

方案2：通过车轮的周长乘上后齿轮转的圈数来计算蹬一圈自行车行走的距离。

[设计意图] 直接测量不准确、误差大，是一种低层次的思考方法，不能准确指向本节课的研究主题。

（2）探讨：前齿轮转一圈，后齿轮转多少圈？想一想：前后齿轮的齿数与他们的转数有什么关系？

①观察前后齿轮运动的情况。

师：两个齿轮通过链条连接在一起。前齿轮转动一个齿，链条怎么动？后齿轮怎么动？（师慢慢转动前齿轮，生观察、讨论。）生：前齿轮转动一个齿，链条移动一小节，带动后齿轮转动一个齿。

师：同学们观察得很仔细。如果前齿轮转动 2 个齿，后齿轮怎么动？如果前齿轮转动 5 个齿呢？10 个齿呢？同学们有没有发现什么规律？

小结：前后齿轮转动的齿数始终一样。

②同一链条带动下齿数与转数有什么关系？

探究普通自行车的速度与内在结构的关系。

前齿轮转一圈，后齿轮是否同样转一圈呢？

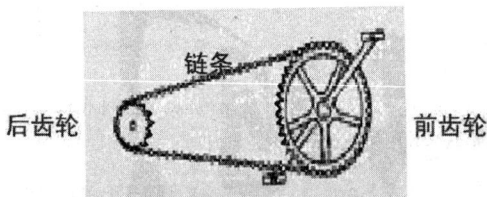

前齿轮转动一个齿，带动后齿轮同样转动一个齿，前后齿轮转动的齿数始终一样。齿数和转的圈数成反比例。

两个互相咬合的齿轮，它们的齿数和转的圈数成反比例关系。自行车的前后齿轮通过链条连接在一起，也相当于两个咬合的齿轮。所以，前齿轮的齿数乘圈数等于后齿轮的齿数乘圈数。依据"链条间的孔与前后两个齿轮的每个齿对应，前齿轮转过一个齿，后齿轮也一定转过一个齿"得出结论，即反比例关系：齿数×圈数＝经过某一点的总齿数（一定）。

小结：

前齿轮转过的圈数×前齿轮的齿数＝后齿轮转过的圈数×后齿轮的齿数；

后齿轮转过的圈数∶前齿轮转过的圈数＝前齿轮的齿数∶后齿轮的齿数；

后齿轮转过的圈数＝前齿轮转过的圈数×（前齿轮的齿数∶后齿轮的齿数）。

当前齿轮转动一圈，后齿轮转过的圈数＝前齿轮的齿数∶后齿轮的齿数。

③建立数学模型：

蹬一圈时，

自行车走的距离 = 车轮的周长 × 后齿轮转过的圈数

= 车轮的周长 × （前齿轮的齿数：后齿轮的齿数）。

小组展示前置学习研究的成果，错误的地方纠正过来。

（3）判断：有人说：蹬一圈车轮就转一圈，走的路即是车轮的一个周长，你认为对吗？说说理由。

（4）测算：

小实验

前齿轮转一圈，后齿轮是否同样转动一圈呢？

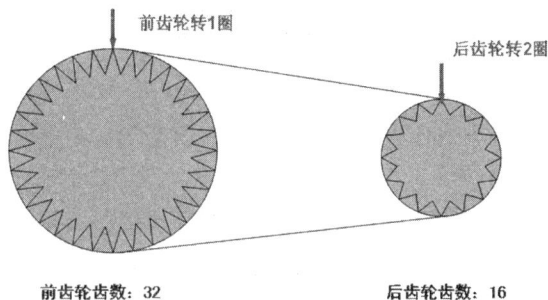

前齿轮转1圈　　　　　　　　　　后齿轮转2圈

前齿轮齿数：32　　　　　　　　后齿轮齿数：16

①老师刚才出示的自行车前齿轮齿数 32 个，后齿轮齿数 16 个，车轮直径 71cm。算一算，蹬一圈，这辆自行车行进多远？

②如果前齿轮齿数为 26，后齿轮齿数为 16，车轮直径为 66cm，那么蹬一圈自行车能走多少米？

汇报交流，蹬同样的圈数，哪辆自行车走得远？对比①②你发现了什么规律？

总结：蹬一圈，自行车走的距离与车轮直径和前后齿轮的比值有关。

[设计意图]"后齿轮转动圈数"是解决问题的关键，也是难点。脚蹬一圈，前齿轮转一圈，链条跟着前齿轮转动，后齿轮跟着链条转动，后轮跟着后齿轮转动。链条间的孔与前后两个齿轮的每个齿对应，前齿轮转过一个齿，后齿轮也一定转过一个齿。前齿轮转多少齿，后齿轮也转多少齿。后齿轮转一圈，车轮转一圈。密切联系学生前置学习的实际，从学生的生活经验和已有知识出发，引导学生开展观察、操作、推理等活动，然后分析问题，建立数学模型，获得基本的数学知识和技能。

3. 研究变速自行车能组合出多少种速度

（1）师：通过刚才的观察、研究，我们了解了"自行车蹬一圈所走的路程＝自行车车轮的周长×（前齿轮的齿数∶后齿轮的齿数）"。车轮大小不变时，前后齿轮的齿数的比值越大，蹬一圈自行车所走的距离就越远，速度也就越快。因此，为适应各种需要，人们发明了变速自行车。

出示问题：这辆变速自行车，有 2 个前齿轮和 6 个后齿轮，它能变化出多少种速度呢？

前齿轮齿数：48 40

后齿轮齿数：28 24 20 18 16 14

（2）学生讨论交流，完成教材第 67 页的表格。汇报交流：12 种组合 11种速度。

小结：蹬同样的圈数，前后齿轮的齿数的比值越大，自行车走得越远。

总结：前后齿轮齿数相差大的，比值就大，这种组合走得就远。因而车速快，但骑车人较费力。前后齿轮齿数相差较少时，车速较慢，但骑车人较省力。

[设计意图] 利用学生的变速自行车实际操作，进一步理解前后齿轮的关系。通过解决生活中常见问题，培养学生综合运用所学知识，解决实际问题的能力。在教学过程中，教师充分利用学生身边的生活现象引入数学知识，激起学生探求新知的强烈愿望，使学生对数学有一种亲近感，并感到数学与生活同在。

（3）拓展运用。

思考题：

一种变速自行车有2个前齿轮，分别有46和38个齿，有4个后齿轮，分别有20、16、14、12个齿，车轮的直径66cm。

自行车运动员在进行公路赛的时候，有两段特殊的路段：

顺风路段　爬坡路段

请你为运动员在不同的路况下，选择前后齿轮。

让学生自己提出一些自行车里的数学问题并解决它。如，让学生按由远到近（蹬同样的圈数，车走距离的多少）的顺序，将各种组合排序；如何使这辆变速自行车变化出不同的速度等。

[设计意图] 拓展应用体现模型价值，培养学生运用模型解决问题的能力。间接理解自行车的省力与速度的关系，可以使学生了解数学与生活的广泛联系，还可以培养学生发现问题、提出问题以及提炼数学信息的能力。

三、总结收获

通过今天的学习，我们发现自行车运用了我们学过的哪些数学知识？（圆的周长、排列组合、比例等知识）你们明白了什么道理？

附1：

《自行车里的数学》自主学习任务单

一、学习指南
1. 课题名称：人教版六年级十二册数学《自行车里的数学》
2. 达成目标：通过观看教学视频，旨在让学生了解普通自行车的结构、研究普通自行车的速度与内在结构的关系，运用所学的圆、排列组合、比例等知识解决"自行车蹬一圈，能走多远？"这个问题。
3. 学习方法建议：观看微课之前需要了解的知识：观察自行车，初步了解自行车的结构与行进的基本原理，观看视频与动手实践相结合。
4. 课堂学习形式预告：阅读教材、动手实践、反复观看视频、完成作业单
二、学习任务
第一节任务：了解自行车的结构和行进原理。 第二节任务：研究普通自行车的速度与内在结构的关系。 第三节任务：计算蹬一圈，自行车行走的距离。
三、资源链接
阅读教材　微课《自行车里的数学》
四、困惑与建议
本节课知识蕴含在生活中，对一部分学生还是有难度的；同时一节课完成两项任务也有困难，微课给了学生反复观看学习的机会。

附2：

《自行车里的数学》实践活动报告单

活动时间	2014 年 5 月
活动内容	综合运用所学的圆、排列组合、比例等知识解决实际问题。 观察校园里的自行车，观看微课，完成报告单上的任务。
参加人员	山南小学六年级全体学生及教师
活动形式	以小组为单位（2 人或 4 人一个小组）
小组名称	六（ ）（ ）小组
组员分工	
测量工具	
课前调查、实际测量、仔细计算记录结果	阅读课本第 66 至 67 页，完成以下问题： 一、研究普通自行车的速度与内在结构的关系 1. 同学们，你们都认识自行车了吧，你认识哪些种类的自行车呢？ 2. 自行车蹬一圈，能走多远？你有什么方法可以知道？ 3. 有人说：蹬一圈，车轮就转一圈，走的路即是车轮的一个周长，你认为对吗？说说理由并记录下来。 4. 讨论：前齿轮转一圈，后齿轮转几圈？蹬一圈，自行车走的距离可以怎样计算？ 5. 记录你测量的自行车的相关数据。 前齿轮齿数（ ）、后齿轮齿数（ ）、车轮直径（ ） （1）算出蹬一圈，自行车走的距离。 （2）小明家距离学校大约 500 米，从家到学校至少要蹬多少圈？
课前调查、实际测量、仔细计算记录结果	二、研究变速自行车能组合出多少种速度 1. 如果有一种变速自行车的（有如下数据），这种自行车能变出多少种速度呢？ 　　前齿轮齿数：48　40 　　后齿轮齿数：28　24　20　18　16　14 2. 蹬一圈，哪种组合走得最远？ 3. 总结：（1）前、后齿轮齿数相差大的，比值就大，这种组合走得（ ）。因而车速（ ），但骑车人较（ ）。 （2）前、后齿轮齿数相差较少时，车速较（ ），但骑车人较（ ）。 4. 这次实地测量活动你遇到的最大困难是什么呢？

从关注结果走向关注方法

——《数独》教学思考

执　　教：马鞍山市四村小学　唐　明
案例撰写：马鞍山市四村小学　唐　明

《数独》一课源于"数学广角"，这一单元的教学编排有助于教师系统而有步骤地向学生渗透数学思想方法，尝试把重要的数学思想方法通过学生可以理解的简单形式以生动有趣的事例呈现出来。一线教师普遍对《数独》教学重视不够，记得有位教师在听课时很惊讶地说过："原来这就是数独啊，我教过这个内容。"所以，我选择《数独》并将其教学内容开发成一节数学综合实践活动课。

1. 让个人秀变成全班总动员

几乎每次试上完课，都会有学生包围我，抢着把作业纸上填好的答案给我看。可见这种能够锻炼学生数学能力和思维品质的课还是比较受欢迎的。因为教学内容具有一定难度，所以课堂往往会走向两个极端：优等生如鱼得水，学困生如听天书。为了吸引更多的学生参与探究过程，本课设计的填数活动由浅入深，分层进行。前两次填数活动较为简单，只需考虑单独的行或列，可以交给学生独立完成。第三次填数活动既要看行也要看列，对学生而言这是一个跨越，所以此处安排同桌讨论、相互启发。在研究例2时，11个空格中到底应该先填哪一个？这就需要学生综合全面地分析问题并解决问题。为了突破难点，有意分小组讨论并记录推理过程，这也为生生合作、向同伴学习提供了一个平台。

2. 从关注结果走向关注方法

例2中以两幅连续的学生交流图呈现了完整的推理思路，突出了学生对推理过程的体验和表述。在最初的试教中，我就以这样的说理模板来训练学生的语言表达。正所谓关心则乱，我不停地纠正学生的说法，想达到理想的效果，却是本末倒置。翻开教师用书，教学建议上面赫然写道"注重学生有条理地阐述推理过程，但要把握好教学的'度'"。推理过程的叙述是本节课的难度，教师可以在学生表达不畅时加以辅助，但不能对学生的语言表述要求太高，只要能表达清楚即可。前期试教时保留了例 2 中的 A 和 B，问题是 "B 应该是几?" 当学生发现 B 所在的行和列只有两个不同的数，还是无法确定。他们很自然地将目光转向 A，当 A，B 确定后，剩下的空格又该如何呈现? 起初我布置全班同学独立填写，随后请 3 个同学接力完成，这样的设计只能让学生感受到填数的唯一性。于是调整为让学生用不同颜色的笔来填写，通过对比发现填数还有不同的途径。几番兜兜转转，关注的还是推理结果，并非推理方法。因此，在第三次填数时首次引入表格来记录推理过程，把它作为学生理解推理方法的一个载体。

最初的设想是将探究过程分成四个不同等级的填数活动，由浅入深，以便学生理解题意、明确规则、掌握技巧。

入门级规则：每行、每列必须有 1 ~ 4 这四个数。

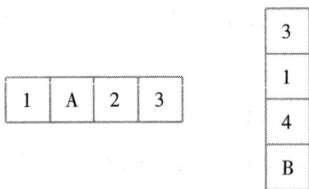

初级规则：每行、每列必须有 1 ~ 4 这四个数，并且每个数在每行、每列都只出现一次。

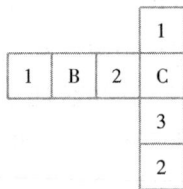

中级规则：每行、每列必须有 1 ~ 4 这四个数，并且每个数在每行、每列都只出现一次。

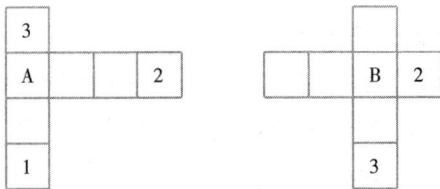

高级规则：每行、每列必须有 1 ~ 4 这四个数，并且每个数在每行、每列都只出现一次。

3	2		
A		B	2
		3	
1			

几次试教后，整理出如下问题：

（1）4次填数活动相对独立，缺乏联系。更大的硬伤是每次都有字母标示，难度没有提升，反而从易到难再到易。

（2）每个环节都有明确的意图，但仅停留在教师自知、听课者揣摩知、学生不知的阶段。

（3）课堂上所有的填数活动都是由个别人完成，大多数学生成为旁观者。

（4）教师过于关注学生能否用既定的语言模板表述推理过程，忽视了本节课的精髓：推理顺序和推理方法。

针对以上问题，在本节课的教学中力求从学生的知识水平和生活经验出发，层层递进、不断深入，为此将探究过程调整。（见具体教学流程）

3. 从积累经验走向建立模型

从数学思想方法的特点来看，对学生数学思想方法的渗透应该是一个循序渐进的过程。而这一过程，需要教师做一名铁匠，不断用数学思想"敲打"学生的思维。第一次填数除了让学生认识"行""列"，还要比较4道小题，并发现空格所在的行或列只有出现了3个不同的数才能确定。方法如此前置，这时学生的感受并不明显。第二次填数除了应用刚才的方法，还要让学生体会推理是有先后顺序的。第三次填数虽然要综合考虑行和列，但仍要寻找字母所在的行、列是否出现了3个不同的数。在一次次的"敲打"过程中，不断地积累、不断地感悟、不断地明朗，直到最后能主动应用。学生亲历观察、分析、归纳、总结等一系列的推理过程，找出解决问题的一般策略，即建立了解决这一类问题的模型。问题解决之后适时进行回顾与反思，让学生在此过程中体会数学思想方法的应用价值。

4. 让句号变成省略号

教材中的例2为了降低问题的难度，通过字母进行标示。但教学中的配套练习（课本第110页的做一做、第111页的第4题、第112页的第5题）却和例题大同小异（如下）。

	3		
		B	1
	2		
4	A	2	

2			3
B	4		A
			2

			1
	2	A	C
	C		
	3	B	

这样的安排会让学生忽视解决此类问题的突破口（最先填出的方格应该是所在行和列出现3个不同的数），思维将会形成定势：根据字母的先后顺序来确定先填的方格。因此将练习题稍作调整（如下）。

（1）（第110页的做一做，去掉了A，B两个字母）规则：每行、每列必须有1~4这四个数，并且每个数在每行、每列都只出现一次。你最先确定哪一个数？

	3		
			1
	2		
4		2	

在这道题中能同时最先确定3个数，学生再次认识到推理方法的重要性。

（2）（第111页的第4题，去掉了A，B两个字母）在下面的方格中，每行、每列都有"四、村、小、学"这四个字，并且每个字在每行、每列都只出现一次。"？"表示什么字呢？

村			小
？	学		
			村

这道题可以根据上课的学校更换校名，学生们很感兴趣，也让他们看到推理方法不仅可以应用在填数游戏中，填汉字同样适用。

课已至此，按说可以画上一个句号。但对于数学综合实践活动课，应该是课虽结而意无穷。因此在下课前继续给学生留出思考的机会：数独的形式有很多种，如我们今天学习的4×4数独，还有6×6数独，猜想一下，能先确定的空格应该是怎样的？如果是9×9标准数独，又该如何推理呢？

数学思想方法是自然而平和的，我们不能把活生生的数学思考变成一堆符号让学生去死记，以至让美丽的数学淹没在形式化的海洋里。——张奠宙

课题　数　独

◇ **适用年级**　二年级（下学期）

◇ **教材再现**

◇ **备课思考**

一、研究背景

本节课是2013年人教版数学教材小学二年级下册第九单元"数学广角——推理"中的例2。例2是本册的一个新增内容，让学生通过观察、分析、尝试、调整等活动，利用推理去解决一些简单游戏中的数学问题。这种编排方式，既能使学生充分感受到推理的作用，又可以使学生经历用推理解决问题的过程，进而培养学生的"四能"。

在例2的呈现上，教材体现了以下几个特点：一是通过字母标示，对于解决问题的关键步骤进行了提示，降低了问题的难度；二是通过小精灵的提示，给出解决问题的关键，降低了思考的难度；三是以两幅连续的学生交流图呈现了完整的推理思路，突出了学生对推理过程的体验和表述。

二、学情分析

尽管学生在一年级就开始学习和应用推理的数学思想，如一年级下册的"找规律"，但还很浅显。通过学习本单元的例1，学生初步了解了逻辑推理的含义，这是教学起点，而本课的例2则提高了难度，思维跳跃性较大。

对于二年级的学生来说简单推理知识的理解难度不是很大，但还是存在两点突出的困难：

（1）面对4×4的数独盘面，学生缺乏将行和列结合起来综合分析和思考的能力。

（2）用简洁的语言有条理地表达推理的过程还是有一定的难度。

三、预期目标

[知识与技能] 通过游戏，让学生用推理解决一些简单的数学问题，使学生感受推理的作用。

[过程与方法] 通过参与学习活动，培养学生初步观察、分析、推理和解决问题的能力，以及有条理地阐述自己推理过程的数学表达能力。

[情感、态度与价值观] 学生在问题解决中形成有序思考的习惯，感受数学思想的奇妙与作用。

四、教学准备

（1）根据班级人数，将学生分成4人小组的形式，每组由不同能力的学生组成。

（2）学生准备：每个小组一张活动单、同桌两人一张作业纸。

（3）教师准备：多媒体课件、电子白板、实物展台。

◇教学流程

课前谈话：同学们坐得非常端正，每行、每列都很整齐。你知道怎么区分行和列吗？（手势表示）请这一行的同学朝我挥挥手。（手势表示）再请这一列的同学朝台下的老师挥挥手，打个招呼。两次挥手，你有什么发现？为什么她挥了两次手呢？（原来她的位置在行和列的交叉点）

一、初探技巧

（1）揭题：今天我要为大家推荐一个很多人会玩的游戏——数独，听说过吗？数独就是一种填数字的游戏，是瑞士数学家欧拉发明的。（板书：数独）

（2）规则：每行、每列必须有 1～4 这四个数。

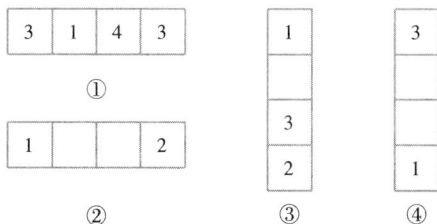

根据规则，你会填哪道题？并说明理由。根据已知条件或信息推导出结论的过程在数学上叫做推理。（板书：推理）

引导小结：要想正确填数，得先看看哪个空格所在的行或列出现了 3 个不同的数，这样才能确定。（板书：行　列　3 个不同的数）

（3）（课件演示将②和③合并成下图）规则：每行、每列必须有 1～4 这四个数，并且每个数在每行、每列都只出现一次。

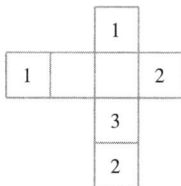

指名介绍规则，"每个数在每行、每列都只出现一次"怎么理解？这两个空格应该填几？你是怎么推理的？哪个空格先确定，有讲究吗？

引导小结：先填列上的空格，再填行上的空格，说明推理是有顺序的。（板书：有序：先　再）

（4）（课件演示将②和④、②和③合并改编成下图）规则：每行、每列必须有 1～4 这四个数，并且每个数在每行、每列都只出现一次。

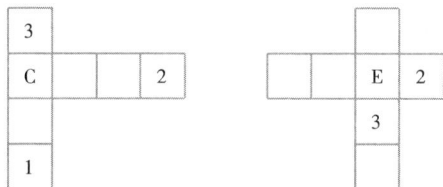

规则没有改变，C 和 E 你能确定吗？同桌讨论。

下面就用一张表格来记录推理过程，指名填写。

	所在行 出现的数字	所在列 出现的数字	能否确定 （能确定直接写数，不能确定打"×"）
C			
E			

对比 C 和 E，你有什么发现？

引导小结：填数时要学会眼观两路、行列兼顾，先看这个格子所在的行和列，再根据已有的数字进行推理。

	所在行 出现的数字	所在列 出现的数字	能否确定 （能确定直接写数，不能确定打"×"）
C	2	1，3	4
E	2	3	×

[设计意图] 在教学 4×4 的数独之前，先引导学生完成单独的行、列或行列综合考虑的填数活动，使其理解题意，初步感受解决这类问题的一般方法，从而使整个学习过程由易到难，层层递进。

二、探究新知

（1）出示例 2（去掉 A，B 两个字母），介绍这是一个 4×4 的数独盘面。

（2）规则：每行、每列必须有 1~4 这四个数，并且每个数在每行、每列都只出现一次。应该先填哪一个方格里的数？（改动了例题中的问题）

指名读，并理解题意。

（3）先填哪一个方格里的数，你打算怎么考虑？为了研究方便，将 11 个空格用字母 A~K 来代替。

3	2	A	B
C	D	E	2
F	G	3	H
1	I	J	K

分组讨论，把小组成员的推理过程记录在活动卡上。（将 11 个字母再加一个 C 分成两张活动卡，每组研究 6 个字母。）

选取两张活动卡在实物投影上展示，随后利用课件整合成一张卡。

学生活动卡 1：

	所在行 出现的数字	所在列 出现的数字	能否确定 （能确定直接写数字，不能确定的打"×"）
A			
B			
C			
D			
E			
F			

学生活动卡 2：

	所在行 出现的数字	所在列 出现的数字	能否确定 （能确定直接写数字，不能确定的打"×"）
C			
G			
H			
I			
J			
K			

分组讨论：先填哪一个方格里的数？　　　学生活动单

	3	2	A	B
	4	D	E	2
	F	G	3	H
	1	I	J	K

友情提醒：
(1) 看懂表格后，2 人负责观察字母所在的行和列，1 人填写，组长检查并汇报。
(2) 填完表格后，组内交流填数的秘诀。

	所在行 出现的数字	所在列 出现的数字	能否确定 （能确定直接写数，不能确定打"×"）
A	2，3	3	×
B	2，3	2	×
C	2	1，3	4
D	2	2	×
E	2	3	×
F	3	3，1	×
G	3	2	×
H	3	2	×
I	1	2	×
J	1	3	×
K	1	2	×

你有什么发现？为什么 C 能先确定，其他数不行？填下一个数时你会怎么想？

同桌两人完成作业纸第 1 题（即例 2），教师巡视。反馈：要想填得又对又快，有什么秘诀吗？

引导小结：面对数独要有全局意识，先确定哪个空格的行和列出现了三个不同的数，依照这样的方法，再逐一找出其他空格的数。

[设计意图] 先引导学生根据填数获得的技巧，尝试解决 4×4 的数独盘面中"先填哪一个方格里的数"。为了突破难点，有意分小组讨论并记录推理过程，填数验证，最终解决问题。最后指导学生自己进行归纳总结，对推理的过程和方法进行梳理和表达。

三、应用拓展

（1）做一做：在下面的方格中，每行、每列都有 1~4 这四个数，并且每个数在每行、每列都只出现一次。你能先确定哪一个空格里的数？

	3		
			1
	2		
4		2	

指名回答，听了他们的想法，你有什么发现？最先能同时确定 3 个空格里的数，其实它们有什么共同点？（空格所在的行、列出现了三个不同的数。）

（2）想一想：在下面的方格中，每行、每列都有"四、村、小、学"这四个字，并且每个字在每行、每列都只出现一次。"？"表示什么字呢？

村			小
？	学		
			村

[设计意图] 设计有趣味的活动，使知识及时得到巩固练习，再一次加深对推理方法的理解和认识。

（3）今天我们玩了数独游戏，你有什么经验和大家分享呢？数独的形式有很多种，如我们今天学习的是 4×4 的数独，还有 6×6 的数独，谁能猜想一下，能先确定的空格应该是怎样的？如果是 9×9 的标准数独，又该如何推理呢？

	1	2	3	4	5	6
A	3	2		1		4
B	5		1	2		3
C		6	3		1	
D	2		5	3		6
E		3	4	6	2	5
F	6	5			3	1

						1	2	3
8							5	
3	2	4	5		6	8		
2		6	7		8	9		
		3	4		2	7		5
		9	6		5	1	7	8
		2						9
	6	7	1					

[设计意图] 学生对整节课的内容进行归纳整理，通过猜想，加深学生的认识，同时激发学生挑战数学难题的兴趣。

◇学生实践活动成果

凸显过程落实培养"四能"

——《量一量，比一比》教学思考

执   教：马鞍山市山南小学 梅昌甜

案例撰写：马鞍山市山南小学 梅昌甜

《量一量，比一比》一课是通过学生对自己周围熟悉的事物的测量，加深对厘米和米的认识，培养学生的应用意识。课上先让学生回顾1厘米和1米有多长，用手比划出来，接着让学生认识生活中的各种尺子，然后让学生测量身边的物体的长度，在此基础上引导学生思考：如果身边没有尺子，你们有没有办法知道物体的大概长度？由此，学生产生认识"天然尺"的需要，主动测量一拃、一步、一庹的长度并以此估测一些物体的长度。最后在互相合作中掌握测量的知识与技能，使得学生在活动中增长了测量的经验，巩固了测量的技能，培养了合作的精神。

具体实施上，着眼于培养低年级学生发现问题、提出问题、分析问题和解决问题的能力。

1. 关注学生的操作技能

数学实践活动课重视学生动手操作的过程落实和能力培养。本节课是关于测量的实践活动课，是学生运用已学知识的实践活动课。本节课关注的重点是培养学生动手操作能力。为此，课中安排了量黑板的长度、量教室的长度、量讲台的长度、量一拃一庹的长度及量身高等一系列活动，都是让学生在亲手操作中感受、体验测量过程，积累数学活动经验。在操作活动中，测量前让学生选一选测量工具、说一说测量的注意点、估一估测量的结果，让学生在活动中直观地感受测量的方法与步骤。活动后学生交流测量的数据并与估测的数据作比较，反思在测量中遇到的问题。

著名心理学家皮亚杰说："儿童的思维是从动作开始的，切断动作与思维的联系，思维就不能得到发展。"数学课程标准中也指出：有效的数学学习活动不能单纯地依赖模仿与记忆，动手实践、自主探索及合作交流是学生学习数学的重要方式。对于具体形象思维占优势的小学生来说，听过了就忘了，看过了就明白了，做过了就理解了。他们最深刻的体验莫过于自己双手实践过的东西。因此，要让学生动手做数学，而不是用耳朵听数学。特别是对低年级学生的教学，因为学生年龄小、好动、好奇心强，动手操作容易吸引学生的参与，所以让学生在课堂上亲手动一动，胜过教师一遍又一遍的讲解。实践证明，加强动手操作能力的培养，是提高课堂教学效率的有效措施。

2. 关注学生的估测能力

估测是在日常生活、工作和生产中，在没有测量工具的情况下，对一些无法或没有必要进行精确测量的数量进行的近似的或粗略的估计，如目测、步测等。它实际上是学生估算能力在测量活动中的体现，对于培养学生的估算意识，发展学生的估算能力，让学生拥有良好的数感，具有重要的价值。本节课的教学中，为了培养学生的估测能力，在测量活动开始之前，就让学生先估一估，再测量验证。如先让学生估计并测量自己手臂张开的长度，然后让他们估一估6米的鳄鱼大概需要几个一庹。所以，整节课都在有意识地培养学生的估测意识，提升其估测能力，同时也通过认识厘米与米之间的联系，提高学生的积极性，增强学习效果。

估测的思维过程，实质是逻辑思维的凝结和简缩，具有明快、顺畅、简捷的优点。学生在估测过程中，分析、综合、推理、判断等能力得到了不同程度的训练和提高。教给学生科学的估测方法，让学生灵活地运用，对构建学生良好的认知结构以及培养学生思维的深刻性、灵活性、敏捷性和独创性，都将起到积极的促进作用。

3. 关注学生的合作意识

新课标指出：学生之间的合作与交流是学习数学的一个重要方式。在本节课中，多次为学生提供了合作交流的时间和空间，如在活动小组合作测量一拃、一庹的长度，7人一个学习组合作测量教室长、黑板长等。比如学生在合作测量教室长度的时候，发现尺子不够长，怎么办呢？他们会想办法在地上作记号，接着测量，完成任务。

合作意识与技巧成为当代人的一个重要素质。而课堂上学生与学生之间的交流与合作，则是体现学生主体性的一个重要标志，也是形成信息多项交流和反馈的新型课堂教学结构的重要活动方式。因此，教师要尽可能地给学生提供较多的机会去展示自己的数学才干，同时让其认真倾听别人的想法，学会数学交流与思辩，以增强整体交往合作意识。

教学反思：这节课活动设计较多，学生较多的精力投入在活动上，学生思考的时间有些不足。在用已知事物的长度去描述未知物体时，下的工夫还不够多，学生在这一方面似乎还没有完全理解，如果将那些枯燥的数据用卡通的图片来代替，学生学习积极性也许会更高。本节课对学生的小组评价比较单一，如果再多注重一些学生的自我评价、小组评价和教师评价，调控好课堂节奏，教学效果可能会更好。

课题 量一量，比一比

◇ **适用年级** 二年级（上学期）

◇ **教材再现**

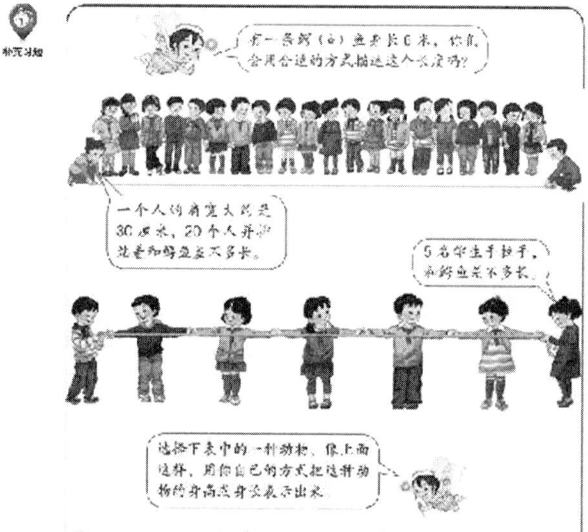

◇ **备课思考**

一、研究背景

《量一量，比一比》这部分教学内容实际上是学生利用已有的知识和经验,加深对厘米和米的认识,巩固用尺子量物体长度和高度的方法而设计的一节实践活动课。

二、学情分析

对于二年级的学生来说,已经养成一定的学习习惯,但他们年龄小,活泼好动。在这样的实践活动课上,以小组合作为主要教学形式,课堂纪律是难以控制的。同时在教学的第三个层次选择合适的测量单位,表示未知的物体的长度或高度,其活动内容更丰富、形式更开放,需要将抽象的长度或高度的数据与自我的感知和认知结合起来,在头脑中形成清晰的表象。根据学生热衷测量、喜欢动手的特点,教学中将采用提问法、演示法、直观法、讨论法等多种方法,让学生去猜想、推理、交流、表达,进行自主思维活动,从而培养形象思维能力和抽象能力。

三、预期目标

[知识与技能] 加深学生对厘米和米的认识,巩固用尺子测量物体长度、高度的方法。

[过程与方法]

(1) 通过测量自己和身边物体的长度、高度等实际活动,对所测对象形成清晰的表象,为以后估计、认识其他物体的长度提供更多的参考标准,进一步建立长度观念。

(2) 体会测量的实质,能选择合适的标准(单位),用多种不同的方式表示物体的长度或高度,增强对"量"的实际意义的理解,同时初步培养学生的估测能力、长度观念和数感。

[情感、态度与价值观] 在活动中体会合作交流和表达方式多样性的乐趣,认识数学与生活的联系,并愿意用所学的知识解决实际问题。

[课题研究目标] 通过丰富多样的自主操作和实践,鼓励学生积极思考、发现问题,并尝试提出问题、解决问题。

四、教学准备

(1) 根据班级人数,将学生分成 7 人小组的形式,每组由 1~2 名能力较强的学生、4 名中等生、1 名能力稍弱的学生组成。

（2）学生准备：笔。

（3）教师准备：软尺一把，米尺三把，卷尺四个，活动记录单8张、板贴、课件。

◇教学流程

一、激活经验，制造认知冲突，明确活动意义

1. 激活经验，制造认知冲突

谈话：我们已经学过了一些长度单位，请用手势来比划一下1米和1厘米各有多长呢？还能用手势比划一下，40厘米有多长吗？（学生用手势比划，教师观察，寻找典型案例。）

师：同学们比划的40厘米有长有短，有些同学相差还挺多。

师：如果老师告诉你，课桌宽约40厘米，现在你能比划出40厘米的长度吗？

师：你是怎么想的？

小结：看来只记住1米、1厘米有多长还不够，我们还需要了解身边一些常见的物体的长度。如果我们对身边这些常见物体的长度熟悉了，就可以借助他们了解和认识更多事物的相关信息。

2. 做好测量前的准备

师：在前面的学习中，我们曾经介绍并认识了一些测量长度的工具。（出示：几种生活中常见尺子）你能结合一个例子说说这些尺子怎么使用吗？

小结：尺子的正确使用方法。

师：今天，我们就利用这些测量工具来量一量我们身边的物体！（板书：量一量，比一比）

[设计意图] 通过比划1米、1厘米的长度，回顾所学习过的长度单位，利用学生不熟悉的40厘米，激发学生了解身边物体长度的需求，体现活动的价值。

二、实际测量，认识身边物体的长度

（1）观察图片，了解测量内容。教师用课件呈现教材第88页图，但图中不出现测量结果。

观察图片，说一说图中的同学们都在测量什么，这些都是你熟悉的事物吗？

（2）估一估。问题：我们学过这么多知识了，你能够根据经验估一估你的一庹（tuǒ）（伸开双臂）、你的肩宽、讲台、教室，它们分别大约有多长吗？

（3）师：要想知道我们估得对不对，可以怎么办？（生：量一量。）下面就以小组为单位拿着尺子测量一下，每个小组测量一项。

（4）量一量。

①实践活动一：分组实践，积累直观经验。

②交流，比较，验证估算结果。

量一量

问题：1.要想知道我们估的对不对，可以怎么办？

2.下面就以小组为单位拿着尺子测量一下，每个小组负责一项。

3.说一说你们量得的结果是多少？（教师根据学生小组汇报完成表格。）

项目	一庹	肩宽	讲台	教室
长度	约1米20厘米	约30厘米	约1米	约10米

4.看一看跟你们刚才估的一样吗，你估得准确吗？

③记一记，在脑中形成表象。问题：刚才我们用量一量的方式确定了你的一庹（伸开双臂）、你的肩宽、讲台、教室分别大约有多长。现在请你再想一想：你的一庹大约是1米20厘米，1米20厘米有多长？你的肩宽大约是30厘米，30厘米有多长？教室的长大约是10米，10米有多长？然后记住它们。

（5）师：刚才我们了解了自己身体的某些部位和身边一些物体的长度或者高度，在生活中还有很多物体到底有多长或多高，我们很难有一个直观的了解，有时直接测量也不是很方便，你们能试着用我们身边的这些事物来描述吗？

[设计意图]"估一估、量一量、记一记"，学生通过小组合作测量身边的事物的长短，认识感知身边事物的长度，在头脑中形成测量事物长短高矮的表象。

三、借助经验，描述其他物体的长度或高度，发展长度观念

1. 用合适的方式描述"6米"的长短

师：看！小精灵也来参加我们的实践活动了，让我们来听听小精灵带来了什么信息。

PPT演示小精灵的话，具体内容如下。

问题：有一条鳄（è）鱼身长6米，如果不用尺子，你们会用合适的方式描述这个长度吗？

（1）师：停止小精灵的话，你对这条鳄鱼的身长有什么感觉？

借助熟悉的标准描述6米这个长度，理解6米的实际意义。

预设1：一个人的肩宽大约是30厘米，20个人并排站着，队伍和鳄鱼差不多长。

预设2：5名学生手拉手，和鳄鱼差不多长。

预设3：6张讲台摆在一起的长度和鳄鱼一样长。

预设4：鳄鱼的长大约比教室的一半长一庹。

（2）师：同学们认为这条鳄鱼很长，到底有多长呢？谁能到前面来用手势比一比，表示出鳄鱼的长度？

学生上讲台演示、验证。

根据学生讨论的结果，让5名学生手拉手试试，另外两名学生测量，看

看是否大约是6米。

直观感知6米的长度，体会用不同的方式描述的价值。

（3）师：你看5名学生手拉手的总长度，你对这条鳄鱼的长度有什么感觉？你能告诉大家，这条鳄鱼到底有多长吗？

学生回答，突出亮点：以什么作为标准，几个这样的标准量得的结果大约是6米。

小结：看来用我们熟悉的物体的长度作标准，去表示新的物体的长度，我们就能更清楚地知道新物体到底有多长。

［设计意图］学生通过对鳄鱼长度的直观感觉到多角度描述，将抽象的6米与自己熟悉的物体的长度联系起来，即在应用中进一步加深了对所选物体的长度的认识，又达到了对6米的实际意义的理解，也积累了测量、描述等多方面的经验，为后面的实践活动积累了活动经验。

2. 自主选择研究素材描述物体的长度

师：利用我们描述物体长度的方法，请同学们用喜欢的方式描述下表中某种物体的身高或身长。可以估一估，再实际比一比、量一量。

长颈鹿身高	6米	所选动物：
鸵鸟身高	2米50厘米	
企鹅身高	1米30厘米	测量标准：
鲸鱼身长	26米	
巨蟒（mǎng）身长	10米	测量结果：
壁虎身长	12厘米	

（1）问题：选择上表中的一种动物，像刚才一样，用你自己的方式把这种动物的身高或身长表示出来。请在你的书上填一填。然后来说说，你选了哪个动物？测量标准是什么？测量结果怎么样？

（2）预设：

长颈鹿身高	6米	所选动物： 巨蟒身长
鸵鸟身高	2米50厘米	
企鹅身高	1米30厘米	测量标准： 讲台的长
鲸鱼身长	26米	
巨蟒（mǎng）身长	10米	测量结果： 10个
壁虎身长	12厘米	

（3）验证说理。以巨蟒为例。

[设计意图] 在多种实践活动中，加深学生对测量本质的体验，同时培养学生的估测能力，初步建立长度的观念。低年级小学数学综合与实践的教学，要求突出知识综合、突出思考过程、突出学生主体，为学生能力发展提供具体的学习路径。

四、回顾与反思

师：同学们，今天我们进行了一些有趣的测量活动，学会了用自己身边熟悉的物体的长度或高度来描述未知物体的长度或高度。说一说你有哪些收获？印象最深的是什么？

◇学生实践活动现场

精心创设活动，

着力发展学生的"四能"

——《1亿有多大》教学思考

执　　教：马鞍山市四村小学　　殷晓丹
案例撰写：马鞍山市四村小学　　殷晓丹

　　《1亿有多大》是一节数学综合实践活动课，旨在使学生通过探究活动，经历猜想、实验、推理和对照的过程，利用可想象的素材充分感受1亿这个数有多大。让学生通过对具体数量的感知和体验，帮助其进一步理解数的意义，建立数感，并获得成功的体验。在此过程中，注重培养和训练学生发现问题、提出问题、分析问题及解决问题的能力。

　　全课一共安排了四个实践活动，其中"1亿粒大米有多重"的实践活动是由教师带着学生一起完成的，目的有如下三点。

1. 引导学生确定研究方案

　　课始，提出问题：数出1亿粒大米来称，好不好？学生很快根据生活经验作出判断：1亿粒大米要数很长很长的时间，因此数1亿粒大米来称太麻烦，不可取！

　　接下来，学生自然提出这样的问题：哪称多少粒大米合适呢？这个问题的产生和提出水到渠成，也为专心听讲的孩子开辟了新的思考空间。当有学生提出"先称1粒米，再算1亿粒大米"的解决问题的方法时，教师现场称重一粒大米，学生观察得出：一粒大米太轻，用天平无法称出。10粒、100粒大米的选择顺理成章，完全由学生根据实际情况进行自主分析，最终选择出合适的称量粒数，解决了问题。

2. 引导学生科学地处理测量数据，抓住问题的数学本质

　　活动中称出的数据包含众多繁杂的信息，如不进行有目的的处理，往往干扰学生对问题的数学本质的探究。譬如100粒大米的重量很可能称出的不是整克数，怎么办？四年级学生小数乘法还没有接触，而且取小数后再运算，

增加了运算的复杂性，不便于学生专心推算 1 亿粒大米的重量，还有怎么取小数？对于四年级孩子都是挺难的。

课前，精心挑选出了重约 2 克的 100 粒大米，用塑料薄膜装成 1 小袋，目的是为了使课中的称量结果不会产生小数，而且采用极轻的塑料薄膜包装，就是尽量减少误差。当通过调节游标使天平平衡，学生读出 2 克的数据后，教师强调指出：100 粒大米约重 2 克，也许此时学生没有太注意，但当他们自己试验操作后，处理数据时，再要求取整，就很从容。这里教师强调的"约重 2 克"，就为后面测量数据的取整做了内化的铺垫。

我认为对试验数据有目的的处理是分析问题、解决问题的重要前提之一。对于小学生来说，由于受认知水平和生活经验的限制，科学处理试验数据完全是一项空白，因此教师在这方面应加强适当的"帮扶"。

3. 为学生解决下面的三个猜想做出了范例模板

师生通过实验研究出"1 亿粒大米有多重"，学生亲身参与了通过测量小数据来推算大数据的解决问题的全过程，获得了最直观的、最深刻的体会和感悟，为下面解决三个猜想提供了坚实的理论和方法的支持，也是标准而真实的范例模板。

对于小学生而言，解决问题往往更多的是从模仿解决类似的问题开始，把"1 亿粒大米有多重"的问题解决好、研究透，接下来学生就能够自主选择合理方法、理解并运用合理方法来解决其他三个猜想问题。

学生是课堂的主体，学生活动则是数学综合实践活动课的"重头戏"。三个猜想的探究平行展开，丰富了活动的内容，为后面的研究提供了充实的素材。如何设计活动，如何汇报活动成果，使学生的"四能"在活动中得到最充分发展，从以下两个方面来谈一谈。

（1）以活动报告引领各组开展探究活动。在设计活动报告时，我就想，活动报告既要包括记录测量数据，又要能展现解决问题的过程，学生阅读报告，就是在分析问题和解决问题。

每组活动报告第一项都是测量数据，这里教师已事先预设好，学生也都默认了，这要得益于前面教师带领学生研究"1 亿粒大米有多重"的方案的确定。在汇报中，我选择了研究"1 亿本数学书铺开有多大"。小组提问：为什么这里选择先测量 1 本数学书有多大，而不是 100 本呢？通过学生的分析、回答，掌握了怎样选择合适的测量数据的方法。

活动报告的重点是在推算，推算的难点又在单位的换算，然而单位的换算并不是本节课的重点，所以在推算环节中事先设置了单位的换算，提醒学生适时地对数据化简，降低了难度，给学生留有更多的时间关注和研究最终的推算结果。

（2）分层次、有重点地开展汇报，最大限度地调动学生倾听的积极性。由于每组只研究一个猜想问题，当一组汇报时，研究另外两个猜想的同学往往不愿意听，因为他们没有参与研究，完全就是一个局外者，那如何让他们也能专心听别人的汇报呢？并积极思考汇报中的各种问题呢？我尝试不同的小组汇报采用不同的形式，侧重点亦各不相同，尽量给学生耳目一新的感觉。

对研究"1亿本数学书铺开有多大"组的汇报力求完整、规范，"1亿个小朋友手拉手有多长"组汇报着力于答案的多样性，"1亿张纸有多厚"组在推算速度上做突破。应该说三个小组的汇报展示由平缓至高潮，由重点至难点。学生在三个猜想汇报中遇到的问题侧重点各不相同，在各个问题的分析、解决碰撞中把学生带进思维的殿堂，尽享数学的魅力。

数学综合实践活动与学生"四能"培养的关系，简单地说就是在数学活动中培养学生发现问题、提出问题、分析问题、解决问题的能力。教师作为教学的组织者，在综合实践活动中应营造最适宜的研究氛围，设计最有效的问题，最大限度地培养学生研究问题的能力。

课题　1亿有多大

◇**适用年级**　四年级（上学期）

◇**教材再现**

◇**备课思考**

一、研究背景

这是一节数学综合实践活动课。从万以内数的认识过程中，注重培养和训练学生发现问题、提出问题、分析问题及解决问题的能力。到亿以内数、亿以上数的认识，是学生对数概念的又一次扩充。本课以活动课程的形式开展教学，旨在经过课内外的亲身体验、自主探索和合作交流，帮助学生综合运用已有的知识经验，解决与生活有密切联系，具有综合性和挑战性以及富有现实意义的问题，促进学生的认知、行为、情感、态度和价值观统一协调发展。

二、学情分析

由于 1 亿这个数太大，学生很难结合具体的量获得直观感受，因此在"大数的认识"这一单元后，安排这个综合应用，旨在使学生通过探究活动，经历猜想、实验、推理和对照的过程，利用可想象的素材充分感受 1 亿这个数有多大。让学生通过对具体数量的感知和体验，帮助学生进一步理解数的意义，建立数感，并获得了成功的体验。

三、预期目标

[知识与技能] 通过实践活动，让学生从不同的角度感受 1 亿有多大，并能结合实际，以具体的事物来表达对 1 亿大小的感受。

[过程与方法] 经历猜想、讨论、计算等过程，初步获得解决问题的一些策略和方法，发展学生解决问题的能力。

[情感、态度与价值观] 体验数学与日常生活的密切关系，认识到许多实际问题可以借助数学方法来解决，体会数学的应用价值；愿意与他人合作，与他人交流，发展共同解决问题的良好品质；增强节约意识和社会责任感。

[课题研究目标] 通过创设合理的问题情境，引导学生积极思考、发现问题，并尝试提出问题、解决问题。

四、教学重难点

[重点] 让学生亲自动手实践操作，从而能主动总结研究方法。

[难点] 形成 1 亿有多大的空间观念。

五、教学准备

（1）天平 1 台、大米 100 粒、实验报告每组一份、软尺 3 把、直尺 3 把、100 张纸 3 份。

（2）布置学生课前预习。

◇教学流程

一、设疑激趣

开门见山地要求学生想象 1 亿有多大。想象 1 亿有多大，对于四年级学生难度颇大，不知道怎么样想象，教师可举一想象的例子，重点告诉学生想象要借助具体的事物。

1 亿个小朋友手拉手站成一行，能从地球排到月球

1 亿本数学书铺开的面积有我们学校 200 多个那么大。

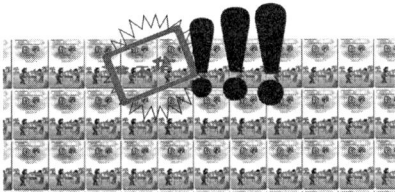

（1）出示四个例子。

①1 亿张纸叠起来比珠穆朗玛峰的海拔还要高。信不信！

②1 亿个小朋友手拉手能从地球排到月球。信不信！！

③1 亿本数学书铺开有我们学校 200 多个那么大。信不信！！！

④这是一袋 10 千克的大米，里面有 1 亿粒。信不信！！！！

1 亿粒大米有 10 千克。信不信！！！！

（2）引导学生从"1 亿粒大米有多重"开始研究。

[设计意图] 1 亿是个很大的数，把 1 亿与具体的事物联系起来，一下子就把数学和生活拉近了，学生的兴趣立刻就被点燃了；所选的素材都是学生能够摸得着、看得见的，为后面的验证埋下伏笔。4 个例子的提出，层层递进，学生的探究热情一次次地被释放出来了。

二、研究 1 亿粒大米有多重

（1）探讨方案：①确定称量工具——天平。②确定称量粒数——100 粒。

[设计意图] 由 1 亿粒大米无法数出来，自然地引导学生选择小数量的米来测量，通过 1 粒大米、10 粒大米称重的真实体验，确定了称 100 粒大米的合理性。此环节着重培养学生分析问题的能力。

（2）教师引领学生用天平称出 100 粒大米的重量。

[设计意图] 教师带着学生称重，一是创设真实感受的情境，二是渗透科

学的实验方法。这是解决问题的起点。

（3）推算 1 亿粒大米有多重。

①先由 100 粒大米推算 1000 粒大米，着重分析算理。

②类比推算出 1 亿粒大米的重量。推算过程中注意单位换算，把数据化简，便于后面的推算和运用。

③推算方法总结：通过测量小数据来推算大数据，是一个非常重要的数学思想。（板书：小　推　大）

[设计意图] 由小数量推算大数量，从具体的 100 粒大米开始推算，让高深的数学思想方法一下子贴近了生活。其实数学思想就是源于生活，源于问题。解决问题与运用数学思想方法融为一体，互为目的与手段。

（4）分析选择 100 粒大米的合理性。举出称重 137 粒大米，然后进行比较，得出选择的粒数不仅要好称，还要好算。

[设计意图] 选择合适的小数量，是数学科学性的体现。此时提出这个问题，火候正好，学生的解答亦是水到渠成。

（5）验证得出：1 袋 10 千克的大米里没有 1 亿粒，并动画演示出 1 亿粒大米实际有多少，让学生获得更真实的体验。

[设计意图] 通过亲身的实验来验证，才有说服力。在问题的解决中体会 1 亿有多大，使得这种体会更有生命力。

三、学生探究活动

指导学生研究另外三个猜想。

> **活动指导**
>
> **先仔细阅读实验报告，再按照要求进行操作活动。**

（1）小组分工：组长负责给组内每位成员分工，管理纪律。

两名同学负责操作，一名同学记录。

全组合作推算，完成实验报告。

（2）汇报要求：两人合作汇报，一人发言，一人配合操作演示。

要求发言声音响亮，汇报完整。

其余同学注意倾听，积极思考汇报中的问题。

（1）每组只研究一个，研究之前，出示活动指导。

（2）学生分组活动，教师巡视指导，注意及时评价激励学生。

[设计意图] 学生分组实验，丰富了课堂内容，为学生感受1亿有多大提供了充足的素材。为学生研究问题、解决问题创设真实的数学情境，让充满好奇心的学生彻底地把数学"玩"个够。

四、汇报活动成果

1. 探究"1亿本数学书铺开的面积有多大？"

组汇报：指定组长并选一名操作员配合汇报。

（1）量得数学书的长和宽，取整厘米。注意量得是否合乎情理。

（2）推算过程。学生正常推算，一边推算一边单位换算。

（3）教师询问另外两组有没有不同之处。（板书：300公顷）

[设计意图] 本组汇报，难点在单位换算，但这不是本节课的重点，因此教师巡视中多加指导，确保顺利完成单位转化。汇报的另一个任务是为后面两组的汇报树立范例模式。解决问题需要抓住重点来突破，教学呈现也要详略得当，唯有如此，学生观众才能"有的放矢"地观看。

2. 探究"1亿张纸有多厚？"

组汇报（组长发言，三人合作演示）：

（1）组长汇报出100张纸有1厘米厚时，教师拿走活动报告，让学生现场推算1亿张纸有多厚！

（2）教师引领学生完成快速汇报。

（3）记录推算结果。（板书：10000米）

[设计意图] 本组汇报的特色是快速简便，学生在汇报、观察中体会到数学的简洁美。解决问题的目的不仅仅是为了一个答案，还要在解决的过程中让学生获得多元的数学体悟。

3. 探究"1亿个小朋友手拉手有多长？"

组汇报（组长发言，三人合作演示）：选定一组，要求两名同学拿皮尺，一名同学伸开手臂，组长汇报。

（1）组长汇报出一人手臂伸开的长度后，教师组织全体学生来快速推算。启发学生主动地进行单位换算。

（2）评价汇报小组的活动报告。

（3）解释不一样的结论。

教师出示巡视中收集的活动报告，问：两组结论不一样的原因在哪？师生共同分析得出：有的手张开得长一些，有的短一些，所以就出现了不同的结果。我们就取 13 万千米吧！（板书：13 万千米）

[设计意图] 本组汇报的重点落在结果的多样性上，主要分析一种结果的推算，通过对另外几种结果的分析，增加了学生对 1 亿大小的感受。"条条大路通罗马"，多种答案的合理性源于问题实际情况的多样性，抓住问题的数学本质，不用教师提出来，学生就已心领神会了。

五、验证猜想，感受 1 亿有多大

1. 解决：1 亿张纸叠起来比珠穆朗玛峰还要高

指名回答后问：1 亿张纸叠起来大约有几个珠穆朗玛峰高呀？

[设计意图] "1 亿张纸……"从厚度上让学生感受"1 亿有多大"。既解决了问题，又体会了"1 亿有多大"。

2. 解决：1 亿个小朋友手拉手能从地球排到月球

教师指出地球到月球的距离约 38 万千米。

（1）学生回答并说明理由。

（2）引申：几亿个小朋友就能从地球排到月球呢？

[设计意图] "1 亿个小朋友……"从长度上让学生感受"1 亿有多大"。

3. 解决：1 亿本数学书铺开有我们学校 300 多个那么大

教师指出"我们学校不到 1 公顷"，学生再判断。

[设计意图] "1 亿本数学书……"从面积上让学生感受"1 亿有多大"。

过渡：感谢同学们帮我验证了猜想。为了表达谢意，我给你们准备了一些"星星"。不过，你们要用今天所学的知识来争取哟！

[设计意图] 从猜想到验证，再从验证到运用，清晰的教学思路，给学生的学习历程留下了极深的印象，为学生将来的数学学习提供了一次次体验契机。从本质上看，这也是解决问题的一种方法。

六、星级挑战

（1）绕地球一圈的长度是 4 万千米，1 亿个小朋友手拉手能绕（ ）圈。

A. 1　　B. 2　　C. 3

生回答后，师指名列算式：13÷4≈3（圈）。

［设计意图］学生或许通过课外阅读能知道地球一圈的长度，但没有什么感受，本题通过1亿个小朋友与地球1圈长度的比较，再次加深了学生对"1亿个小朋友手拉手长度"的感受。

（2）1亿本语文书能铺（　　　）个雨山湖。（雨山湖湖面面积有80公顷）生回答后，师问为什么？

［设计意图］学生对雨山湖非常熟悉，本题意在通过与身边具体事物的联系，让学生切身感受"1亿本书铺开的面积"。

（3）1亿个一元钱的硬币叠起来大约有多高呢？

A. 相当于2个珠峰的高 B. 相当于3个珠穆朗玛峰的高 C. 超过10个珠峰的高

引导学生分析：可以运用哪个知识来想这个问题呢？1亿张纸厚约10000米。屏显10张纸与一枚硬币。

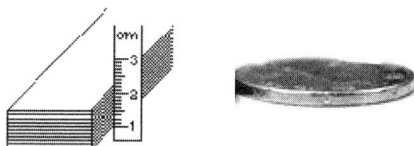

结论：10张纸与一枚硬币差不多厚！学生思考后选择正确答案。

［设计意图］本题重在引导学生运用对比的方法来解决1亿这样大数的问题。对于小学生独立解决问题来说，对比联系方法很少碰到，但它却是将来解决数学问题常用的方法之一，因此学会这道题，认真思考之后必有顿悟，且持久不忘。

七、总结：感受1亿的用处

（1）师生谈话，适时渗透节约资源、保护环境的意识。

一刻不停地数1亿个数大约要3年。

除了吃饭睡觉，假如每天数8个小时，数完1亿要9年。

你今年9岁，从现在开始数完1亿本练习本要数到18岁。

1亿粒大米够一个人吃13年多！

1亿滴水够1个人饮用4年半！

制造1亿双一次性筷子需要砍伐5万棵树！

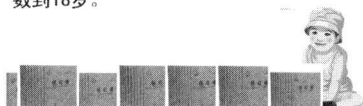

［设计意图］学生有了前面亲历的"1亿有多大"的学习过程，此时创设

的感性体验情境，更能给学生留下深刻的印象，渗透了勤俭节约的品德教育。

（2）总结全课的学习内容和学习方法。

[设计意图] 从内容的总结到方法的总结，完全由学生自主总结，从而培养学生的归纳能力。

走出数学综合与实践活动课的误区

——《1亿有多大》教学思考

执　　教：马鞍山市山南小学　唐尾玲
案例撰写：马鞍山市山南小学　唐尾玲

《全日制义务教育数学课程标准（实验稿）（2013年版）》强调指出："好的数学教育应该从学习者的生活经验和已有的知识背景出发，提供给学生充分进行教学实践和交流的机会。""数学实践活动是培养学生进行主动探索与合作的重要信息途径。"在实际的教学过程中，由于受传统教育观念的影响和习惯的束缚，一些教师由于对数学综合实践活动课教学的研究还不是很到位，在实际操作中，不知不觉走进了数学综合与实践教学的误区。

1. 数学综合与实践活动课 ≠ 纯数学课

有的教师认为数学实践活动课重点就是对学生进行数学知识的系统辅导，以获取系统的数学专业知识为主要目的。事实上教师应该根据自己教学的实际需要组织活动，如班级活动、小组活动、个人活动、课内外活动等。无论是哪种形式的活动，都应该使数学知识和社会生活相联系，突出数学实践活动的应用性，体会数学源于生活、又服务于生活，逐渐形成量化意识和良好的数感。同时注重加强数学与其他学科的联系，软化学科界限，敢于打破传统的格局和学科限制，允许学生在数学实践活动课中研究与数学有关的其他问题，而不是纯数学。

在教学《1亿有多大》时，因为1亿这个数据很大，教学以小组合作的形式，选取相应素材，从学生学习过的时间、高度、长度、面积和质量各个方面感受1亿具体有多大，再与学生熟悉的珠穆朗玛峰、操场类比，使学生更直观地感受1亿的大小。

当数学和学生的现实生活密切结合时，数学才是活的、富有生命的，才会激发学生解决问题的兴趣，才会启迪学生积极的思维。学生通过生活寻找数学，不再觉得数学只是在课堂里，从而感受到数学与生活的密切关系，一种一定要学好数学的强烈愿望便从心底滋生，数学应用意识得到了较好提升。

2. 数学综合与实践活动课≠课外活动课

课外活动不属于课程的范畴，它是由教师根据学生年龄的不同而灵活安排的。开设的形式也是多样的，有数学游戏、数学讲座、数学墙报等。而数学实践活动课不同于课外活动和数学活动课。它的设计和实施具有一定的规范，并严格按此规范实施教学过程。它涉及的领域更为广泛，侧重从数学的角度研究人与自然、人与社会的关系，主要以学生所学的数学知识为基础，使学生在实践活动中、在现实生活中理解数学、应用数学、发展数学、掌握数学。因此，教师要正确认识这一点，避免将数学实践活动课上成课外活动和数学活动课。

本节课的一项重点活动是让学生实际测量 100 张纸的厚度，进而体会 1 亿张纸的厚度，通过这个研究，重点就是让学生进一步体会确定研究 1 亿有多大的思考方法，然后进行类推，或者直接计算，为后面研究 1 亿个小朋友拉手有多长架起了桥梁。这个例子通过猜测、推算、验证、联想等方法，让学生产生心灵的共振，进一步培养学生的数感。这项操作活动也渗透了数学类推思想。

3. 数学综合与实践活动课学生≠配角

《义务教育数学课程标准（2011 年版）》指出："实践与综合应用将帮助学生综合运用已有的知识和经验，经过自主探索和合作交流，解决与生活经验密切联系的、具有一定挑战性和综合性的问题，以发展他们解决问题的能力。"而有的教师则将该由学生去完成的实践、调查、操作等活动由自己包办代替。学生应居于主体地位，是数学实践活动的主角，他们通过自身独立探索和合作研究的体验，增长知识，培养能力，发展个性特长，而不是间接地、被动地接受教师的灌输，但他们的学习活动又离不开教师的悉心指导和帮助，教师在此时起到了辅助作用，居于主导地位。

本节课教学前先请同学们提前预习这节活动课内容，查找资料，自由组合成几个小组，整个准备过程充分让给学生。这样安排不仅培养了学生的主体性、能动性、独立性，而且对实践活动这样一种新型课程学生也会更加喜爱。

数学实践活动作为一种新的学习方式，对我们来讲是一个崭新的课题。数学实践活动不仅让学生主动地获取知识，还促使学生去发现和研究问题；不仅让学生积累了知识，还增强了学生运用数学的意识；不仅让学生学会运用知识来解决实际问题，还激发了学生的创造潜能，培养了学生的创造精神。

课题　1亿有多大

◇ **适用年级**　四年级（上学期）

◇ **教材再现**

◇ **备课思考**

一、研究背景

　　万以内数的认识过程，注重培养和训练学生发现问题、提出问题、分析问题及解决问题的能力。而亿以内数、亿以上数的认识，是学生数概念的又一次扩充。教材在数概念的教学编排中，十分重视数感的培养。让学生通过对具体数量的感知和体验，帮助他们理解数的意义，建立数感。但由于1亿这个数太大，学生很难结合具体的量获得直观感受。因此，在"大数的认识"

这一单元后，安排这个综合应用课，旨在使学生通过探究活动，经历猜想、实验、推理和对照的过程，利用可想象的素材充分感受 1 亿这个数有多大。

二、学情分析

《1 亿有多大》是第一单元学习结束后的一节综合应用课，目的是让学生通过探究活动，经历猜想、实验、推理和对照的过程，利用可想象的素材充分感受 1 亿有多少，进一步培养学生的数感。整节课安排分组活动，也安排全班同学以计算器为辅，进行口算、估算、计算，从多个方面亲自感受经历每个活动过程。

三、预期目标

[知识与技能] 经历探究过程，借助具体事物，体验 1 亿大小的形成过程，建立数感，感受万、亿等大数的实际意义。

[过程与方法] 在探索中学习"猜想、实验、类推和对照"的方法，初步渗透选用小基数类推解决问题的数学思想。

[情感、态度与价值观] 学会用生活周围的数据，形象地描述大数，培养主动运用和理解数的意识，使学生获得成功的体验，初步树立用数学解决问题的自信心。

[课题研究目标] 设计生动有趣的探索验证活动，从多个角度感知 1 亿的大小。

四、教学准备

教师准备实物投影、秒表、天平，为每组准备 100 张纸，部分学生每人准备大米 100 粒、计算器 1 个。

◇教学流程

一、课前数数游戏

师：课前我们一起来玩个数数的游戏好吗？

游戏规则：2 人比赛数数，看谁在 10 秒钟数的数多？教师计时。第一、二组给第一个数的人计数，数他数了多少个数。第三、四组给第二个人计数，数他数了多少个数。教师出示两张卡片，你们上来抽，抽到哪张，就从这张卡片上写的数为第一个数开始数。谁来？（提前制作的2张卡片，上面写了1和9999┊9900）

[设计意图] 通过数数游戏让学生体会到数越大，数数需要的时间越多。从时间导入，因为学生在还没有上学就会数数了，但可能没有想过从1数到1亿要那么长时间。课始给学生一个大大的意外，引起学生的好奇，为后面继续研究1亿做铺垫。

二、从不同方面感受1亿的大小

1. 从时间的角度感受1亿

（1）板书1，随后添上8个0。

师：现在这个数是多少？1┊0000┊0000 今天我们就一起来感受1亿有多大？（板书课题）

（2）感受每分钟数多少个数。

师：你们能从1数到1亿吗？那要多长时间呢？1分钟能数完吗？数数看。

说明数数要求：教师计时，一起从1000开始数，要求数清楚每个数字和数位，比如88我们要数八十八，不能只是含糊地数八八。老师说停止你们就停止。不抢着数，按正常的语速数数。

生：1分钟才数了这么几个数，那1小时能数完吗？

师：后面的数字会越来越大，如果从1万开始数，或者从9999┊9900开始数，1分钟还能数到这么多数吗？平均一下，你们认为按一分钟可以数多少个数来计算比较合适？

小结：如果每分钟按50个数来算，1小时能数多少个数？距离1亿还远得很！那一天能数多少个数呢？怎么列算式？快速用计算器算出结果并填在作业纸上。

活动一：从1数到1亿要多长时间？

按每分钟约数50个数来计算。

想一想：

1小时60分钟，一天24小时，可以数（　　）个数。

$$50 \times 60 \times 24 = 7 ┊ 2000$$

数一数

（3）计算数 1 亿个数的时间。

（教师指名说出结果）一天还是数不到 1 亿，猜一猜，那多少天能数到 1 亿？（个人说说）记住你们猜测的结果，验证一下是否正确。怎么验证？（教师巡视。）出示课件。

传意发布

事实上，一个人除了睡觉，吃饭，每天最多工作八九个小时。

我们按 8 个小时算，我们要数 11 年 4 个月才能数到 1 亿。

也就是说如果从一年级上学，我们开始把所有上课和写作业的时间都用于数数，要数到小学毕业，初中毕业，数到上高三。

师：你们现在有什么感觉？刚才是从哪个方面感受 1 亿的？（板书：时间太久）

[设计意图] 通过猜测、实验操作、讨论交流等活动，使学生在具体情境中体验 1 亿的大小，培养数感，感受数学与现实生活的密切联系。通过交流，丰富学生对 1 亿有多大的感受。

2. 从高度的角度感受 1 亿

（1）创设情境。

师：如果有很多张纸摞在一起，能否踩着这些纸跨到珠穆朗玛峰顶呢？假如是 1 亿张纸呢？1 亿张纸摞起来到底有多高呢？

（2）组织讨论。要不要真找 1 亿张纸来量呢？怎么办呢？为什么不选 105 张？为了便于计算我们选整百数，也可以是整千数。

想想猜想

老师想踩着这些纸跨到珠穆朗玛峰顶，可能吗？？？

珠穆朗玛峰

想一想

实践活动：1 亿张纸摞起来有多高？

活动要求：

1. 小组合作用尺子量一量 100 张纸的厚度。
2. 根据测量结果在作业单上填一填。

量一量

（3）实践操作。每组发 100 张纸，小组合作动手量一量有多厚。

要求：8 个人为一组，副组长负责把纸整理整齐，组长测量，其他同学看，然后根据测量结果填作业纸。比一比，哪一组动作最快且最安静。（教师巡视。）

（4）活动反馈。100 张纸厚约 1 厘米。我们一起来推算一下。1000 张？10 厘米。为什么？怎么想的？1│0000 张？100 厘米。合多少米？1 万张纸刚好约多少米？100 万张？100 米。怎么想的？1│0000 万张？10000 万就是多少？也就是说 1 亿张纸约 1│0000 米.

（5）直接计算。

师：我们可不可以不这样一步步地计算，直接算出结果呢？看 1 亿里面有多少个 100？

师：算式 1│0000│0000 ÷ 100 = 100│0000 个。

师：1 亿里面有 100│0000 个 100，就是有多少个 1 厘米？就是多少厘米？算式 100│0000 × 1 厘米 = 100│0000 厘米，也就等于多少米？（如果回答有难度，可以提示，边板书 100 厘米等于 1 米，100 厘米换算成米作单位，直接去掉 2 个 0，同样 100│0000 厘米换算成米作单位，也去掉 2 个 0，所以是 1│0000 米）而珠穆朗玛峰高 8848 米，那刚才的突发奇想可以吗？

（6）应用拓展。学校的教学楼都是 4 层，一层 3 米，4 层 12 米。1│0000 米要多少层这样的教学楼叠加起来呢？算式？（1│0000 除以 12 约等于 833，因此要 833 栋这么高的教学楼像搭积木一样，全部叠加在一起才 1│0000 米。）

现在有什么感觉？刚才我们从哪个方面感受 1 亿的？（板书：高度太高）

[设计意图] 设问能否踩着 1 亿张纸跨到珠穆朗玛峰顶？引起学生的好奇、质疑，引发学生探究兴趣，让学生实际测量 100 张纸的厚度，进而体会 1 亿张纸的厚度。通过这个研究，重点让学生进一步体会确定研究 1 亿有多大的思考方法，进行类推，或者直接计算，为后面研究 1 亿个小朋友拉手有多长架起了桥梁。这个例子是需要重点研究的。通过猜测、推算、验证、联想等方法，学生产生心灵的震撼，进一步培养了数感。

3. 从长度的角度感受 1 亿

（1）有一张照片，是班里的孩子在手牵手玩游戏。10 个小朋友手牵手长约 14 米。那 1 亿个小朋友手牵手有多长呢？谁能快速地算出结果？怎么想的？

师：地球赤道长为 4 万千米，那 1 亿个小朋友手拉手可以绕赤道多少圈呢？（出示课件）

10个小朋友手拉手约14米。

1亿个小朋友的手拉起来有多长? 14万千米

地球赤道长——4万千米,1亿个小朋友的手拉围绕赤道大约多少圈? 3圈多

应用

（2）填在作业纸上。1亿里面有（　　　　）个10，就是（　　　　）个14米，也就是（　　　　）米，合（　　　　）千米。

师：南京到马鞍山50千米，开车一个来回需2个小时，那1亿个小朋友手拉手的距离需跑多少时间？（出示课件）

南京到马鞍山距离50千米，一个来回约100千米，开车一个来回约2个小时。

我们要不吃不喝不睡觉，一直开车，一直开车，来来回回约4个月才能跑完1亿个小朋友手拉手的距离——14万千米。

应用

现在有什么感觉？刚才我们从哪个方面感受1亿的？（板书：长度太长）

[设计意图] 有了上面的铺垫，研究1亿个小朋友手拉手可直接让学生思考，估算出结果。

4. 从面积和质量的角度感受1亿

（1）多媒体播放故事：古时候有个睿智的大臣叫刘思，他非常关心老百姓的疾苦，有一次黄河泛滥，当刘思得知这一灾情后，立刻用最快的速度写了一份奏折给皇帝，皇帝让他到灾区救灾。刘思到灾区后，和老百姓同甘共苦，最后皇帝决定奖励刘思，问刘思想要什么。刘思说了2个，1亿粒米或者是1万平方米的布。如果你们是刘思你们最想要的是哪一个奖励？

1亿平方米的布。我们学校操场大约有5000平方米，1亿平方米有5000个学校操场那么大。有什么感觉？这是从哪个方面感受1亿的呢？（板书：面

积　太大）

如果你是皇帝你最想给刘思什么赏赐呢？你们猜猜 1 亿粒米到底有多重？是不是真称 1 亿粒米？先称 100 粒米。然后怎么计算？把想法填写在作业纸上。

（2）填空：1 亿里面有（　　　　　）个（　　　　　），就是有（　　　　　）个（　　　　　）克，合（　　　　　）克，就是（　　　　　）吨。

师：同学们现在四年级了，一个孩子按 35 千克来算，约 57 个孩子加起来是 2000 千克，也就是我们一个班的全部同学加上老师共 2 吨。你有什么感觉？我们又是从哪个方面感受的 1 亿？（板书：质量　太重）

［设计意图］以小故事开始，为导入课题做铺垫，激发学生的学习兴趣。操作要点：有感情地讲解故事，讲完后注意引导学生大胆猜测。此环节通过实验操作、交流感想等活动，使学生在具体情境中再次体验了 1 亿有多大，感受数学与现实生活的密切联系，培养其勤俭节约的好习惯。

三、全课小结

刚才通过从不用的角度感受了 1 亿的大小或多少。但都是通过测量再计算的方法，想想是测量全部，而是测量一部分？然后通过什么方法得到最后的答案？

小结：先测量一部分，再看整体里面有多少个这样的部分，再用这个数乘以测量的结果。

观看屏幕，生活中的 1 亿。

每人节约1角钱，1亿人就能节约1000万元，就能买181万本《儿童文学》这些书摞起来有9000米。

每人节约1度电，1亿度电可以生产啤酒约15亿瓶。

小结：节约应该从我们每一个人做起，从节约每一张纸、每一粒米、每一滴水做起。

［设计意图］让学生通过阅读一些具体的数据来感受 1 亿有多大，并唤醒

其节约、环保意识。不管学生在探究过程中是不是成功获得结论，至少这40分钟对学生原有认识世界是一个冲击，他们内心有所震撼。

附：

《1 亿有多大活动课》实践活动报告单

活动一：从 1 数到 1 亿需要多长时间？

测量：如果按照 1 分钟数（　　　　）个数来计算

算一算：1 天（按 24 小时算）能数多少个数？

　　　算式：＿＿＿＿＿＿＿＿＿＿＿＿＿＿＿＿＿＿

　　　那么多长时间才能数到 1 亿？

　　　算式：＿＿＿＿＿＿＿＿＿＿＿＿＿＿＿＿＿＿

活动二：1 亿张纸摞起来有多高？

测量：（　　　　）张纸的厚度约（　　　　）厘米

推算：1000 张纸的厚度约（　　　　）厘米

　　　1┊0000 张纸的厚度约（　　　　）厘米，合（　　　　）米

1┊0000 就是 1 万，1 万张纸的厚度约（　　　　）米，100 万张纸的厚度约（　　　　）米，1┊0000 万张纸的厚度约（　　　　）米

1┊0000 万就是 1 亿，所以 1 亿张纸的厚度约（　　　　）米

活动三：1 亿个小朋友手拉手伸直大约有多长？

测量：10 个小朋友手拉手伸直的长度大约是（　　　　）米

想一想：1 亿里面有（　　　　）个 10，就是（　　　　）个 14 米，也就是（　　　　）米，合（　　　　）千米。

活动四：1 亿粒米有多重？

测量：（　　　　）粒米的质量约是（　　　　）克

想一想：1 亿里面有（　　　　）个（　　　　），就是有（　　　　）个（　　　　）克，就是（　　　　）克，合（　　　　）千克，就是（　　　　）吨。

渗透数学思想方法，

创设有价值的小学数学课堂

寻找契合学生成长的课堂，
渗透数形结合思想

——《寻找点阵中的规律》教学思考

执　　教：马鞍山市山南小学　　俞洁文
案例撰写：马鞍山市山南小学　　俞洁文
　　　　　　马鞍山市湖东路二小　　夏玉珍
微课制作：马鞍山市山南小学　　李光云

本节综合与实践活动课素材是 2016 年人教版数学教材小学六年级上册"数学广角"和 2003 年北师大版数学教材小学五年级上册"尝试与猜测"两部分内容的综合，这个内容是数形结合思想在教材中的具体体现。本节课教学设想如下：

1. 寻找数学与学生生活的联结点

北师大版小学数学教材首先呈现了 2000 多年前希腊数学家们用图形研究数的情境，以期使学生从中感受数学文化的魅力。五年级学生具备一定的观察与逻辑推理能力。但从心理学角度分析小学生的思维特点是从具体向抽象过渡，这种抽象逻辑思维仍然依靠感性经验的支持，本节课完全是数学思想的渗透，内容极为抽象，对部分学生来说会有困难。五年级学生对学习"有用"的数学应该更加感兴趣，本节课数学内容与学生生活的联结点是什么呢？无意中发现学校操场上学生做操的白色定位点，令人眼前一亮。为了让全校学生都参加的校园集体舞队列更加整齐，老师们在操场上标注了白色定位点，这就是活生生的点阵图。于是，课始从校园集体舞队列引入点阵图，让学生体会点阵图就在我们身边，课终运用所学知识"我为学校献计策"为合唱队设计队列点阵图，目的让他们充分感受数学与生活的密切联系。有了这样的过程体验，将来遇到生活中的点阵图（棋盘、大型表演方块队等），相信他们都会以数学的眼光去欣赏点阵图所呈现的规律之美。

2. 在观察与想象中渗透数形结合思想

数学家华罗庚写过这样一首诗"数形本是相倚依，焉能分作两边飞。数缺形时少直觉，形缺数时难入微。数形结合百般好，割裂分家万事休。几何代数统一体，永远联系莫分离。"数与形之间的关系实际上反映了事物两个方面的属性，而数形之间的结合主要指数与形之间的一一对应关系，通过数与形的对应关系，互相印证结果，感受数学的魅力。数形结合就是把抽象难懂的数学语言、数量关系与直观形象的几何图形、位置关系结合起来，通过"以形助数"或"以数解形"即通过抽象思维与形象思维的结合，可以使相对复杂的问题简单化，抽象问题具体化。两个版本的教材均非常具体地体现了数形结合思想，教学中试图以看图、画图、想象图为基础，由图想数，由数想图，建立数与形两者之间的联系，并使学生感受到对数的研究可以从图形去认识，同时通过数也能研究形。在学生经历探索正方形数（也就是平方数）模型的过程中，整合教材将三种观察方法分散出现变为统整出现、将三种观察方法单一形式呈现变为不同方式呈现，培养学生数学思维的灵动性。第一层通过观察、画图、想象发现每个正方形点阵的点子总数可以看作是两个相同数字之积，这个数字与点阵的序号有关，与每个正方形每排每列的点子数有关。第二层观察 1，4，9，16，25，…怎样变化？同一点阵的不同划分规律，设计操作活动，用小正方体拼出这些算式，最终引出折线划分，得出每个正方形点阵的点子数是从 1 开始连续奇数相加，加数的个数是每排的点子数，加数的个数还与点阵的序号有关。第三层直接出示第②个点阵图点子数的计算算式 $4 = 1 + 2 + 1$，引导学生想象斜线划分的方法，得出每个正方形点阵的点子数是从 1 起连续自然数相加（每边有几个点子就有几个加数）再加回到 1。教学力求通过点阵图的学习素材让学生既能借助图形来发现算式的规律，又能借助算式发现图形的变化规律，形成多样化的划分正方形点阵的方法，培养学生思维的灵活性。

3. 夯实基础知识与追求发展性的相互统一

一个不好的教师是奉送真理，一个好的教师则是教人发现真理。本节课教学目标：（1）在具体的观察与想象活动中，发现点阵中隐含的规律，体会到图形与数的联系。（2）发展归纳与概括的能力，培养学生的推理、观察、概括能力。（3）渗透数形结合思想。教学重点：直观感知点阵的有序排列，发现与概括点阵中的规律。教学难点：从不同角度观察，发现同一点阵的不同规律，体会图形与数的联系。本节课将本着"充分预设，关注生成"的理念，采用"自主探究，合作交流"等活动方式，鼓励学生多角度地思考问题。让学生亲身经历发现规律并归纳概括的全过程。对于教学中难点预期目标是：少数人具备思考多种方法的意愿，大多数人通过学习交流知晓几种方法，学困生只掌握一种方法。本节课学习过程中注重随学习进展逐步呈现完整的板书，全面揭示学习内容，以期在学生归纳与概括点阵中规律时给予直观支撑，更大范围内落实教学目标（2）的达成。

4. 延伸学习时空，培养创新思维能力

本节课力求借助教材激发学生的学习兴趣、帮助学生总结规律、发展思维、形成技能，培养学生独立探究、合作交流、富于创新的思维品质。创设思维情境，加强语言训练，从单纯知识内部的应用拓展到与现实生活相联系的外部应用，推动思维发展。教材是小学生学习的重要内容，是学生获取知识的主要桥梁，课堂学习形式是大部分学生学习的主要方式。对于高年级孩子如何延伸学习时空，把课堂学习延伸到课外，扩充教学内容，丰富学习方式，使得原本陌生的数学知识与日常生活自然对接，本节课试图借助课后作业进行尝试。课终运用所学知识"我为学校献计策"为合唱队设计队列点阵图，教师将根据作业反馈举办一次队列设计展评，评选"数学应用小能手"。

课题　寻找点阵中的规律

◇ **适用年级**　六年级（上学期）

◇ **教材再现**

人教版 北师大版

◇ **备课思考**

一、研究背景

数形结合是一种非常重要的数学思想，把数和形结合起来解决问题，可以使复杂的问题变得更简单，使抽象的问题变得更直观。数与形相结合的例子在小学数学教材与教学中随处可见。有些情况下，是图形中隐含着数的规律，可利用数的规律来解决图形的问题。有些情况下，是利用图形来直观地解释一些比较抽象的数学原理与事实，让人一目了然。尤其是对于小学生，其思维的抽象程度还不够高，经常需要借助直观模型来帮助理解。例如，利用长方形模型来教学分数乘法的算理，利用线段图来帮助学生理解分数除法的算理，利用面积模型来解释两位数乘两位数的算理、乘法分配律、完全平方公式等。

二、学情分析

《寻找点阵中的规律》看起来对于学生很陌生，与其他知识没有必然联系，是一节相对独立的数学活动课，但其实在以前的学习中学生已经接触过一些，如一年级找规律填数，二年级按规律接着画，四、五年级的探索图形规律，都是逐步将数形结合在一起，使学生通过观察推理等活动，在生动的情景中找出图形的变化规律，培养学生观察、想象与归纳概括能力，提高学生合作交流与创新的意识。

三、预期目标

[知识与技能] 在具体的观察与想象活动中，发现点阵中隐含的规律，体会到图形与数的联系，掌握数形结合、归纳推理等基本数学思想。

[过程与方法] 在学生经历发现模式、应用模式的过程中，通过数与形的比照，引导学生从不同角度探索规律。

[情感、态度与价值观] 使学生在数学活动中养成与人合作的良好习惯，在利用数形结合解决问题的过程中积累数学经验，培养基本的数学思想。

[课题研究目标] 抓住数学与生活的联系，从多个角度渗透数形结合思想。

四、教学重难点

[重点] 直观感知点阵的有序排列，发现与概括点阵中的规律。

[难点] 从不同角度观察，发现同一点阵的不同规律，体会图形与数的联系。

五、教学准备

点阵图片、多媒体课件、学生作业纸、学具。

◇教学流程

一、激趣引新知

（1）师：上个月同学们参加艺术月活动，全校同学表演的校园集体舞给老师留下深刻的印象（出示表演图片）。瞧，同学们站的队伍多么整齐！怎样能做到横行、竖列、斜对角都这么整齐呢？

现场采访学生（学生自由发言），引出操场上的白色标点（出示场地图片）。

小结：除了同学们认真操练，操场上的点子图也起到了很大作用。

（2）生活中用到点子图的例子有许多（学生发言举例，教师出示有关点阵图片）。如：跳棋（三角形、正六边形、平行四边形、梯形）、校运会开闭幕式（圆形点子图）。

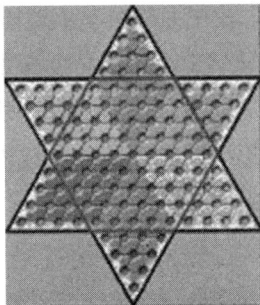

（3）师：2000多年前，古希腊的数学家毕达哥拉斯学派发现了生活中的点子图（出示数学中各种形状的点阵图片）。

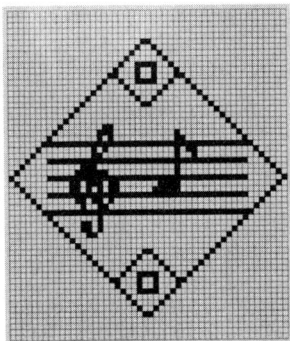

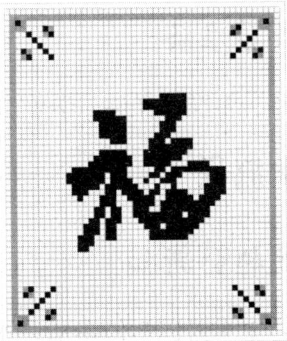

他们给这些点子图起了个有趣的名字，称它为点阵图，并利用一些有序排列的点阵图研究数的特征。今天这节课我们将追随数学家的足迹，探究点阵中的规律。（板书课题）

[设计意图] 从校园集体舞队列引入点阵图，列举生活中用到点阵图的例子，让学生体会点阵图就在我们身边。

二、观察探规律

1. 探究正方形点阵中的规律

点是图形的好朋友，所有的点阵图都离不开它。

（1）第一层 学生观察，教师用点子依次摆出一组点阵图，标上序号。

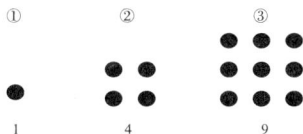

师：教师摆到第②个，让学生想象第③个，边摆边问，与你想的一样吗？

第二层 师：看到这 3 个点阵图，想到哪些数？怎样想的？生：看作边长为 1，2，3 的正方形。（板书出数字：1，4，9）

第三层 师：继续往下摆，第④个点阵图有多少个点？生：16 个。这 16 个点可以随意摆吗？（教师故意随意摆 16 个点。）师：请一个学生上黑板摆一摆。

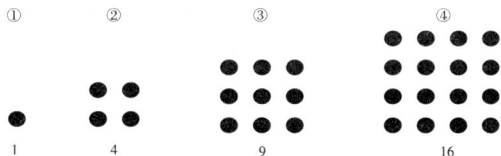

总结：接着摆下去不仅考虑点子的个数还要考虑形状。（板书：点数 形状）

（2）师：1，4，9，16，这些数字与点阵图有什么关系？生：是点子总数。你们怎么得到这些点子数的？可以通过计算得到吗？（在作业纸上写一写。）

结合学生反馈在相应图下板书：1×1　2×2　3×3　4×4

指名结合图说说这些算式表示的意思。（手势运用）

如：第③个，横着看，每排 3 个点，共 3 排，总数 $3 \times 3 = 9$；

第④个, 竖着看, 每列 4 个点, 共 4 列, 总数 $4 \times 4 = 16$。

师: 和序号有关吗? 生: 是第几个点阵图就是几乘几。

(3) 师: 你能摆出第⑤个点阵吗? 我们接下去摆第⑤个, 全班同学在方格纸上画一画, 一生上黑板摆。

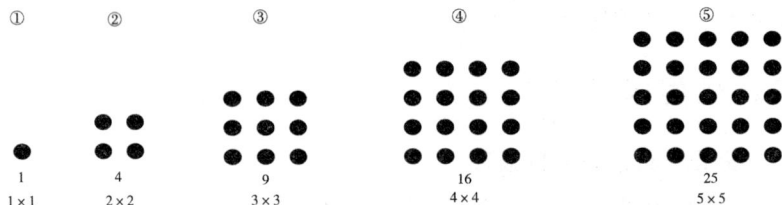

① 1 1×1　② 4 2×2　③ 9 3×3　④ 16 4×4　⑤ 25 5×5

师: 第㉑个点阵有多少个点? ($21 \times 21 = 441$) 闭上眼睛想象一下它的形状, 用语言描述一下。(每排 21 个, 有 21 排; 或每列 21 个, 有 21 列, 这就是你们校园集体舞队列。)

启发学生: 序号是几, 每排就有几个。21 可以表示序号、可以表示每排每列点子数、可以看成正方形边长。

(4) 师: 点子总数与什么有关? 生: 与每一排点子数有关, 就是边长乘边长, 还与第几个有关。(板书: 第ⓝ个点阵点子数表示为 $n \times n$)

同桌一起说一说: 第①个是 1×1, 第②个是 2×2, 第③个是 3×3, ……, 第ⓝ个点阵是 $n \times n$。

总结: 每个正方形点阵的点子总数可以看作是两个相同数字相乘的积, 这个数字与点阵的序号有关, 与每个正方形每排每列点子数有关。像 1, 4, 9, 16, 25 可写成两个相同数字相乘的积, 叫完全平方数。(板书: 完全平方数)

[设计意图] 先让学生说一说三幅图中分别有多少个点? 你是怎么发现的? 通过学生的讨论, 学生容易得出点数为 1^2, 2^2, 3^2, …的结论。通过观察、画图、想象, 探究发现每个正方形点阵的点子总数可以看作是两个相同数字相乘之积, 这个数字与点阵的序号有关, 与每个正方形每排每列点子数有关。

2. 同一点阵的不同划分规律

★规律一

(1) 观察算式: $1 + 3$　$1 + 3 + 5$　$1 + 3 + 5 + 7$

操作活动: 你能用小正方体拼出这些算式吗?

（2）活动要求：用 1 个红色的方格表示算式中的 1，用 3 个蓝色的方格表示算式中的 3，用 5 个黄色的方格表示算式中的 5；生画图，师强调能一眼看出算式的和是多少。

学生作品展示，交流想法，得出结论，即拼出正方形可以更方便地计算算式的和。

（3）寻找学生画图与黑板上一组点阵点子数的联系，发现规律。

生：从第一个开始点子数分别加 3、加 5、加 7。

师：可以用折线表示增加部分。

根据学生回答，在第⑤个点阵划折线。学生在作业纸上画出来。课件出示第⑤个点阵划分方法，并说明看成拐弯划分，学生说出算式。

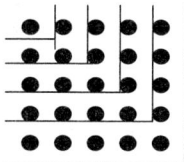

生：发现每条折线里的数分别是：1，3，5，7，9。

教师将板书补充完整。

1	4	9	16	25	⋯	n^2
1×1	2×2	3×3	4×4	5×5	⋯	$n \times n$
1	$1+3$	$1+3+5$	$1+3+5+7$	$1+3+5+7+9$	⋯	$1+3+5+7+9+\cdots+n$

师：观察算式，有什么特点？每一个加数在图形的什么位置？

生：一个算式比一个算式多一个加数，都是连续奇数相加。

师：从几开始加起呢？生：从 1 开始。

（4）小结：点子数是从 1 开始连续奇数相加，加数的个数是每排的点子数。

板书：$1+3+5+7+9+\cdots+n = n \times n$

[设计意图] 如何让学生看到三个图中的点数还可以分别表示成 1，1 + 3，1 + 3 + 5，⋯这样的结论。本环节从数引入，让学生以图助数，发现存在 1 + 3 = 4，1 + 3 + 5 = 9，⋯这样的规律，引出折线划分，得出：每个正方形点阵的点子数是从 1 开始连续奇数相加，加数的个数是每排的点子数，加数的个数还与点阵的序号有关。通过数与形的比照，引导学生从不同角度探索规律。通过观察与计算，画图得出 1，1 + 3，1 + 3 + 5，1 + 3 + 5 + 7，⋯，既能发现加数的规律，又能发现和的规律。

★规律二

谈话：刚才我们研究了一组正方形点阵的规律，是按照横着、竖着、拐弯划分的，对于同一个点阵来说，如果划分的方法不同，呈现的规律也不同。想一想，还可以怎样划分呢？

师：观察第②个点阵，如果得到的算式是 4 = 1 + 2 + 1，那么是怎样划分的？

演示斜着摆第②个点阵的过程。怎样用算式表示点数呢？（为了看清楚摆的过程，用画斜线的方式表示出来。）

第③号图由学生想象列式。第④号图画斜线表示，学生列式。

1	4	9	16	25	n^2
1×1	2×2	3×3	4×4	5×5	$n \times n$
1	$1+3$	$1+3+5$	$1+3+5+7$	$1+3+5+7+9$	$1+3+5+7+9+\cdots+n$
1	$1+2+1$	$1+2+3+2+1$	$1+2+3+4+3+2+1$	$1+2+3+4+5+4+3+2+1$	

师：观察算式，你发现了什么？

生：最大的数是每边的点子数，第几个就从 1 连续加到几再加回到 1；算式两边是对称的。

师：照这样的规律类推，第⑥个、第⑨个怎样列式呢？第 n 个呢？（师将板书补充完整）

板书：$1+2+3+\cdots+n+\cdots+3+2+1$

（3）总结：上面同一阵点，从不同角度观察，发现完全平方数可以看作相同数字相乘的积，也可以看作连续奇数的和，从 1 起连续自然数相加（每边有几个点子就有几个加数）再加回到 1。通过点阵研究数的形式是多样的。

板书：$n^2=n\times n=1+3+5+7+9+\cdots+n=1+2+3+\cdots+n+\cdots+3+2+1$

（4）填空：

$36=(\quad)\times(\quad)=1+2+3+4+(\quad)=1+3+5+(\quad)$

[设计意图] 直接出示第②个点阵图点子数的计算算式 $4=1+2+1$，引导想像斜线划分的方法，得出每个正方形点阵的点子数是从 1 起连续自然数相加（每边有几个点子就有几个加数）再加回到 1。教学力求通过点阵图的学习让学生既能借助图形来发现算式的规律，又能借助算式发现图形的变化规律，形成多样化的划分正方形点阵的方法，培养思维的灵活性。

三、应用成策略

师：除了正方形点阵，猜猜还有什么形状的点阵呢？

生：长方形点阵、三角形点阵……

（1）试一试。用算式表示点阵图的变化规律。

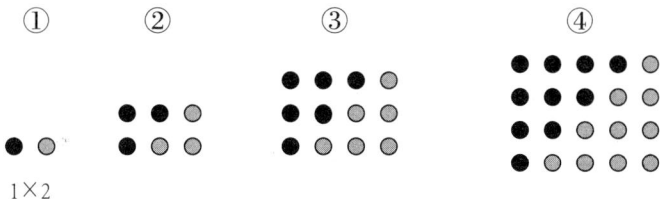

①　②　③　④

1×2

★方法一

生观察：第二个因数比第一个因数多 1；第一个算式后面一个数是第一个算式开头的一个数；算式中第一个因数是长方形竖排点数，第二个因数是长方形横排点数。

师：与序号有关吗？第ⓝ个长方形点数怎样写？

生：第①个点阵是 1×2，第②个点阵是 2×3，第③个点阵是 3×4，第ⓝ个点阵就是用 n 去乘 $n+1$。

生：是用点阵的排列序号去乘比它大 1 的数。第ⓝ个长方形点数是 $n \times (n+1)$。

★方法二

生观察：红黑两种颜色将所有的点子分成完全相同的两个部分，

生：第①个点阵是 1×2，第②个点阵是 3×2，第③个点阵是 6×2，第④个点阵是 10×2。

师：第二个因数都是 2，第一个因数有规律吗？与第一个因数相关的是什么图形呢？（下一题三角形数研究完再揭示规律，是第几个点阵第一个因数就用几加前一个算式的第一个因数。）

（2）教材第 83 页第 2 题，全班同学在书上完成。

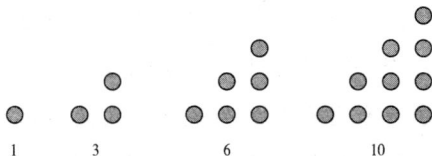

横着、斜着、竖着划分，算式：$1+2+3+4+5=15$，是连续自然数的和。

（3）总结：应该从哪些方面来探究点阵的规律呢？

生1：我会仔细看清点阵是什么形状。

生2：我觉得应该数清每一行的点子数是多少。

生3：我认为还要看清前后两个点阵的变化。

[设计意图] 通过推理，逐步抽象，形成模式，再引导学生把规律应用于一般的情形，从而解决问题。这样的一个教学过程，既是学生自主探究获取知识的过程，更是有机渗透数学思想方法的过程，使学生在潜移默化的过程中体会并领悟推理和数形结合的思想。

四、创作显身手

"我为学校献计策"：同桌合作，设计一幅有规律并且美观的点阵图，画出前三个，用算式表示每个点阵的点子数量。

[设计意图] 课终，运用所学知识"我为学校献计策"为合唱队设计队列点阵图，充分发挥教师的指导作用，让学生充分感受数学与生活的密切联系，感受用形来解决数的有关问题的直观性与简捷性。有了这样的过程体验，将来遇到生活中的点阵图（棋盘、大型表演方块队等），相信他们会以数学的眼光发现点阵图所呈现的规律之美。

五、观看微课，深化理解

学生课后观看微课《数与形——寻找点阵中的规律》。

数学建模思想的渗透

——《数学思考——找规律》教学思考

执　　教：马鞍山市山南小学　王　霞

案例撰写：马鞍山市山南小学　王　霞

微课制作：马鞍山市山南小学　张小玲　王　霞

本节综合实践活动课是以 2013 年人教版数学教材小学六年级下册中"数学思考"的例 1 为教学素材进行改编的。教材中"数学思考"通过 3 道例题进一步巩固、发展学生找规律的能力，分步枚举组合的能力和列表推理的能力。例 1 体现了找规律对解决问题的重要性。这里的规律一般化表述是：以平面上几个点为端点，通过相互连接得到多少条线段。这种以几何形态显现的问题，便于学生动手操作，通过画图，由简到繁，发现规律。

解决这类问题常用的策略是：由最简单的情况入手，找出规律，以简驭繁。这也是解决数学问题比较常用的策略之一。学生在探索中发现总线段数其实就是从 1 依次连加到点数减 1 的那个数的自然数数列之和，接着让学生用已建立的数学模型去推算 6 个点、8 个点、n 个点时一共可以连成多少条线段。本课按照"提出问题—分析问题—探究规律，解决问题—应用提高，拓展延伸"这三个层次展开。

因为开发为综合实践活动课，本节课有以下两个设想：一是微课资源的引入。针对另两种解法：$(n-1)+(n-2)+\cdots+3+2+1$ 和 $n\times(n-1)\div2$，采用微课这一新型的教学资源引入课堂，学生在这种真实的、具体的、案例典型化的教与学情景中易于实现"隐性知识""默会知识"等高阶思维能力的学习。二是整个教学中注重数学建模思想的渗透。

1. 数学建模与数学建模意识

（1）数学建模是对实际问题本质属性进行抽象而又简洁刻画的数学符号、数学式子、程序或图形，它或能解释某些客观现象，或能预测未来的发展规律，或能为控制某一现象的发展提供某种意义下的最优策略。而应用各种知识从实际问题中抽象、提炼出数学模型的过程，我们称之为数学建模。在建模的过程中培养了学生用数学的眼光去发现问题、分析问题和解决问题的能力，它的灵魂是数学的运用。

小学数学新课程标准把数学思想、数学方法与教学内容有机结合，数学建模是其中十分重要的一部分。作为基础教育阶段——小学，我们更应该重视学生数学应用意识的早期培养。综合实践活动课是培养学生建模意识的有效阵地。

（2）教师要有建模的意识，深入解读教材。数学建模，是提高学生的数学素质和创新能力的重要途径，也是提高教师的教学和科研水平的有效手段。教师要充分利用手中的教材工具，对教材进行深度把握，提高教材利用的效率。教材是专家学者在对理论深层地把握的基础上结合生活中的实际经验总结研究出来的，其中要讲授和阐明的问题都是非常具有代表性的，因此教材具有很高的利用价值。

2. 数学建模是课堂教学的基本环节

2011 年版数学新课标"四能"中的基本技能提出了培养学生发现问题、提出问题、分析问题和解决问题的能力。"四能"的最终指向是培养学生解决问题的能力，而建模的灵魂是数学的应用，所以要培养学生的数学应用意识，大面积提高学生的数学应用能力，在课堂上组织具有数学建模意识的课堂教学是重要的手段。建模课堂教学过程基本分为三个环节：问题情境—建立模型—解释、应用与拓展，使学生在朴素的问题情境中，通过观察、操作、思考、小组合作、谈论交流和运用，掌握数学观念和数学思想方法，逐步形成良好的数学建模思维习惯，强化数学运用意识。

（1）创设合理有效的问题情境，激发求知欲。全班 63 个人，每两人握一次手，一共握多少次手？这个生活中的问题实际上就是：有 63 个点，每两个点连成一条线段，一共能连多少条线段？把生活中的问题转化为数学问题，接下来是带领学生分析问题"难"在什么地方，学生认为难在点太多、线太杂，不好解决。有什么好的办法？学生想到先从最简单的情况开始研究，寻找规律。在师生讨论交流中，随着教师的点拨，学生的思维像剥笋般层层深入，进入问题解决的腹地，明确了要做什么该怎样做。学生对即将揭晓的结论兴趣十足，希望是由自己亲手揭示这个结论，因此会兴趣盎然地进入下一个环节。

（2）抽象概括，建立数学模型，掌握学习策略。学生先在小组内独立连线分析，然后在动态课件演示中交流探讨，由2个点到3个点、4个点、5个点，教师在不断地追问：如果8个点呢，再多4点12个点呢，有n个点呢？点数一点一点地增多既暗示增加条数和点数之间的关系，计算总条数时与什么有关，又教给了学生由简到繁、由一般到普遍来找规律这样一种学习策略。而事实上，本节课的主要目的不是找到数线段的规律，就是通过找数线段的规律，让学生掌握由简到繁、由一般到普遍来找规律这样一种学习策略，深入挖掘其中蕴含的推理思想方法。观察表格，学生发现增加的线段数就是点数减1，12个、20个点的总线段数是多少，随着点数加大，归纳发现n个点能连多少条线段。从而促使学生的思维二次提升，由特殊到一般，促进符号感形成。

（3）运用模型解决实际应用问题，体验成功快乐。先是用已建立的数学模型去解决生活中的问题，然后结合具体图形探讨平面图形中存在的规律，最后引导学生解决课前全班同学握多少次手的问题。自始至终，孩子们都在体验"利用规律解决较复杂的数学问题"的快乐与成功感，真正实现了在探究中学有所乐，在快乐中学有所获。

数学建模问题贴近实际生活，往往一个问题有很多种思路，有较强的趣味性、灵活性，能激发学生的学习兴趣，可以触发不同水平的学生在不同层次上的创造性，使他们有各自的收获和成功的体验。由于给了学生一个纵情创造的空间，也为学生提供了展示其创造才华的机会，所以本课利于促进学生素质能力的培养和提高，对素质教育起到积极推动作用。

课题　数学思考——找规律

◇ **适用年级**　六年级（下学期）

◇ **教材再现**

4. 数 学 思 考

数学思想和方法可以帮助我们有条理地思考，简捷地解决问题。你能举例说一说你知道哪些数学思想和方法吗？

1. 6 个点可以连多少条线段？8 个点呢？

大乱了，我都数昏了。

别着急，从 2 个点开始，逐渐增加点数，找找规律。

点数					
增加条数		2	3	4	
总条数	1	3	6	10	

3 个点连成线段的条数：1+2=3（条）
4 个点连成线段的条数：1+2+3=6（条）
5 个点连成线段的条数：1+2+3+4=10（条）
6 个点连成线段的条数：＿＿＿＿＿＿＿＿
8 个点连成线段的条数：＿＿＿＿＿＿＿＿

根据规律，你知道 12 个点，20 个点能连多少条线段吗？请写出算式。

想一想，n 个点能连多少条线段？

做一做

观察下图，想一想。

（1）第 7 幅图有多少个棋子？第 15 幅图呢？

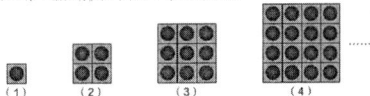

（1）　　（2）　　（3）　　　　（4）

（2）第 n 幅图有多少个棋子？

100

◇ **备课思考**

一、研究背景

例 1 是一个以几何内容为载体逐步让学生发现规律的例题。此题的编排目的是为了让学生通过动手操作、观察比较，归纳得出其中的规律，推理出点数和线段的关系，发展合情推理思想。例题以"6 个点可以连多少条线段？

8 个点呢？"为例，让学生在尝试初期感受连线的混乱，从而产生从简单入手的自主需求，同时也经历化繁为简的数学思考过程。而引导学生从 2 个点开始，逐渐增加点数，让他们在增加点的同时，有顺序地连线，并记录线段增加的条数，有利于学生理解其中的原理，逐步发现规律。而将不同点数连成的线段数用算式表示出来，可使规律进一步显现并清晰，为学生归纳概括规律提供支撑。"根据规律，你知道 12 个点、20 个点能连多少条线段吗？请写出算式。"既是规律的运用，也可以借此提炼计算方法。"想一想，n 个点能连多少条线段？"可以提升学生的数学表达能力，发展代数思想。"做一做"是经典的正方形数（也就是平方数），每条边上棋子数的平方就是棋子的总数。

通过观看微课，将点线问题与生活中握手现象联系在一起，由三种握手方式得出三种计算方法，把生活现象数学化，数学思想生活化。

二、学情分析

二年级起每册安排"数学广角"单元，作为数学最基本的思想——推理，教材一直是有步骤有层次地进行呈现。例如，三年级下册的"排列组合"、四年级下册的"鸡兔同笼"，可让学生体会观察、归纳、枚举等合情推理的方法；二年级下册的"逻辑推理"、六年级下册的"鸽巢问题"等内容则让学生学习简单的演绎推理的方法。正是在此基础上，教材在六年级下册的整理和复习阶段，再次设置相关内容。希望通过这些内容的教学，让学生在推理方面得到更多的训练，进一步发展逻辑推理能力和解决问题的其他相关能力。

三、预期目标

[知识与技能] 通过学生的观测和探索，学生能掌握数线段的方法，培养学生归纳推理、探索规律的能力。

[过程与方法] 在教学的过程中将化难为易的数学思考方法灌输其中，通过动手操作、观看微课，发现规律，使复杂的问题简单化。

[情感、态度与价值观] 让学生在探索的过程中获得发现的情感体验，感受数学与现实生活的联系。

[课题研究目标] 高年级培养建模意识，渗透建模思想，运用模型解决问题。

四、教学准备

学生分成 4 ~ 5 人一小组，教师学习任务单、多媒体课件、微课视频录制。

◇教学流程

一、游戏设疑，激趣导入

（1）如果今天在教室里的所有人，每两个人握一次手，共握几次手？

[设计意图] 六年级学生有一定的解题方法和数学思维能力，问题太容易就没有挑战性，而这个问题是在课前师生沟通中自然提出的，具有一定的挑战性。

（2）怎么办呢？学生讨论，思考 1 分钟。

（3）教师建议：先画出几个点表示人，数数吧！再找找是否有什么规律。

预设：若学生有其他方法就采用学生的。当学生演示完成后，师再提出要讲解的方法。这是实际问题数学化的关键点，是培养学生用数学的好时机。

二、实际操作，产生困惑

（1）师：有 10 个点，将它们每两个点连成一条线，数一数，看看连成了多少条线段？（学生在学习任务单上连线。）

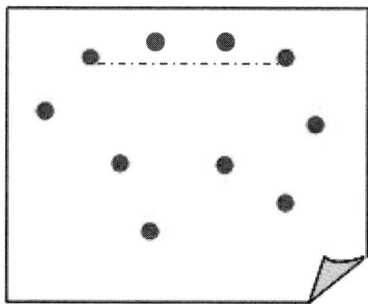

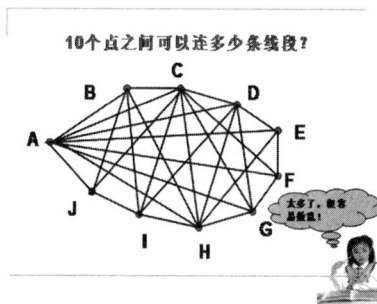

10个点之间可以连多少条线段？

（2）师：同学们，有结果了吗？学生反馈：很乱，不容易数清楚。师：大家不要着急，今天我们就用数学的思考方法来研究这个问题。（板书课题）

[设计意图] 巧设连线活动，紧扣教材例题，让数学课堂变得饶有趣味。任意 10 个点，将每两个点连成一条线，看似简单，连线时却很容易出错。这

225

样在课前制作了一个悬疑，不仅激发了学生学习欲望，同时又为探究"化难为简"的数学方法埋下伏笔。

三、逐层探究，发现规律

1. 从简到繁，动态演示，经历连线过程

（1）师：数学家华罗庚说过："在解决数学难题时我们要学会知难而退。要善于退，退到最简单又不失关键的地方。那么，你就已经找到这道题的精髓了。"

所谓"退"就是将一般性复杂的问题，退成特殊的简单的问题。把特殊的简单的问题想通了，找出规律，然后再来一个飞跃，不仅能理解原来的问题，而且还能进一步拓展。

（2）师：退到哪里最简单？下面我们就先从 2 个点开始，逐步增加点数，找出其中的规律。

（3）活动一：独立填表。先动手画一画，再填出所需数据。汇报交流、动态演示，经历连线过程。

师：2 个点可以连 1 条线段。为了方便表述我们把这 2 个点设为点 A 和点 B。（同步演示课件，动态连出 AB，并出现相应数据。）

2个点可以连1条线段

点数	2				
增加的线段数					
总线段数	1				

（4）师：如果增加 1 个点，我们用点 C 表示，现在有几个点呢？（生：3 个点。）如果每 2 个点连 1 条线段，这样会增加几条线段？（生：2 条线段。课件动态连线 AC 和 BC。）那么 3 个点就连了几条线段？

生：3 条线段。

师：你说得很好！为了便于观察，我们把这次连线情况也记录在表格里。（课件动态演示）

3个点可以连多少条线段？

点数	2	3			
增加的线段数		2			
总线段数	1	3			

（5）师：如果再增加1个点，用点 D 表示（课件出现点 D）。现在有几个点？又会增加几条线段呢？（根据学生回答，课件动态演示连线过程。）4个点可以连出几条线段？

生：4个点可以连出6条线段。（课件动态演示）

4个点可以连多少条线段呢？

点数	2	3	4		
增加的线段数		2	3		
总线段数	1	3	6		

（6）师：大家接着想想5个点可以连出多少条线段？为什么？（引导学生明白：4个点连了6条线段，再增加1个点后，又会增加4条线段，所以5个点时可以连出10条线段。课件根据学生回答同步演示。

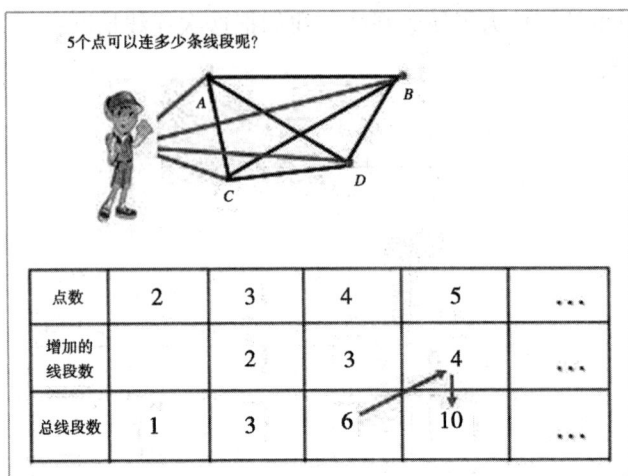

5个点可以连多少条线段呢？

点数	2	3	4	5	...
增加的线段数		2	3	4	...
总线段数	1	3	6	10	...

（7）师：现在大家再想想，6个点可以连多少条线段呢？请同学们翻到课本第100页，看表格的第6列，自己动手连一连，再把相应的数据填好。（学生动手操作，之后指名一生展示作品并介绍连线情况。课件演示：完整表格中6个点的图与数据。）

［设计意图］让学生从2个点开始连线，逐步经历连线过程，随着点数的增多，得出每次增加的线段数和总线段数，初步感知点数、增加的线段数和总线段数之间的联系。

2. 观察对比，发现增加的线段数与点数的关系

（1）活动二：小组探究。提出探究的问题：

①点数、增加的线段数之间有什么规律呢？

②在计算总线段数时又有什么规律？

师：仔细观察这张表格，在这张表格里有哪些信息呢？（引导学生明确：2个点时总线段数是1，3个点时就增加了2条线段，总线段数是3；4个点时增加了3条线段，总线段数是6；5个点时增加了4条线段，总线段数是10；到6个点时增加了5条线段，总线段数是15。

（2）师：看着这些信息你有什么发现吗？

师也可以提问引导：当3个点时，增加的线段数是几？（生：2条。）那点数是4时，增加的线段数是多少？（生：3条。）点数是5时呢？（生：4条。）6时呢？（生：5条。）那么，你们有什么新发现？

（3）师生共同小结：我们可以发现，每次增加的线段数就是（点数－1）。

我的发现

点数	2	3	4	5	···
增加的线段数		2	3	4	···
总线段数	1	3	6	10	···

［设计意图］"探究活动"贯穿整节课，让学生自己动手操作，通过画一画、猜一猜、数一数、比一比、说一说，激发学生的学习兴趣，加深对所学内容的理解。让学生在活动中体验，在体验中领悟，由具体到抽象，由易到难，自然过渡、水到渠成。在经历了丰富的连线过程之后，整体观察和对比表格中的数据，从而进一步发现每次增加的线段数就是（点数－1），逐步建立数学模型，为后面推导总线段数的算法做好铺垫。

3. 进一步探究，推导总线段数的算法

（1）分步指导，逐个列出求总线段数的算式。

（2）观察算式，探究算理。

师：点数减1的那个数其实是什么数？生：就是每次增加一个点时，增加的线段数。

（3）归纳小结，应用规律。

总线段数其实就是从1依次连加到点数减1的那个数的自然数数列之和。因此，我们只要知道点数是几，就从1开始，依次加到几减1，所得的和就是总线段数。

4. 回应课前的设疑，进一步提升

（1）师：根据这个规律，计算出12个点、20个点能连多少条线段？（学生独立完成）

（2）反馈。课件出示：

2个点共连了 $1+2+3+4+5+6+7+8+9+10+11=45$（条），

20个点共连了 $1+2+3+\cdots+9+10+11=45$（条）。

（3）全班62名学生，每两人握一次手，一共握多少次手，你们能解决这个问题了吗？

（4）师：想一想，计算 n 个点连成线段的条数可以怎样列式？学生独立思考、回答、相互补充得出：$1+2+3+\cdots+(n-1)$。师生共同理解算式的含义：从 1 开始 $(n-1)$ 个连续自然数的和。

[设计意图] 在探讨总线段数的算法时，让学生观察发现这些算式的共有特征：都是从 1 依次加到点数减 1 的那个数，从而让学生明白总线段数其实就是从 1 依次连加到点数减 1 的那个数的自然数数列之和。接着让学生用已建立的数学模型去推算 8 个点、12 个点一共可以连成多少条线段。这样既巩固算法，同时还回应了课前比赛的设疑。最后拓展提升，还原生活，去解决生活中的实际问题。在解决问题的过程中，渗透算法的多样化，并引导学生延用从简到繁的思考方法，从 3 个人开始现场演示，从而加深对算法的理解和应用。整个过程都在让学生逐步地去体会化难为易的数学思想，懂得运用一定的规律去解决较复杂的数学问题。

四、微课拓展，体现算法多样化

（1）师：生活中握手的方式有多种，请同学们观看一段微课视频。（学生观看一段 7 分钟的微课视频。）

（2）活动三：各小组开展"我导你演"活动，体会三种握手方式。

①组内 4 名成员体验用三种方式握手。

②班级内表演三种握手方式。请 8 名学生上台，另邀请 1 名学生指导。师生互动交流中回味三种握手方式。

第一种握手方式：一个一个陆续到场。

先来了两个小朋友 A 和 B，2 个点可以连一条线段，接着第三个小朋友 C 来了，C 要和前面已到场的 A，B 分别握手，这样，就在原来 1 条线段的基础上增加了 2 条线段，3 个点连线的总线段数为 3 条。接着第四个、第五个依次到场，每一个到场的小朋友都要和前面已经到场的人握一次手。

$$1+2+3+4+5+6+7+8+9=45（次）$$

我要握几次手？

第二种握手方式：全部到齐后再握手，不重复地握手。

假定10个小朋友全部到齐后再握手。第一个小朋友 A 握9次手后离开，第二个小朋友和其余的8个小朋友握手，因此，A 和 B 握手的总数为9+8，想一想，C 会握几次手？第四个小朋友 D 呢？我们发现握手总数是从9依次加到1。

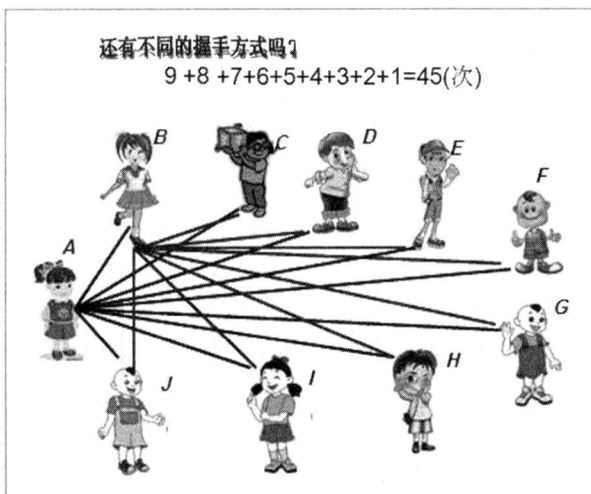

还有不同的握手方式吗？
$$9+8+7+6+5+4+3+2+1=45（次）$$

第三种握手方式：每人都和另外9个人握手。

师：会出现什么现象呢？生：重复握手。师：10个小朋友，每人握9次手，总共握了90次，想一想，90次中有多少是重复的？生：有一半重复了，$90÷2=45$（次）。

师：依照这样的握手方式，有 n 个点可连成的线段数为：$n\times(n-1)\div2$。

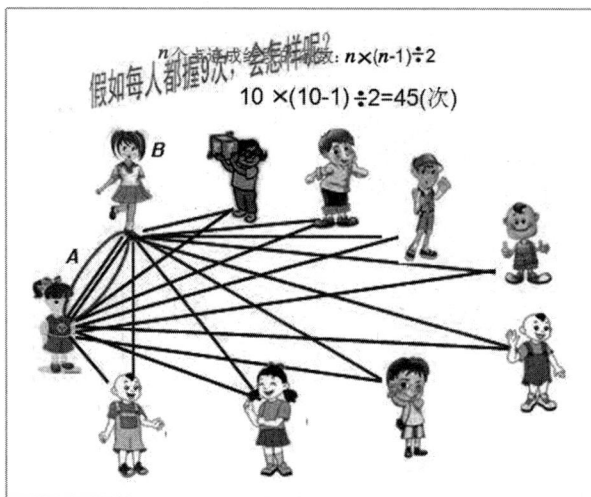

③每人独立完成《自主学习任务单》上的第三关：连一连。

五、巩固练习，提升认识

在我们生活中有许多看似复杂的问题，我们都可以尝试从简单问题去思考，逐步找到其中的规律，从而来解决复杂的问题。接下来你敢接受挑战吗？

（1）课本第 100 页做一做。

（2）课本练习二十二第 4 题。

师：仔细观察表格，你能找出规律吗？请同学们想想多边形的内角和与它的边数有什么关系呢？

六、总结，谈收获

[设计意图] 创设情境—建立模型—解释应用是新课程倡导的课堂教学模式。本节课设计了丰富多彩的数学活动，让学生经历找规律数线段的探究过程。学生从课前的数字规律、图形规律、数形结合规律……在课终进行一次梳理分类，使学生从联系中归纳了分类，概括了数学思想方法，完善了认知结构，洞悉了知识间的内在联系。再回归生活加以应用，提高学生灵活解题的能力，让学生经历数学化的过程，学会思考数学问题的方法，培养学生的数学思维能力。

附：

《数学思考》自主学习任务单

学校： 马鞍山市雨山区山南小学　　　　　执教教师： 王　霞

一、学习指南
1. 课题名称 　　数学思考 2. 学习目标 　　学习微视频《数学思考》中，如何通过观察生活中不同的握手方式，得出 10 个点可以连成多少条线段的三种计数方法。 3. 学习方法建议 　　（1）浏览《自主学习任务单》，了解目标与任务。 　　（2）仔细观看微视频《数学思考》，可随时暂停或重复播放。 　　（3）依据微视频中的三种计数方法，完成学习任务中的练习。 4. 学习资源 　　微视频《数学思考》 5. 课堂学习形式预告 　　教学情境导入，学生示范握手方式，得出不同的计数方法，总结规律，巩固练习。

二、学习任务	
通过观看微视频《数学思考》自学，完成下列学习任务	
［任务］：n 个点可以连成多少条线段？	
本阶段目标	从不同的握手方式中得出 n 个点可以连成多少条线段。
任务描述	第一关：小小游戏 　　请你拿出纸和笔在纸上任意点上 10 个点，并将它们每两点连成一条线，再数一数，看看连成了多少条线段。 　　说说你的感受： 第二关：我导你演 　　邀请 4~5 名小伙伴，让他们每两人握一次手，想想有哪些不同的方法。确定一人指挥，其余小伙伴模拟不同握手的方式。（可以轮流指挥哦。）

任务描述	第三关：连一连 　　有 10 个小朋友参加比赛，每两个小朋友握一次手，一共要握多少次手？请用三种握手方式连线。 方式一： 方式二： 方式三：

拓展思考

　　你喜欢运用那种握手方式解决点线计数问题？想一想，还有哪些问题可以运用微视频中的方法解决。

自我评价

(1) 我觉得数线段的难度是：　　　　　　　　☆ ☆ ☆ ☆ ☆

(2) 我觉得运用握手方式理解数线段的适合度是：☆ ☆ ☆ ☆ ☆

(3) 我觉得自主学习后的掌握程度是：　　　　☆ ☆ ☆ ☆ ☆

三、学习反馈

　　自学的过程中，我的感受是：

遇到的困难	存在的问题

"四维"建模中的"四能"发展

——《探索图形》教学思考

执　　教：马鞍山市山南小学　黄祥凤

案例撰写：马鞍山市山南小学　黄祥凤

微课制作：马鞍山市山南小学　黄祥凤

　　小学数学建模是指小学数学学习中，用模型思想来指导数学教学，不断让学生经历从具体事例或现实原型出发，到逐步抽象、概括建立起某种模型并进行解释和运用，从而加深学生对数学的理解和感受，提升其数学学习能力。虽然数学建模是一个新概念，但是五年级的小学生已经有建模的思想和意识，只不过没有从理论的角度把它概括出来而已。

　　综合与实践课《探索图形》是2014年人教版数学教材小学五年级下册中的内容。这部分内容属于空间与图形领域。对空间与图形的教学，《义务教育数学课程标准（2011年版）》强调"应注重所学知识与日常生活的密切联系，应注重使学生在观察操作等活动中获得对简单几何体和平面图形的直观经验"。

　　探究组合正方体中小正方体的涂色问题，离学生的生活实际比较远，对于小学五年级的学生来说是个极其抽象的几何问题，属于纯数学的问题，学生理解起来很困难。因此这部分知识的学习不能单纯地依赖模仿与记忆，而应该让学生亲身经历将实际问题抽象成数学模型并加以解释与运用的过程。

　　在探索图形涂色规律的活动中，要让学生初步体会建立数学模型的过程，即从具体到抽象、从特殊到一般，逐步揭示图形之间的内在联系，并用数学化的形式表示规律，从而把思维和推理提高到一个更高的层次。在逐渐深入的探讨过程中，要引导学生把握问题的共性，从而得到一般性的结论，鼓励学生用数学语言和模型正确表达发现的规律。

　　探索由小正方体拼成的组合正方体中各种涂色小正方体的数量时，要发现其中蕴含的数量上的规律，以及每种涂色小正方体的位置特征。

1. 从"摸鼻子"情景中发现数学问题

（1）课前设计学生熟悉的"摸鼻子"游戏。让学生脑子里更加清楚地知道各个器官的具体位置，进而延伸并建立"小正方体四种涂色情况的位置特征"这一模型。

（2）设计"小组活动一：摸小正方体"。四种涂色情况各在组合正方体的什么位置，你知道吗？课前我们玩了"摸鼻子"的游戏，现在我们来玩"摸小正方体"的游戏。

通过看表象、摸物体、说发现，从而不露痕迹地帮助学生沟通多种不同的表征形式，帮助学生从直观观察立体图形形象，头脑中建立表象，到最终能够根据直观立体图形进行推理想象，进而归纳出不同涂色面数的小正方体的数量规律，促进学生空间观念的发展，提高学生空间想象能力，化繁为简，为数学模型的建立奠定良好基础。

2. 探究四种涂色情况的数量规律

学生尝试用列表的方式表示出问题，通过观察、想象和推理找出每种涂色情况的小正方体的个数。在尝试的过程中，根据每种涂色情况的位置特征发现他们的数量规律。

（1）学生尝试用列表的方式解决问题。通过观察、想象和推理找出每种涂色情况的小正方体的个数。在尝试的过程中，逐步发现每种涂色情况的位置特征和规律。

在这个教学环节，紧紧围绕"为什么少了两个"这一问题，引导学生思考，借助课件帮助学生建立直观形象支撑，同时借助动作帮助学生理解，这样一来就把动作、形象表征紧密结合起来，有助于学生深入理解正方体的涂色规律，同时也渗透了学习空间几何的方法。

（2）没有涂色的小正方体，藏在大正方体的中心，学生看不见摸不着，是本节课学习的重点，更是学习的难点，因此我特意制作了学具，录制了一段视频。让学生能拆开来真真切切地看到里面，这样学生才能把数学形象、数学语言、数学符号一一对应起来，才有助于学生建立起空间观念，同时也有助于学生探寻适合自己的学习方法。

通过前面几个环节的探究学习，学生已经感受到了几种正方体涂色的情况和棱长之间的关系。而这一环节是通过解决每条棱上有 4 个小正方体的涂色问题，沟通图形语言、文字语言、符号语言、动作语言之间的一一对应关系，引导学生自然而然地得出正方体涂色规律，让学生感受新知识的益处，探寻适合自己的学习方法。从而得出，四种涂色情况与点、线、面、体"四维"是有联系的。

3. 应用模型解决问题

发现规律后，再利用规律找出每条棱上有 5 个、6 个小正方体的组合正方体的涂色情况，加以验证，并进一步应用到更多的大正方体中。

猜一猜：一个正方体，在它的每个面上都涂上红色。三面涂色的有 8 个，每条棱上有几个小正方体？

已知两面涂色的小正方体有 24 个，现在能猜出每条棱上有几个小正方体吗？（两面涂色的找哪里？有 24 个，12 条棱，每条棱的中间有几个两面涂色的？每条棱的中间有 2 个，你知道每条棱上有几个吗？）

4. 数学模型的拓展应用

完成以上任务后，教材进一步拓展，用小正方体摆出其他形状的组合体，利用前面积累的活动经验和方法进行问题解决的探究：这是一个有多个小正方体拼成的长方体，用刚才所学的知识，你能算出两面、一面和没有涂色的小正方体各有多少个吗？

在回忆建模的过程中，帮助学生梳理本节课的知识，形成发现问题、提出问题、分析问题和解决问题的思考过程，掌握探究问题的一般方法，激发学生数学学习的兴趣。

数学建模有助于解决问题，但是最终目的是发展空间观念，形成抽象思维。在整个学习过程中，首先为学生提供一个比较详实的问题背景，对学生不易理解、无法看见的数学知识原形有充分的了解，明确原型的特征，转变成直观表象；同时借助动作和语言建立起表象与数学符号之间的关系，让学生从数学的角度发挥想象，对实际问题进行简化，通过观察获得分析问题和解决问题的一些基本方法。从而，发展学生的数学意识，构建合理的数学模型，解读数学原型，在"四维"建模中发展学生的"四能"。

课题　探索图形

◇**适用年级**　五年级（下学期）

◇**教材再现**

◇**备课思考**

一、研究背景

《探索图形》这部分内容属于空间与图形领域，是一节综合与实践活动课。对空间与图形的教学，《义务教育数学课程标准（2011 年版）》强调"应注重所学知识与日常生活的密切联系，应注重使学生在观察操作等活动中获得对简单几何体和平面图形的直观经验"。然而探究组合正方体中小正方体的涂色问题，离学生的生活实际比较远，因此对于小学五年级的学生来说这是个极其抽象的几何问题，属于纯数学的问题，学生理解起来比较困难。由此可知：这部分知识的学习不能单纯地依赖模仿与记忆，而应该让学生亲身经历化繁为简解决问题的策略，将实际问题抽象成数学模型并加以解释与运用，进一步培养学生的"四能"。

二、学情分析

由于这部分内容学生理解起来比较困难，教学中将采用提问、课件演示、教具直观教学、微课视频等多种方法，让学生大胆地去猜想、发现、推理、交流、汇报，掌握化繁为简解决问题的策略，渗透分类、归纳、推理、模型、数形结合等数学思想。

三、预期目标

[知识与技能] 通过实际操作、演示、想象、联想等形式发现小正方体涂色的位置规律和数量规律。

[过程与方法] 在探索规律的过程中，经历从特殊到一般的归纳过程，获得一些研究数学问题的方法和经验。

[情感、态度与价值观] 在解决问题的过程中，培养主动探索、勇于实践的精神和求真的科学态度，掌握化繁为简解决问题的策略以及分类、归纳、推理、模型、数形结合等数学思想。

[课题研究目标] 通过创设合理的问题情境，渗透模型思想，鼓励学生积极思考，从"点、线、面、体"四个纬度培养学生发现问题，并尝试提出问题、分析问题和解决问题的能力。

四、教学重难点

[重点] 找出小正方体涂色以及它所在的位置规律和数量规律。

[难点] 建立数学模型，拓展运用。

五、教学准备

（1）学生准备：2^3，3^3 和 4^3 的组合正方体。

（2）教师准备：表面涂色的组合正方体、课件、微课视频、实物展台。

◇教学流程

课前活动："摸鼻子"游戏

你怎么指得这么快？有什么窍门吗？（因为我把这些器官的位置牢牢记在心里，所以指得很快。）

[设计意图] 设计学生熟悉的"摸鼻子"游戏，让学生脑子里更加清楚地知道各个器官的具体位置，发现各个器官的位置是固定不变的，为后面探究组合正方体中小正方体四种涂色情况的位置特征做好铺垫。

一、联想导入

（1）复习正方体的特征。教师出示一个小正方体。

师：看到这个小正方体你想到了什么？正方体的面、棱、顶点各有什么特征？

（2）想一想：至少要几个相同的小正方体能拼成一个稍大的正方体呢？

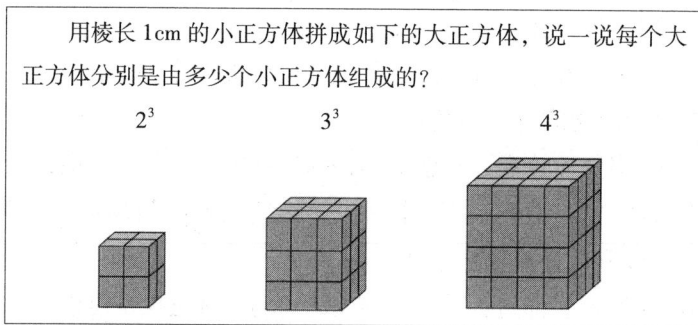

用棱长 1cm 的小正方体拼成如下的大正方体，说一说每个大正方体分别是由多少个小正方体组成的？

2^3 3^3 4^3

今天这节课我们就来探究组合正方体中小正方体的知识。（板书课题：探索图形）

二、探究新知

1. 位置规律

（1）深入理解"四种情况"。

如果把 3^3 的正方体的表面全部涂上颜色，请想一想：每个小正方体的表

面涂色会出现什么情况？（板书：三面涂色、两面涂色、一面涂色、没有涂色）

三面涂色的在什么位置？（顶点）

两面涂色的在什么位置？（棱的中间）

一面涂色的在什么位置？（面的中间）

没有涂色的在什么位置？（内部）

（2）小组活动一：摸小正方体

四种涂色情况各在组合正方体的什么位置，你知道了吗？课前我们玩了"摸鼻子"游戏，现在我们来玩"摸小正方体"游戏。（出示大正方体学具）

游戏规则：一人拿起桌上的正方体，其他学生快速地摸一摸。

（3）总结：谁能将这四种情况的位置完整地说一说？

三面涂色的在正方体的顶点位置；两面涂色的在正方体每条棱的中间；一面涂色在正方体每个面的中间；没有涂色的在正方体的内部。

[设计意图] 在小组合作中，学生可以借助指一指、摸一摸、说一说、想一想、找一找等方法观察三个不同的正方体，通过看表象、摸物体、说发现，从而不露痕迹地帮助学生沟通多种不同的表征形式，为后继学习奠定良好基础。

2. 数量规律

（1）数一数 3^3 的正方体四种涂色情况的个数。

三面涂色的在什么位置？（顶点）多少个？（8个）

两面涂色的在什么位置？（棱的中间）多少个？（12个）

12 个是怎么得到的？ $1 \times 12 = 12$ 中的 1 和 12 各表示什么意思？

一面涂色的在什么位置？（面的中间）多少个？（6个）

6 个是怎么得到的？ $1 \times 6 = 6$ 中的 1 和 6 各表示什么意思？

没有涂色的在什么位置？（内部）多少个？（1个）

1 个是怎么得到的？

生1：想象出来的。

生2：用总数减去三面、两面、一面涂色的个数得到的。

（2）小组活动二：填表、找规律

小组活动二：

活动要求：用自己的方法填出正方体中三面、两面、一面涂色的小正方体的个数。

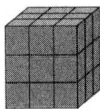
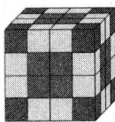

①　　　　②　　　　③　　　　④

	三面涂色的块数	两面涂色的块数	一面涂色的块数	没有涂色的块数
①	8			
②	8			
③	8			
④				
⑤				
⑥				

（Ⅰ）出示小组活动二任务单，请同学们拿出④号正方体，用自己的方法将任务单中④号正方体中三面、两面、一面和没有涂色的小正方体的个数填出来。

（Ⅱ）学生小组活动。

（Ⅲ）小组汇报。

三面涂色的有多少个？为什么？因为三面涂色的在顶点的位置，正方体有 8 个顶点，所以三面涂色的有 8 个。

两面涂色的有多少个？你是怎么得到的？$2 \times 12 = 24$ 中的 2 和 12 各表示什么？棱长中间的 2 个是用 $4 - 2$ 得到的，所以两面涂色的就用算式 $(4 - 2) \times 12 = 24$ 来表示。

一面涂色的有多少个？你是怎么得到的？$4 \times 6 = 24$ 中的 4 和 6 各表示什么？每面中间的 4 个是用 $(4 - 2)^2$ 得到的，所以两面涂色的就用算式 $(4 - 2)^2 \times 6 = 24$ 来表示。

[设计意图] 在这个教学环节，紧紧围绕"为什么少了两个"这一问题，引导学生思考，借助课件帮助学生建立直观形象支撑，同时借助动作帮助学

生理解，这样一来就把动作、形象表征紧密结合起来，有助于学生深入理解正方体的涂色规律，同时也渗透了学习空间几何的方法。

没有涂色的有多少个？你是怎么得到的？用总数减去三面、两面、一面涂色的个数得到的。$64-8-24-24=8$

（3）还有不一样的方法吗？请同学们看大屏幕，仔细观察。（播放微课视频）

没有涂色：$2^3=8$（个） $3^3=27$（个）

小结：通过观看视频，得知没有涂色的还可以用算式 $(4-2)^3=8$ 来表示。

［设计意图］没有涂色的小正方体，藏在大正方体的中心，学生看不见摸不着，是本节课学习的重点，更是学习的难点，因此我们特意制作了学具，让学生能拆开来真真切切地看到里面，这样学生才能把数学形象、数学语言、数学符号一一对应起来，才有助于学生建立起空间观念，同时也有助于学生探寻适合自己的学习方法。

（4）将②号和③号正方体两面、一面、没有涂色的用算式表示出来。

②号：$(2-2)\times12=0$　　$(2-2)^2\times6=0$　　$(2-2)^3=0$

③号：$(3-2)\times12=12$　　$(3-2)^2\times6=6$　　$(3-2)^3=1$

（5）仔细观察表格，你发现了什么？

如果棱长是 6 厘米，两面涂色的怎么列式呢？$(6-2)\times12$。

如果棱长是 n 呢？$(n-2)\times12$。

［设计意图］通过前面几个环节的探究学习，学生已经感受到了几种正方体涂色的情况和棱长之间的关系，这一环节通过解决棱长是 4 厘米的正方体的涂色问题，沟通图形语言、文字语言、符号语言、动作语言之间的一一对应关系，引导学生自然而然地得出正方体涂色规律，让学生感受新知识的益

处，探寻适合自己的学习方法。

（6）总结计算方法：如果棱长为 n，两面、一面、没有涂色的用算式怎么表示呢？

用棱长1cm的小正方体拼成如下的大正方体后，把它们的表面分别涂上颜色。⑤、⑥号正方体中，三面、两面、一面涂色以及没有涂色的小正方体各有多少个？

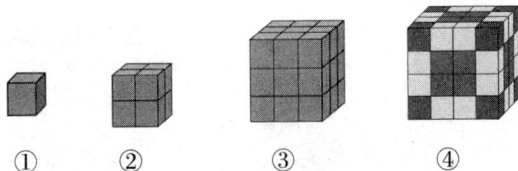

	三面涂色的块数	两面涂色的块数	一面涂色的块数	没有涂色的块数
②	8	$(2-2) \times 12$	$(2-2)^2 \times 6$	$(2-2)^3$
③	8	$(3-2) \times 12$	$(3-2)^2 \times 6$	$(3-2)^3$
④	8	$(4-2) \times 12$	$(4-2)^2 \times 6$	$(4-2)^3$
⑤	8	$(5-2) \times 12$	$(5-2)^2 \times 6$	$(5-2)^3$
⑥	8	$(6-2) \times 12$	$(6-2)^2 \times 6$	$(6-2)^3$
…	…	…	…	…
⑩	8	$(n-2) \times 12$	$(n-2)^2 \times 6$	$(n-2)^3$

三、拓展练习（模型的运用）

活动一：猜一猜

（1）一个组合正方体，已知三面涂色的小正方体有8个，组合正方体每条棱上有（无法确定）个小正方体。

（2）一个组合正方体，已知两面涂色的小正方体有24个，组合正方体每条棱上有（4）个小正方体。$24 \div 12 + 2 = 4$（个）

活动二：想一想

组合长方体中小正方体表面涂色有几种情况？各在长方体的什么位置？你能运用组合正方体中的位置规律和数量规律解决组合长方体中的问题吗？

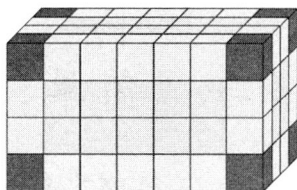

[设计意图] 在回忆所学知识的过程中，帮助学生梳理本节课的知识，形成探究问题的思考过程，掌握探究问题的一般方法，激发数学学习的兴趣。

四、课堂总结

说说今天的学习给你带来什么思考？

◇学生实践活动现场

在"复杂"与"简单"之间穿行

——《植树中的一一对应》教学思考

执　　教：马鞍山市四村小学　殷晓丹

案例撰写：马鞍山市四村小学　殷晓丹

传统的《植树问题》的教学方法，往往先在短距离的路上植树，然后引导学生观察得到实际数据，发现其中的规律，抽取数学模型，最后应用规律解决实际问题。学生在列举的演绎中，很容易发现规律。然而随着植树方案的不同，对应的数学模型、规律均不同，在这种方法的引导下，学生解决植树问题，显然需要花费更多的记忆成本。最终的效果反映出只是学生在机械地应用，思维的灵活性没能得到应有的发展。本节课是以植树问题为载体，运用一一对应思想解决植树问题的综合实践活动课。

1. 一一对应思想对于植树问题的意义

事实上，植树问题的本质就是对应问题。只要明确了间隔与树之间的对应关系，突出一一对应的思想，再以此为基础并通过适当变化就可以应对各种变化情况。因此，真正重要的是一一对应的数学思想，要用一一对应思想统领课堂。课中由一一对应得到三种情况下的数量关系，更显思维灵活性的魅力。所以，运用一一对应的思想去教学植树问题，最核心的就是引导学生从间隔和树之间的对应关联中求解、求变，这对培养学生分析问题的意识和提高学生解决问题的能力很有实战价值。

2. 一一对应思想的践行

导入设计隐形渗透间隔的概念。本节课是从比较两种物品的多少开始，随着物品摆放形式的变化（由一种一种地摆，到间隔地摆放），学生会自然而然地选择一一对应的方法来比较，初步、直观地体会到一一对应在比较间隔摆放的物品中的优势。

导入片断精心设计了"比多少"的情境，从分类摆放到间隔摆放，从有限个数到无限个数，不只是摆放形式的变化，量的增多，更是质的提高。不知不觉中，学生从中体会到了一一对应思想的妙处。

"间隔"含义的理解是本节课的重难点之一，导入中斧头的摆放由原图的竖着放转换成横着放，无形中"间隔"表象悄然呈现，当植树问题中再出现抽象的"间隔"概念时，学生似曾相识，对概念的认同感和内化意识明显增强。运用一一对应思想解决植树问题中的核心就是比较间隔数与棵数的多少，因此在导入中隐形渗透"间隔"的感性材料，就为一一对应的运用埋下厚实的铺垫。

（1）简单、直接的过渡凝聚了数学思维的本质内涵。

数学的最高境界就是让复杂的问题简单化。导入之后，在比较的基础上提出了一一对应，就直奔主题。这节课要运用一一对应的思想方法解决三类植树问题，从而培养学生思维的灵活性；而善于求联、求变，将不同的情况联系起来加以考查，并能通过适当变化以核心内容去带动其他内容，则是具体的实现途径。一一对应无疑就是统领本节课目标与手段的最佳选择。而简单、直接的过渡，去芜存菁，传达给学生清晰明了的信息。没有一点修饰和包装，提高了课堂新授部分的效率，为后面从容应对运用一一对应可能遭遇的意外情况预留足够的时间和空间，同时也尽显了数学的简洁之美。

（2）斟酌数据，创设一一对应思想使用的情境。

一开始给的数据就比较大，学生难以想象出树全种完后会出现棵数与间隔数不对应的情况。大多数学生会用 $100 \div 5 = 20$ 来计算就以为做完了。诚然，这样想也不是没有一定的道理，但真正的算理是什么呢？那一定是需要孩子们自己思考、自己发现的。因此，设计了求间隔数、摆间隔的教学环节。

间隔片断的设计至少考虑了两个方面：①直接提出求间隔数的问题，降低了学生思考的门槛，引导学生有效思考的方向，规避了诸多思维乱象，给学生营造了一个可以分析问题的情境。②摆间隔的操作，很自然地把前面导入部分的省略号用上了。正是这个省略号，给学生创设了"只有运用一一对应的方法，才能比较间隔数和棵数"的思考背景。

省略号的应用，一是简洁清晰地用数学语言表达了间隔排列的规律；二是直观地呈现出无限多的数学环境，只有在无限多的情况下，学生才能认识到一一对应的妙处，才会主动运用一一对应的思想方法去探究问题。

（3）运用一一对应的方法验证猜想，是一一对应思想渗透成功与否的试金石。

一定要让学生自己动手自己对应，在对应的过程中，教师注意省略号的前后对应，适当加以引导。学生自己一一对应的过程也是从有限到无限的延伸过程。教师自制的教具（代表树和间隔的磁条）一定要醒目、形象、明了。自制教具与课件相比较，它的优势在于操作性更强，示范性更直观，孩子们非常喜欢示范；在摆的过程中，其他学生都能认真地观看、积极地思考，只要自己认为有问题的，都会踊跃要求上来纠正，真正做到了"兵教兵"。

充分利用一一对应方法，提高学生分析问题的能力，实现自我纠错、自主学习的目标。《植树问题》中运用一一对应的方法说到底就是把间隔和树一一对应起来比较，在这个环节的教学中，曾遭遇了小小的"意外"：有一名学生说她栽了22棵，顿时整个课堂一下子就凝固了，怎么办？将计就计！请她把树和间隔再对应一遍，完全放手，自我纠错，自主学习。我想这一次的经历对于所有的孩子都是一次深度全面运用一一对应方法的体验。

（4）运用一一对应的思想方法，探究出三种植树问题的规律，再运用探究出的规律去解决相应的问题，才是本节课的落笔点睛之处。

巩固练习中，着重练习数量关系的运用，包括变式逆应用，进一步加深间隔数和棵数之间关系的理解。当植树方案不同，对应的数学模型、数量关系均不同，而且随着时间的推移，三种数量关系的区别渐渐地模糊不清，到底是加一还是减一呢？还是不加不减呢？此时，学生只要运用一一对应的方法把间隔和树对应一下，就很容易重新找出数量关系。当我们成功地通过本节课把一一对应的思想深深地植入学生的思维深处时，他们随时可以轻松地确定三种植树问题的数量关系，大大地节约了思考时间，优化了学习方法，真正地实现用数学思想引领数学学习的理想境界！

《植树问题》是一节非常经典的课例，其中蕴含的数学思想远不止一一对应，所以该问题吸引了许多教师不厌其烦的研究。我认为可以这样看待我们的研究：教学设计需要关注到每一个细节，是一项复杂而又周密的系统工程，而教学过程需要我们呈现给学生的是越简单越好。因此，我们的教学研究有时就是在"复杂"与"简单"之间的穿行。

课题　植树中的一一对应

◇**适用年级**　四年级（下学期）

◇**教材再现**

◇**备课思考**

一、研究背景

植树问题是小学四年级中的经典数学问题，经过几轮教学、练习辅导后，通过剖析教学效果的反馈和后续训练中存在的问题，我试图从数学思想层面上去寻求解决问题的策略，为此在本次的教学活动中，采用了有别于教材提供的思维方法，做了一次小小的尝试。本节课是以植树问题为载体，运用一一对应思想解决植树问题的综合实践活动课，冀希梳理多年来对植树问题的点滴思考和探究，也为今后的教学累积有益的经验。

二、学情分析

四年级的学生已经有一定的抽象思维能力，《植树问题》的传统教学方法，利用了数学中常用的演绎思想，即由一些简单实例的解决，发现其中蕴含的数量关系，从而总结出具有共性的结论。在这种解决问题思想的指导下，学生从表象到抽象，从具体到一般，从微观到宏观，去认识和理解植树问题中的数量及其相互之间的关系。但是随着学习的深入，出现了不同类型的子问题，学生便混淆之间的区别，常常张冠李戴。

植树问题的子问题看似都有不同的数量关系，但当把它们统一到植树棵数和植树间隔数相互对应上时，问题就变得很简单。把复杂的问题简单化，正是数学的魅力所在！

三、预期目标

[知识与技能] 运用一一对应思想探究出植树问题的数量关系，并能运用数量关系解决植树问题。

[过程与方法] 通过树与间隔对应的比较，渗透一一对应思想，初步培养学生在数学思想的指导下解决实际问题的能力。

[情感、态度与价值观] 在画图植树活动中，培养学生积极参与数学活动，主动探究数学规律的良好学习品质，感受其中蕴涵的数学思想和方法。

[课题研究目标] 通过创设合理的问题情境，引导学生运用"一一对应思想"发现问题，并尝试提出问题、解决问题。

四、教学准备

（1）学生准备：1 支黑色笔。

（2）教师准备：每个单元小组 1 张操作纸、一副植树线段图、6 根磁条线段、8 棵磁条小树、1 把直尺、1 支黑色水彩笔、课件、实物展台。

◇教学流程

一、游戏导入

出示：比眼力，熊大和斧头哪个多？

1. 第一环节

（1）

（2）

指名学生回答。

师指第二幅图介绍：这种方法叫一一对应。（板书：一一对应）

2. 第二环节

（1）

（2）

（3）

学生运用一一对应的方法来比较上面三个问题中的大小关系。

师：下面我们就运用一一对应的方法来研究植树问题。（板书课题）

[设计意图] 熊大是学生熟悉喜爱的卡通形象，比较熊大和斧子的多少，一下子就引起了学生浓厚的兴趣。第一环节的比较，先是分类出现熊大和斧子，后是间隔出现熊大和斧子，学生初步体会间隔排列的物体运用一一对应的方法比较的好处；第二环节的比较，从有限延伸到无限，学生认识到如果用数的方法行不通，只能用一一对应的方法。两个环节层层递进，学生较深刻地体验到一一对应的应用价值所在。

二、例1教学

1. 建构"间隔"概念

（1）出示例题：同学们在全长100米的小路一边植树，每隔5米栽一棵。

（2）分析题意：在100米长的小路一边，每隔5米栽一棵。

①两棵树之间的部分称为间隔，5米就是间隔长。（板书：间隔）

②用磁块代表5米的间隔。（师把两个间隔磁块贴在黑板上。）

③板演操作：学生摆磁块植树。

师：现在想把第一棵树种在这（师指原来第二棵的位置），下一棵种在哪？（师拿走左端一棵。）

（3）求间隔数，简便方法呈现所有间隔。

师：把这20个间隔摆一摆。（师摆两个后）现在没有这么多间隔，就用省略号来表示吧。

[设计意图] 间隔概念的建构，是解决植树问题的关键所在，通过形象直观的操作，学生已经比较生动地认识了间隔，初步感受到间隔长、间隔个数。

2. 猜想验证

（1）猜想。请你猜一猜需要几棵树？

（2）验证。师：猜得是否正确呢？同桌为一组，讨论一下，把你们猜的在纸上画一画，齐读操作要求。（学生活动，教师巡视，注意指导三种栽法，每一组的同学按照操作要求来画。）

（3）交流汇报。

①师指名一组问：你们组一共需要几棵？

生：21棵。

师：请上来把你们的方案在黑板上摆一摆。

②学生摆完后，列式：20 + 1 = 21（棵）。（师板书）

③引导学生分析算理。

最后1棵树没有间隔对应，树比间隔多1。教师带领学生一一对应，得出：间隔数 + 1 = 棵数。

[设计意图] 学生一边摆一边说，一棵树一个间隔，一棵树一个间隔，……强化树和间隔的对应关系，树和间隔之间的数量关系就自然生成了。

④分析一共栽20棵的算理。

学生运用一一对应，得出：间隔数 = 棵数。

[设计意图] 前面环节学生在教师的指导下操作，这个环节学生应该能顺利完成操作。

[课堂生成] 有学生起端不种，末端种。教师因势利导这两种栽法可合并为"只栽一端"，它们的对应结果一样，数量关系也相同。

⑤分析栽19棵的算理。

学生拿走端点栽的树。

师：现在树和间隔又怎样呢？

生：树比间隔少1。（师板书）

学生主动一一对应，得出：间隔数 - 1 = 棵数。

[课堂生成] 有学生提出需22棵，教师让学生自己上来把22棵的方案摆出来。学生在一边摆、一边对应的过程中，成功地自纠错误，效果非常好。全班同学获得的感性认识更强：植树问题只有三种栽法！！！

3. 归纳总结，得出规律

（1）第一种栽法，棵数和间隔数的关系。

学生指出需要21棵，树比间隔多1。（或：间隔数 + 1 = 棵数）

（2）第二种栽法，棵数和间隔数的关系。

学生说需要20棵，树和间隔一样多。（或：间隔数 = 棵数）

（3）第三种栽法，棵数和间隔数的关系。

学生说需要19棵，树比间隔少1。（或：间隔数 - 1 = 棵数）

（4）比较三种栽法的区别。

生：第一种是两端都栽，第二种是只栽一端。

师：后面的我们称之为"只栽一端"。前面的就叫"两端都栽"（板书：只栽一端　两端都栽）

师：第三种呢？

生：两端不栽。（板书：两端不栽）

[设计意图] 有了树和间隔对应的数学模型，再归纳三种植树情况下的数量关系，大大降低了复杂度，节约了思维成本，学生的一一对应思想悄然根植。

三、巩固练习

[设计意图] 一一对应思想帮助学生发现植树问题的数量关系，而练习是运用总结出的数量关系来解决问题，这也是数学学习的目的，因此在练习中要有意识淡化一一对应，强化数量关系。

1．练一练

（1）工人师傅沿 180 米的街道一边植树，每隔 6 米栽一棵（只栽一端），一共栽了多少棵？

（2）在一条长 500 米的马路一边架设电线杆，每隔 5 米架一根（两端不架设），算一算，一共需要多少根电线杆？

师：男生做第（1）题，女生做第（2）题。

男生口答算式，女生评价；女生口答算式，男生评价。（评价时，师问：为什么"减 1"？）

[设计意图] 两道题明确指出是哪种栽法，学生不需要判断，着重强化学生对两种数量关系的理解与记忆，因此把分析重点放在为什么加 1 或减 1 上。而采取分组完成的形式，激发学生积极思考，主动运用新学的数量关系的意识。

[课堂生成] 当男生回答第（1）题时，女生比男生更关注，因为她们是在更短的时间内做出判断；反之女生回答第（2）题时，男生也是更加积极思考，极大地调动了学生学习的兴奋度。

2. 比一比

80 米长的林荫大道一侧从头到尾等距离地放着 5 个垃圾桶。	两端种
教学楼前 20 米的道路一旁摆放鲜花（靠墙一端不放），相邻两盆花之间的距离 2 米。	只种一端
相距 40 米的两棵大树之间补栽 5 棵小树，每 2 棵树的间隔距离相等。	两端不种

[设计意图] 属于哪一种栽法，审题时学生往往容易忽视，在初步独立解决两道题后，设计这样的练习，把判断栽法提高到一定的层次，学生此时的思维很活跃，因此也给他们留下了深刻的印象。

[课堂生成] 学生判断后会自觉地说出理由，而且还能说说自己的审题心得，非常有意思！

3. 填一填

四年级一班同学上体育课，15 人站一横排，每两人之间的距离是 2 米。

（1）这里把（　　　）看作树，每两人之间的距离 2 米就是（　　　）长。

（2）15 人之间有（　　　）个间隔。

这一横排有多长？请你列式解决。两名学生口答后，全班在随堂本上列式。

[设计意图] 本题的填空部分试图引导学生迁移运用知识，另外一层用意是通过填空的铺垫，降低最后问题的难度，帮助学生实现自我分析问题。

[课堂生成] 关于算式"15×2－2"，学生是这样说的：假设 15 棵树就有 15 个间隔，那么长是"15×2"，但是最后一棵树没有间隔来对应，所以要"－2"。该方法既简单又巧妙！

4. 选一选

明明在两个小屋之间的小路一边种树，小路全长 21 米，每隔 3 米种一棵，要种多少棵树？正确的解答是（　　　）

(1) $21 \div 3$　　　　(2) $21 \div 3 + 1$　　　　(3) $21 \div 3 - 1$

　　$=7$（棵）　　　　　$=7+1$　　　　　　　$=7-1$

　　　　　　　　　　　　$=8$（棵）　　　　　　$=6$（棵）

学生独立思考后，同组互相交流讨论一下。

师：为什么"减1"？生：两端都不栽，棵数比间隔数少1。师：判断非常准确，再来！

[设计意图]"两小屋之间"情境的想象是判断哪种栽法的关键，尽量由学生的语言勾勒出数学情境，对于全班学生提升理解分析能力是很有益的。

[课堂生成] 有学生选择答案（2）后，立即引发了激烈的讨论，许多学生争先恐后要求发言，非常希望把自己的分析说出来，在这样的活动中，孩子们获得的数学体验真实而深刻。

5. 做一做

一根红绳总长180厘米，每隔20厘米穿一只千纸鹤，总共有多少只千纸鹤？

（1）生默读题，独立列式完成，指名回答。

（2）引导学生说出想法。

绳子的顶端没有千纸鹤，而底端有千纸鹤，只数等于间隔数。

师：你认为它相当于什么栽法？生：只栽一端。

[设计意图] 本题是只栽一端，有别于前面几道题，这样的设计使训练类型更完整。

[课堂生成] 第一个回答的学生把本题看作是两端都栽，第二个学生看作只栽一端，但为什么是只栽一端，而不是两端都栽，道理说不清楚。下面有不少学生困惑，后来有一个学生指出图中的"▨▨▨▨▨▨"表示墙顶，因此顶端不能穿千纸鹤，说得非常好。课后了解到这个学生是从课外书中知道一般用"▨▨▨▨▨▨"表示墙顶或地面。

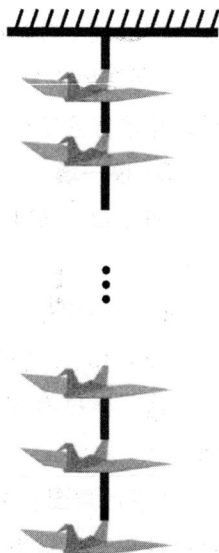

四、全课总结

师：真不错，你们已经能够熟练正确地解决这些植树问题了！

师：看看板书，回想一下，有什么收获？学生自主总结。

师：生活中还有哪些问题跟植树问题类似呢？（路灯问题、锯木问题、楼梯问题、摆花盆问题）

［设计意图］全课总结往往流于形式，主要是老师在重复重要内容，因此在构思总结时，力争调动学生多种感官，用自己的语言，发自内心地总结。第一，看着板书回想，这样总结有依据；第二，直接问"用什么方法来记忆棵数与间隔数关系？"学生回答很简练，更容易点睛本节课的数学思想方法。而用图片的形式介绍跟植树问题类似的问题，既是普及数学文化、拓宽数学视野，也是为后续的练习做一个铺垫。

五、课堂延伸

圆形滑冰场的一周全长是 150 米。如果沿着这一圈每隔 15 米安装一盏灯，一共需要装几盏灯？

（1）出示图片。

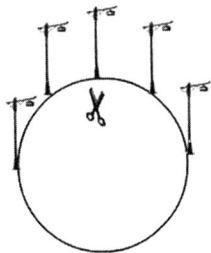

（2）学生在随堂本上解答。

（3）指名回答，学生自由发表意见。

生：$150 \div 15 = 10$（盏）。用一个对一个的方法可以看出间隔数与盏数相等。

师：圆形是封闭图形，我们能不能把它转化成已经搞懂的植树问题呢？

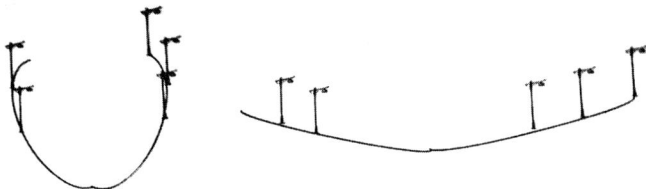

师：动态演示剪开后成了哪种栽法的植树问题了？

［设计意图］课堂延伸，首先是运用本节课的核心思想方法来解决该题，其次又有变式拓展，向后面的学习延伸。

[课堂生成] 此时间隔数就是棵数，学生运用的是一一对应的方法，是在封闭图形里具体地一一对应。当数量较多时，无法直观全部显示出来，学生的想象就有些困难，因此当出现一把剪刀，有些学生很快就领悟到剪开，转化成只栽一端。当动画显示后，所有的学生都明白了，封闭图形的植树问题也就圆满地解决了。

学科知识的交叉综合，
增强学生的问题意识

灵活取舍，设问搭建探究桥梁

——《邮票中的数学问题》教学思考

执　　教：马鞍山市山南小学　黄祥凤

案例撰写：马鞍山市山南小学　俞洁文　黄祥凤

郑毓信教授说过："作为课程改革的一个方面，现行的任何一种教材都不能被看作是完全理想的，它必然有一个发展和改进的过程，广大一线教师不仅可以而且也应在这一过程中发挥重要的作用。"如此来看，任何教材都不是完美无缺的，我们一线教师可以对教材进行二次开发和创新建构，但要坚持在深度研读时寻觅空间，在反复斟酌后定夺取舍，力求在使用中实现优化，更贴合本班学生的发展需求。

1. 读懂教材——明确方向定目标

读懂教材每一段文字、每一幅图画背后的含义。读懂教材要教什么：①确定每封信函应付的邮资。之后的练习，不到20g寄望本市、45g寄往外地怎样贴邮票？（怎样贴邮票与要多少邮资的区别？计算与计算后的组合。）

读教材标注：②最多只用3张邮票，来支付不超过100g的信函邮资。教材提出四个有导向性的小问题：可能的资费？0.8，1.2能用3张支付的是？不能支付的是？再增加面值？

本课选取与学生生活联系密切的寄信活动为素材，通过探究如何确定邮资、如何根据信函质量支付邮资等活动，综合应用所学的知识和方法解决实际问题。一方面巩固所学的组合知识，加深对所学知识的理解，另一方面让学生通过归纳、推理获得运用数学知识解决问题的思考方法，体会数学知识和方法在解决实际问题中的作用，培养研究和解决问题的意识和能力。

2. 读懂学生——了解学生定方法

本课所涉及的知识与技能：

（1）课前预习，查阅与邮票相关的知识，考查学生学习习惯和通过不同渠道获取知识的能力。

（2）阅读表格，分析获取信息的能力。（确定每封信函应付的邮资。）

（3）巩固所学的组合知识。（0.8，1.2 能用 3 张支付的最小邮资是 0.8、最大邮资是 3.6、中间……）

（4）掌握归纳、推理能力。（0.8，1.2 不能用 3 张支付的时候再增加面值，6 除以 3，面值为 2 元）

（5）运用数学知识解决问题的思考方法，体会数学与邮票折射出的文化，体现个人素养。

邮票的基本功能是邮资凭证，把它贴在邮件上，起到邮资已付的证明作用。由此派生出来的功能是：画面具有广泛的主要的宣传作用；是国家主权的重要标志，成为权力的象征；是智慧的结晶，加之构思、印刷精湛，成为精美的艺术品；进入集邮领域后，是知识的海洋，形象的百科全书，具有艺术品的收藏价值；进入集邮市场，又具有特殊商品的属性，是国家发行的邮资凭证，成为有价证券；是历史进程的记录，人类社会发展的缩影，具有历史文物、历史研究资料的属性。

通过前测卷已发现大部分学生对邮政资费表理解不是很清楚，所以课中要在帮助学生理解邮政资费表上下足功夫。

3. 灵活取舍——搭建桥梁促探究

教师用书上对于本节课教学提出如下建议：依次分 3 个专题进行探讨。①确定每封信函应付的邮资。②最多只用 3 张邮票来支付不超过 100g 的信函邮资。③最多只用 4 张邮票来支付不超过 400g 的信函邮资。

用活教材，就是以教材作为原型和范例，在依托和尊重教材的基础上，根据实际需要对教材进行适度的取舍增补。

（1）用教材，而不是教教材，教材是一个例子。邮票与小学生生活的联系没有编者所想的密切。因此课前预习，查阅与邮票相关的知识，教师应拟定预习提纲，让学生有针对性地预习。如：邮票的起源、种类、作用、本埠、外埠、首重、续重的含义等。

（2）问题激发兴趣。"找不同，猜邮资"：第一封寄往马鞍山市——本市；第二封寄往合肥市——外市。这一活动，让学生产生了强烈的认知冲突，意在让学生发现问题——目的地不同，邮资为什么相等？接着学生能提出问题——邮资与目的地、信函质量有什么关系呢？邮资怎么计算呢？从而引发学生的探究欲望。

（3）确定每封信函应付的邮资。练习：

①第一封信不到 20g，寄给本市的朋友要贴多少钱的邮票？

②第二封信有 45g，寄往外地要贴多少钱的邮票？

③第三封信有 120g，寄往本地要贴多少钱的邮票？（让学生产生认识突破——超过 100g 怎么计算邮资）

补充 120g 寄望本地、外地怎样贴邮票？深化学生对该表格的理解。教师应抓住有效生成，通过 120g，201g 邮资计算明确，如果邮件重量尚未超出首重，就按首重资例收费；如果超过首重，首重部分按首重资例，续重部分按续重资例，然后二者相加收费。

（4）教材容量过大，对学生思维提出较高要求。问题③最多只用 4 张邮票来支付不超过 400g 的信函邮资。这一问题在课中不一定有充分时间让全班学生思考掌握，所以放在后测卷中解决。课后有充足的时间，学生找一找生活中有没有自己设计的邮票面值。虽然满足条件的邮票组合很多，但邮政部门在发行邮票时，还要从经济、合理、方便、实用等角度进行考虑，从而确定合理的邮票面值组合，这与人民币的面值组合的道理类似。

（5）课中增加当前生活中常见的数学问题，如：阶梯式水价、电话计费。让学生了解生活中处处有数学问题。

《邮票中的数学问题》一课，教师对教材进行灵活取舍，通过问题解决的过程，培养了学生运用数学知识探究解决实际问题的综合能力。

课题　邮票中的数学问题

◇**适用年级**　六年级（下学期）

◇**教材再现**

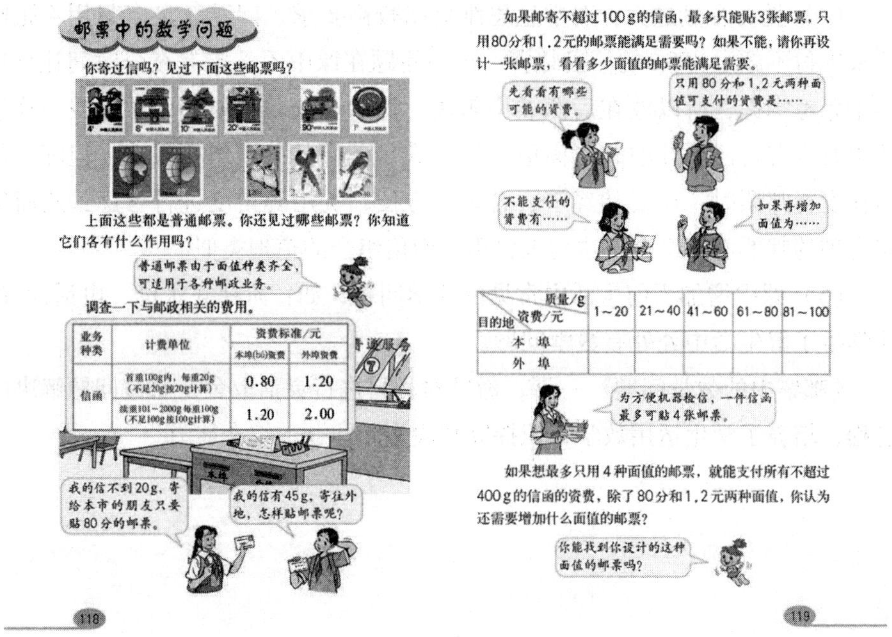

◇**备课思考**

一、研究背景

本节课是 2013 年人教版数学教材小学六年级第十二册综合应用中的内容之一，在综合应用单元中安排了"有趣的平衡、设计运动场、邮票中的数学问题"三个内容。本节课以学生生活联系密切的寄信活动为素材，在五年级上册"数学广角"中已经了解了寄信的过程，本活动将对寄信进行更深一步的学习，通过探究如何确定邮资、如何根据信函质量支付邮资等活动，巩固所学的组合知识，培养归纳和推理能力。本节活动课的知识基础是：小数的计算、邮票的基本知识。阶段性目标追求数学与人文科学的结合。

本单元旨在帮助学生综合运用已有的知识和经验，经过自主探索和合作交流，解决与生活经验密切联系的、具有一定挑战性和综合性的问题，以培养学生解决问题的能力。

二、学情分析

本节课是一节综合应用课，学生经过第一学段（一至三年级）以"实践活动"为主题（主要强调"实践"，强调数学与生活经验的联系）和第二学段（四至六年级）以"综合应用"为主题的学习后，在小学阶段最后安排的一个学习内容。经过六年训练，大部分学生对数学知识有一定的主动探索意识并能与同学进行默契合作交流；只是有的学生动手操作能力较差，独立解决问题的能力也比较弱；少部分学生还存在着依赖性。

三、预期目标

[知识与技能] 了解邮票的作用，理解、掌握邮政资费的方法，掌握确定邮资的两个因素。

[过程与方法] 通过交流与互动、观察与填表和看书与自学的学习活动逐步培养学生分析、推理、归纳和总结等数学能力，并从中进一步感受数学与生活的紧密联系。

[情感、态度与价值观] 培养学生的审美意识，感受数学在生活中的价值。

[课题研究目标] 数学思想的感悟和实践经验的积累，主要是依赖学生亲自参与其中的数学活动，依赖学生的独立思考。用数学的眼光观察生活中的事情，综合运用数学知识解决问题并带着问题走出课堂，将课内的兴趣延伸到课外，使学生产生自主学习的需要，提高学生分析与解决问题的能力。

四、教学重难点

[重点] 掌握不同邮件的资费办法，理解确定邮资的两大因素；树立分段思想并应用于解决生活中的问题。

[难点] 不同邮件的资费标准；理解确定信函邮资的方法，探究合理的邮资支付方式。

五、教学准备

课件、各种面值的邮票、信封。

◇教学流程

一、情境导入，了解邮票

（1）课件出示：美丽的邮票（展示自己收集的邮票）。

哪些同学在生活中见过邮票？哪些同学曾经使用过邮票？你知道关于邮票的哪些知识？（现在通讯发达了，寄信的人少了，但是人们还是喜欢邮票，那是因为邮票既有收藏的价值又设计的精美。）

（2）邮票上的数字有什么作用？邮票中隐含了什么数学问题？今天我们就带着这些问题一起去探究邮票中的数学问题。（板书课题：邮票中的数学问题）

[设计意图] 首先欣赏美丽的邮票，然后播放邮票诞生的故事，音视结合，吸引学生注意力。在了解邮票的过程中，激发学生的兴趣，同时让其感受数学美。

二、探究确定邮资的方法

1. 本埠与外埠

（1）观察这两封信，你有什么发现？（生：目的地不一样，没有贴邮票。）

（2）观察你自备的信函，同桌互相说一说它是寄往本埠还是外埠。

（3）猜一猜，寄往哪里的信函邮资更高？（生：寄往外埠。）

（4）教师再出示两封信函，第一封不到 20g，第二封 50g，所贴的邮票分别为：3 张 0.80 元的邮票；2 张 1.20 元的邮票。

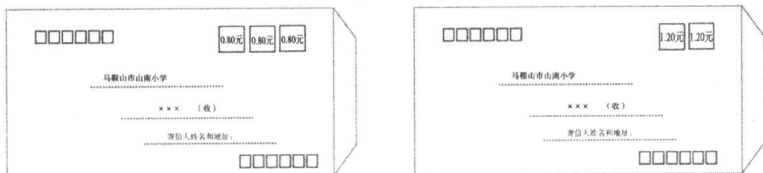

师：你知道这是为什么吗？看来邮资不但与信函的目的地有关，还和它的质量有关。（板书：质量）

［设计意图］设计的猜邮资这一活动，让学生产生了强烈的认知冲突，意在让学生发现问题——目的地不同，邮资为什么相等？接着学生能提出问题——邮资与目的地、信函质量有什么关系呢？邮资怎么计算呢？由片段一便可以轻松地过渡到下一个环节。

2. 理解邮政资费表

质量（g）	首重每 20g 为一个计费单位（个）	本埠资费（元）	外埠资费（元）
1 ~ 20	1	$0.80 \times 1 = 0.80$	$1.20 \times 1 = 1.20$
21 ~ 40	2	$0.80 \times 2 = 1.60$	$1.20 \times 2 = 2.40$
41 ~ 60	3	$0.80 \times 3 = 2.40$	$1.20 \times 3 = 3.60$
61 ~ 80	4	$0.80 \times 4 = 3.20$	$1.20 \times 4 = 4.80$
81 ~ 100	5	$0.80 \times 5 = 4.00$	$1.20 \times 5 = 6.00$

（1）仔细观察上面给出的邮政资费表，说说你疑惑不解的地方。

（2）分析"首重 100g，每重 20g（不足 20g 按 20g 计算）"

（3）先判断下面的信函有几个计费单位，再算出邮资。

①第一封信函不到 20g，寄给本市的朋友要贴多少钱的邮票？

②第二封信函有 45g，寄往外地，要贴多少钱的邮票？

③第三封信函有 120g，寄往本地，要贴多少钱的邮票？（让学生产生认识突破——超过 100g 怎么计算邮资）

师：超过 100g 怎么计算邮资？请再看下面的邮政资费续表。

[设计意图] 创设问题情境以多媒体的形式展出，激发学生的求知欲，从而，自然地引出邮政资费续表，这样，学生观察邮政资费续表时目的明确，实效性强。

（4）分析"续重101~2000g，每重100g（不足100g按100g计算）"

质量（g）	首重每20g为一个计费单位（个）	续重每100g为一个计费单位（个）	本埠资费（元）	外埠资费（元）
101~200	5	1	$4+1.20\times1=5.20$	$6+2.00\times1=8.00$
201~300	5	2	$4+1.20\times2=6.40$	$6+2.00\times2=10.00$
301~400	5	3	$4+1.20\times3=7.60$	$6+2.00\times3=12.00$
…	…	…	…	…
1901~2000	5	19	$4+1.20\times19=26.80$	$6+2.00\times19=44.00$

（5）正确算出邮资。

①第一封信函有120g，寄往本地，要贴多少钱的邮票？

②第二封信函有201g，寄往外地，要贴多少钱的邮票？

[设计意图] 由学生先自主尝试解决问题，教师再确定教学起点，即先学后教，体现以生为本的教学理念，凸显学生在数学学习过程中的主体地位，使学生初步理解"首重""续重""本埠""外埠""计费单位"和"资费标准"的意义及邮政资费的计算方法。利用课件与学生交互完成，突出重点，突破难点，真正理解、掌握不同质量和目的地的邮政资费计算方法，初步建立分段计费的数学模型。

三、探究合理的邮资支付方式

1. 了解贴邮票的规定

（1）我们很多同学都见过邮票，而且知道它们的价格是不完全相同的，有几分的，有几角的，也有几元的。那么确定邮资后，如何选择邮票呢？请同学们自学课本第119页，用横线画出贴邮票的规定。

（2）交流汇报。（如果邮寄不超过100g的信函，最多只能贴3张邮票；为方便机器检信，一件信函最多可贴4张邮票。）

通过对比，同学们很容易发现：邮票贴的张数过多，就没地方书写姓名和地址了，而且要盖好几个邮戳，太耽误时间了。由此想到，邮票的面值应该尽可能大一些，所用的邮票的张数才会尽可能少。

2. 活动一

如果邮寄一个不超过100g的信函，最多只能贴三张邮票，而且只许用0.80元和1.20元的两种邮票，能满足所有情况的需要吗？

（1）学生小组谈论后进行集中汇报。

生1：先要分清是本埠还是外埠。

生2：应该把100g以内所有的情况都列出来，再一个个判定。

（2）小组合作探究，每个人必须发表自己的看法，统一意见后，有一人记录，填写表格。

（3）学生通过对表格的观察、分析，不难看出只有4.00元、1.80元和6.00元三种情况，所以不能仅用0.80元和1.20元的邮票支付。

师：既然有这样三种情况不符合要求，那么我们能不能自己再另外设计一种面值的邮票来满足题目的要求呢？（注：邮票面值大小自定）

（4）小结：学生在尝试和分析中逐步确定增加的邮票面值可以是2.00元，也可以是2.40元，或者是4.00元。

3. 活动二

如果想最多只用4种面值的邮票，就能支付所有不超过400g的信函的邮资，除了0.80元和1.20元两种面值，你认识还需要再加什么面值的邮票？

（1）小组合作，完成表格。

（2）汇报交流。

（3）小结：支付邮资，虽然满足条件的邮票组合很多，但是国家邮政部门在发行邮票时，还要从经济、合理、方便、实用等角度考虑。我们在设计邮票时也是如此，所以要确定合理的邮票面值组合。（板书：设计邮票：经济、合理、方便、实用）

[设计意图] 以小组合作的方式探究合理的邮资支付方式，培养学生归纳、推理的能力。在设计邮票的过程中，让学生从不同角度思考问题，激发学生探索求知的欲望，发展学生的实践能力和创新精神。

四、解决生活中的问题

今天，我们一起来研究了邮票中的数学问题，其目的不仅仅是让同学们如何来确定邮资和合理的支付邮资，更重要的是要学会运用这种分段计费方法来解决生活中的数学问题。

（1）自来水公司的规定：每户每月用水不超过 10 立方米时，按每立方米 2.00 元收费，超过 10 立方米的部分按每立方米 3.50 元收费。

①抄表员 3 月 5 日到李华家抄水表时的读数是 1256，4 月 5 日再次抄表时，水表上的读数是 1271，他家这个月应付水费多少元？

②王强家 3 月份付水费 34.00 元，他家这个月用水多少立方米？

（2）学生列举生活中的例子。

[设计意图] 教学中展示生活中的数学问题，开阔了学生的视野。在解决问题的过程中，让学生进一步理解应用分段计费的数学方法，感受数学在生活中的价值，增强应用数学的能力。

五、小结并布置作业

今天我们共同研究了邮票中的数学问题，你有什么收获呢？（学生发表各自的收获体验。）

大家的收获各有不同，但都很有价值。今天我们学习邮票中的数学，绝不是仅仅为了会贴邮票、会寄信，而是在其中发现有意义的数学信息，找到一些数量之间的组合规律。

附：

《邮票中的数学问题》教学后测卷

1. 后测卷

①如果最多只允许贴 4 张邮票，只有 0.80 元和 1.20 元两种邮票面值，可以自付那些资费？如果想最多只用 4 种面值的邮票，来支付所有不超过 400g 的信函的资费，除了 0.80 元和 1.20 元两种面值，还需要增加什么面值的邮票？

	1~20	21~40	41~60	61~80	81~100	101~200	201~300	301~400
本埠	0.80	1.60	2.40	3.20	4.00			
外埠	1.20	2.40	3.60	4.80	6.00			

②本节课的学习给你什么启示？

2. 测试结果分析

全班95%的学生能根据新课的内容独立解决后测卷中出现的问题，这说明绝大部分学生已经掌握了本节课内容，并能运用新知去解决问题。只是个别学生在计算上还需要加强。

创设问题驱动的开放课堂

——《制作活动日历》教学思考

执　　教：马鞍山市山南小学　梅昌甜

　　　　　马鞍山市雨山中心小学　陈小鸭

案例撰写：马鞍山市山南小学　俞洁文　梅昌甜

微课制作：马鞍山市雨山中心小学　陈小鸭

2014 年人教版数学教材小学三年级下册安排了"制作活动日历"和"我们的校园"两个综合实践活动内容，提供了生动的、可操作的案例，让学生通过小组合作的探究活动，综合运用所学的数学知识解决问题，培养学生的操作能力和实践能力，同时让学生积累数学活动的实践经验和思维经验。"制作活动日历"是以 4 个小正方体木块作为活动材料，以"如何制作一个活动日历"为目标和载体，目的让学生进一步感受数学在日常生活中的应用，体会运用年、月、日的知识解决简单问题的过程，积累活动经验。

本节课引领学生明白研究方向，如"活动日历具备哪些功能？""四个小正方体怎样分配比较？""关于月份、日期、星期的设计如何进行？"尤其是"12 个面表示 31 天，怎样安排保证所有的日期都能呈现？"学习活动中围绕问题引发思考探究。

1. 问题驱动的开放课堂

本节课设想问题驱动学习，将学习中的问题结构化、系统化，让问题的解决形成连续性、逻辑性，通过系列问题推动持续的学习行为活动。"以学科问题为基础、以学生问题为起点"推动问题发生、发展和解决，让课堂流动起来，学生参与进来，小组合作起来。

问题 1：分配用具。只有 4 个小正方体，要表示那么多内容，怎么办呢？打算怎么分工呢？三年级学生往往会无视 4 个正方体这一条件。反复尝试后将 4 个正方体立体图贴在黑板右侧，分配之后与"月份、日期、星期"的对应板书张贴，这是本节课的大条件，所以合理分配是个大问题。引导根据信息的多少来分配是一种解决问题的方法。

问题2：设计"星期和月份"。分别用一个正方体的六个面表示"星期"和"月份"，怎样表示？引导：利用正反方向表示一个面上的两个信息。

问题3：设计"日期"。用剩余两个正方体的十二个面表示"1～31日"，怎样表示？这是本节课重难点所在，可能出现以下问题：如学生沿用"星期"和"月份"的表示方法，用一个面表示多个信息，这种方法不是不可以但是大大削弱了本课数学知识的运用；日期"10日"起同时用两个面表示两位数的突破该怎么做；特殊日期"11日、22日"要求两个正方体上都要出现数字1和2，学生是否能发现；特殊日期"30日"要求数字3和0不能出现在同一个正方体上。

2. "制作"的含义，指向学习的结果还是过程

将2003年人教版数学教材小学三年级下册综合实践活动内容"制作年历"与现教材"制作活动日历"相比较，两者相同点是通过制作活动对年、月、日知识的综合运用。不同点是《制作年历》活动模仿性强、数学味少、重在制作结果。《制作活动日历》重在活动过程，体现数学学科特色，便于学生提升数学思维能力。

2003 版

教师的价值是基于学生的学习起点，培养学生提出起点问题，引导学生发现核心问题，聚焦学科学习价值问题，然后基于核心问题构建问题系统，

基于问题系统引导学生形成解决问题的路径。课堂实施中应注意问题的暴露、搜集、整理和解决。

本节课是开放的课堂，教学开放促使学生的思维条理化、深刻化，整体考虑、有序思考；促使学生认识结构化，合作学习从形式走向实质。值得注意的是避免开放无度，否则引发教学过程的无序，原有平衡打破，新秩序尚未建立，教学容易呈现无序状态。

《制作活动日历》指向过程的学习，要求"关注学生的生活经验，让学生在现实情境中体会年、月、日的实际意义；关注学生的认识需求，化抽象为具象，让学生在实物操作中理解度量时间的量；关注学生的学习过程，让学生在合作探究中，自主建构知识，培养学习能力；关注问题解决的过程，让学生在解决实际问题的过程中提炼方法，提升能力"。

教与学的问题不是某一个知识点是否已经掌握了，而是学生在多样的方式中是否收获了一种自主思维的能力，一种解决问题的习惯，这是本节课渴望达到的目标。

课题　制作活动日历

◇**适用年级**　三年级（下学期）

◇**教材再现**

◇**备课思考**

一、研究背景

《制作活动日历》是 2014 年人教版数学教材小学三年级下册第 90 页的一节数学实践活动课。这节实践活动课让学生通过自主探索与合作交流，综合运用年、月、日的知识和正方体的特征解决问题，培养学生有条理地思考问题的能力。另外，除了学习解决问题的方法，还要学会合作、学会交流。由于制作活动日历是一项实践活动，在实践中先巩固知识，遇到新的问题，再解决问题，又应用于实践，符合学生的认知水平，所以本节课是从"讨论—

实践—再讨论—再实践"的角度来演绎年、月、日的知识。在师生、生生互动的实践活动中感受综合运用知识的魅力，从做中学，从做中创新，从做中感受学习数学的乐趣。

二、学情分析

本次实践活动依托年、月、日的相关知识，在讨论时要充分考虑制作活动日历的三要素以及这些要素的数据特点，再结合小正方体的特点（6个面）思考解决方案。对于三年级的学生来说，这一任务具有挑战性，从分配"4个小正方体"到"每个小正方体的6个面的具体分工"，学生将不断遇到新的问题，面临新的挑战。

三、预期目标

[知识与技能] 通过自主探索和合作交流，使学生进一步巩固年、月、日的知识，并综合运用年、月、日的知识和正方体的特征解决问题。

[过程与方法] 在探索日历制作方法的过程中，培养学生的观察能力和思维的有序性，培养学生有条理地思考问题和解决问题的能力，积累数学思维活动经验。

[情感、态度与价值观] 在活动中学会合作、学会交流，体验成功的喜悦，欣赏借鉴别人的优点，感受数学在生活中的应用，激发学生参与综合实践的兴趣。

[课题研究目标] 以数学知识为依托，打造问题驱动的开放课堂，综合运用数学知识，通过严密的推理和验证找到解决问题的方案，让学生有充分的时间进行探索、实践、体验、表达和交流。

四、教学准备

（1）学生准备：4个相同正方体、彩色水笔。
（2）教师准备：6个相同的大正方体、课件。

◇教学流程

一、开门见山，温习旧知

（1）谈话导入：同学们，今天几月几日？

师：怎样知道今天的日期？你们都见过什么样的日历？生：整本、单张、台历、书历。（PPT 出示日历）

师：观察日历上最基本的要素是什么？生：年、月、日。师：这些日历都是怎样做的？

（2）小结：这些日历是固定的，整本日历一张表示一天。2015 年的单张日历把所有的天数表示在一张纸上。今天这节课，我们将利用所学过的知识来制作一个活动日历，表示出月份、日期和星期，并且可以重复使用。（板书课题：制作活动日历）

设问：你们想自己制作一个活动日历吗？

［设计意图］生活中的日历多种多样，为了让学生充分认识它们，上课之前安排学生在家收集和观察日历的种类、特征。通过观察、分析、比较不同种类的日历，大致了解日历的一般结构和基本要素。

二、问题驱动，开放课堂

1. 了解活动要求，明确研究方向

你能用像下面这样的4个小正方体木块（或纸盒）和一个底座制作一个日历吗？

日历要能同时表示出月、日和星期几。

读一读活动要求，想一想：一个正方体几个面？ 4 个小正方体怎样分配才合理？

（1）讨论如何分配正方体的方案。

讨论要求：思考"年、月、日这三个信息各准备几个正方体表示？为什么？"

学生小组讨论，说说分配理由。

反馈交流：引导根据信息量的多少进行分配。

（2）小结：一个木块表示 1～12 个月，一个木块表示星期几，用另外两个木块表示 1～31 天。

[设计意图] 制作一个活动日历，需要有哪些步骤？根据材料准备 4 个小正方体木块（或纸盒）和一个底座，怎样分配呢？三年级学生缺乏对制作活动日历的三要素进行合理分配的意识，教师及时引导要根据信息量的多少进行分配。

2. 活动一：表示星期、月份

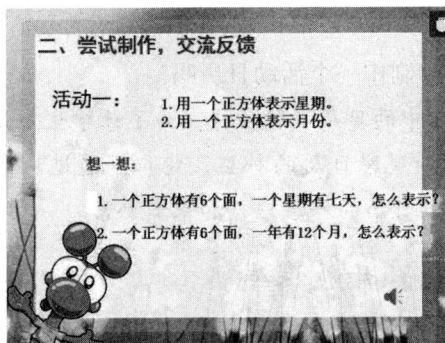

（1）质疑：正方体的 6 个面只能表示 6 天，还多出一天怎么办？

预设：①把每一面写上一天，多出来的一天和其中的某一天挤一挤。

②把周一到周五分别写在 5 个面上，周六周日放一起。（为什么？双休）

（2）尝试写，发现周六周日放一起看不清是周几？

思考：如果周六周日放一起，如何写才能一眼就能分辨清楚？

生：把周六周日放一起，周六正着写，周日反着写。

总结：用一个正方体表示星期，一个星期有 7 天，因此其中的两天要写在同一个面上。（至于哪两天放一起则由每个小组自主决定。）

（3）小组尝试快速用一个正方体的 6 个面表示 12 个月。

总结：用一个正方体表示月份，每个面写两个月份。（至于怎么在一个面上表示两个月份更好，也由每个小组自主决定。）

（4）成果展示：月份和星期。

[设计意图] 本环节探究用一个小正方体表示出月份和星期，设计相对简单，用一个面表示两个信息，注意合情，如把双休日放在一个面上；注意合理，如一个面上两个信息正反表示，便于观察。通过本环节学习，学生对于用正方体的面表示时间信息有了初步了解。

3. 活动二：表示日期

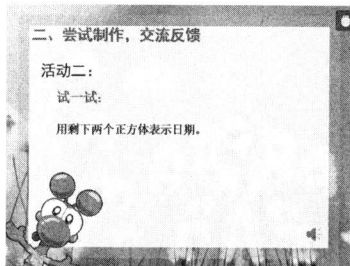

（1）师：同学们，刚才我们已经用掉了 2 个正方体解决了月份和星期的设计，那剩下的 2 个正方体上的数怎样写才能表示出日期呢？

预设：学生受到用一个面表示多个信息的影响出现以下情况。

①计算 31 填放在 12 个面上，每个面表示 2 ~ 3 个信息。（此法可行，但不是最好方案，不够简洁，太麻烦。）

②随意拿起一个正方体在每个面上从日期 1，2，3，…开始写起来。

（2）引导学生观察日期：从 1 ~ 31，这 31 个数分别由那些数字组合而成？（个位上出现 0，1，2，3，…，9，十位上出现 1，2，3），可以用两个面的数字组合表示出 31 个数吗？试一试，找找其中的奥秘。

小结：在一个面上写一个数字，这样每一个面上可以表示一个日期，两个面拼起来可以组成一个新的日期。

[设计意图] 日期的设计是本节课的难点。在讨论日期该如何表示的时候，教师引导学生发现用两个面来表示，需要哪些数来表示 1～31 日？这些数字是不是随便写，有没有可遵循的规律。

（3）突破难点一：1 和 2 要出现两次，分别写在两个正方体上。

师：一个月最多有多少天？在正方体上的每一个面上写上一个数字，需要哪些数字呢？

生尝试在正方体上写，师巡视指导。

生汇报：（将正方体上的数字展开写在一张平面的纸上）

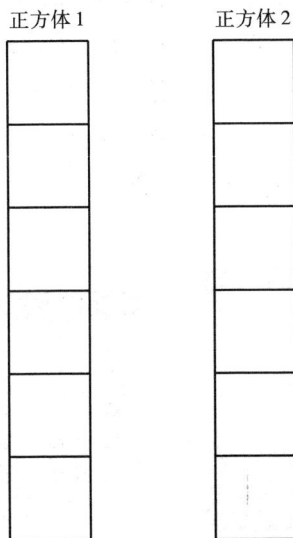

正方体 1　　　　正方体 2

预设：学生标出 0～9，师标完 0～9，是不是就够了呢？请学生报日历上的日期，如 11，22 日没法表示，怎么办？

生：还需要一个 1 和一个 2。师追问：为什么还要加一个 1 和一个 2？

师：那现在日历上所有的日期都可以表示出来了吗？

师：你们如何安排这两个 1 和两个 2？生：一个方块上放一个。

小结：1 和 2 出现两次，分别写在两个正方体上。

（4）突破难点二：0 和 3 不能写在一个正方体上。

师：那现在 0～9 和 1，2 这 12 个数字是不是就够了呢，是否能表示出所有的日期了呢？

生（质疑）：30 表示不出来？ 师：什么原因呢？

生（发现）：0 和 3 不能写在同一个正方体上。学生自行修改后就可以。

活动：学生自由报日期。

小结：0 和 3 不能写在同一个正方体上。

（5）总结日期设计方法：一个正方体上必须有 1，2，3，另一个正方体上必须有 0，1，2，其余剩下的数字可以任意写。

（6）小组再次合作，修改制作活动三并展示。

[设计意图] 通过设疑、交流、操作、展示的过程，教给学生思考数学的方法，促使他们参与到学习中，亲身体验、理解和建构制作日历的方法。活动中，每个环节都先尝试再展开讨论，通过合作交流完成任务，培养学生的合作意识和合作精神，提高学生的决策能力。日期的设计任务比较复杂，是学习难点，教师引问、设问，提问启发，引起矛盾冲突，层层推进；学生质疑探究，经过严密的推理和验证找到解决的方案；每一个活动讨论结束之后，进行回顾总结，帮助学生明确结论，保障制作活动的顺利展开。

三、成果展示，交流评价

（1）分小组轮流展示制作成果，评价交流。

（2）回顾与梳理。

[设计意图] 回顾整个活动过程，学生有感而发，从分配正方体到设计星期和月份再到设计日期，层层递进，整节课学生在多样的方式中收获了一种自主思维的能力和解决问题的习惯。

低年级"四能"培养中的"微"思考

——《摆一摆，想一想》教学思考

执　　教：马鞍山市山南小学　陆翠芳

马鞍山市四村小学　唐　明

案例撰写：马鞍山市山南小学　黄祥凤　唐　明

《摆一摆，想一想》是2012年新人教版数学教材小学一年级下册的一节数学综合实践课，它与旧版教材人教版一年级下册内容差不多，但是要求不一样。2012版教材不但要求学生做到有顺序地摆，而且还要求用统计表将摆的结果呈现出来。开设小学数学综合与实践活动课，重视实践活动，让学生自己动脑、动手解决问题，为学生解决问题积累经验，是培养学生主动探究精神和实践能力的自由天地。

1. 微小"入口"的"大发现"

课堂教学之前，教师对课堂教学活动的诸因素进行分析和策划，是培养学生"四能"的关键。首先，教师要给学生提供丰富的感性材料，创设新颖、符合学生实际情况的情景，多方面、多维度、全方位感知某类事物的特征或数量间的相依关系，为学生发现问题提供可能，犹如为学生发现问题提供原材料。其次，教师要了解学生学习的起点在什么地方、学生对什么会更感兴趣等。在设计本节课的时候考虑到一年级小朋友的心理特点，首先通过魔术引出一颗围棋子；然后让学生充分地玩耍棋子，让棋子成为学生的"囊中物"；最后老师不提问，可是学生已经按捺不住了，迫切地要将自己的发现说给老师和全班同学听。如：我发现一颗棋子的威力很大；我发现数位表的十位比个位厉害，十位把一颗棋子抢过去就变成了10，而个位把一颗棋子抢过去只能变成1；……

教师用一颗不起眼的小棋子作为切入口，让学生带着自己的智慧去玩，学生竟然有如此多的发现，着实让教师惊叹。因此，孩子们从各自的视角出发，总有一份属于自己的发现，教师提供的入口微小，但效果显著。

2. 微小"留白"的"大生成"

"横看成岭侧成峰，远近高低各不同"，课堂教学是千变万化的，再优秀的教师也不能做到"一切尽在掌握中"。"学生可能会提出哪些问题？对学生提出的问题教师可能会作出怎样的回答？"是困扰一线教师的问题。

在数学课堂上，教师为了追求课的"完美"，很多教师将教学中的每种教学手段、每个提问及其他引导之类的过渡语都设计好，并且在上课过程中决不容许"节外生枝"。显然，教师备课时构建的是"直线型"教学方案，也就是常说的"一路走到黑"的教学方案，这种方案极大地限制了数学知识课堂生成的空间。因此，设计要富有弹性、要适当给学生创造微小"留白"，才能使课堂教学体现出更大的自由度和宽容度，从而给学生留足空间。

在教学中，教师设计了几次摆棋，而"用 2 颗棋子、3 颗棋子任意摆"这个微小"留白"更是整节课的亮点。从随意摆棋写数到怎样摆既不重复、不遗漏又快捷到选择自己最喜欢的方法摆一摆、验证猜想。这些微小"留白"看似简单，但都要求学生边想边摆，任务难度不断提升，而学生始终保持浓厚的兴趣；同时，新的发现让学生看到数学蕴藏的无穷魅力，发现和创造的愉悦体验也能激励学生不断地参与到下一个数学活动中去。

对于"怎样摆既不重复、不遗漏又快捷"这个问题，不同的人有不同的思考。选择 3 颗棋子边摆边记录，没有直接告知学生如何去摆，而是让学生通过动手实践、小组交流来感知方法，会出现下面四种情况：

（1）无序；

（2）从个位一颗一颗往十位移：3 12 21 30；

（3）从十位一颗一颗往个位移：30 21 12 3；

（4）一组一组成对移：3 30 12 21。

能力相对薄弱的学生也许只能呈现无序的摆法，甚至不能摆全；能力强的学生往往就能在摆的过程中思考，不断的优化摆法。大部分学生都能想到第（2）种或第（3）种方法，然后在小组合作的基础上进行组内成员充分地交流，这时学生就能主动发现问题，有成功者介绍的经验，也有失败者获得的教训，但目标都指向如何使思维方式走向有序。即使没有出现第（4）种方法也不需要刻意告知。鼓励学生个性化的操作活动，呈现多样化的摆法，通过各种摆法之间的比较，培养学生有序思考的意识。让学生深刻地体会到：只要有顺序地思考，摆出的数就能既不重复也不会遗漏。

3. 微小"筛选"的"大讨论"

课堂教学中的问题应该从学生中来到学生中去。因此，我们应该利用小学生的现实性学习心理来组织课堂教学，机智地筛选学生发现的问题和提出的问题。

面对学生的提问："为什么要从个位一颗一颗往十位移？"老师因势利导地问道："他刚才说的问题？谁听明白了？"给学生带来探究的冲动或能够引起学生的争论，不妨就临时组织学生探究和讨论。全班学生都积极地参与进来，共同研究得出：有顺序地摆棋子的好处是既不重复又不遗漏。

在数学课堂上，一切的生成都是为了更好地实现教学目标，其他的超出本课教学内容的生成，无论多么精彩，教师都应该用巧妙的方式将学生的视角引回到正题上来。总之，只有教师对课堂上这些生成性因素进行巧妙把握，才能提升课堂教学的价值，使课堂充满活力，让学生的灵性得以真正释放。教师设计的"观察板书，发现规律"环节，也体现了开放性的原则。学生通过合作交流，彼此互相启发，分析问题时可以从不同的角度考虑，横看、竖看、斜看皆可。学生发现的规律如下：

（1）十位和个位上的数加起来等于棋子的颗数；

（2）横行看：十位上的数一个个大起来，个位上的数一个个小下去；每两个数之间相差9。

（3）棋子颗数越多，摆出的数也越多；

（4）棋子的颗数 +1 = 摆出的数的个数。

在教学中，尽量让学生学会大胆地说，用规范的语言归纳自己的发现。教师既为学生提供了活动的平台，又为学生提供了展示思维过程的时间和空间，允许多样的思维方法存在，为后面要解决的问题"不摆棋子直接写数"打下了坚实的基础。

4. 微小"推广"的"大提升"

开展数学综合实践活动，关注的是"四能"培养的过程，而不仅仅是结果，更多的是培养思维能力，特别是创造能力。《摆一摆，想一想》在"应用规律"时，教师提问："谁能大胆预测一下：10 颗棋子能摆出几个数？"几乎所有的学生都预测 10 颗棋子能摆出 11 个数。

老师问道："一定吗？"很多学生立刻意识到要想知道正确答案，就得自己动手摆一摆、想一想。学生动手验证后就能轻松地回答老师的问题：10 颗棋子摆出的最小的数是 19。10 颗棋子不能都放在个位上，因为数学上规定十个一就是一个十，满十进一。

在猜想—验证的过程中打破了学生的思维定势，了解了十进制的原理，感知到规律存在于一定的范围。希望能给学生带来启示：规律不是一成不变的，我们要灵活掌握和运用规律，解决生活中的问题。我们发现的规律在 1~9 颗棋子中是存在的；从 10~18 颗棋子，规律就发生了变化。最大的两位数是 99，它要用 18 颗棋子摆出来。因此，最多只能用 18 颗棋子去摆。教师最后将 1~18 颗棋子摆出的数组成的美丽图形展示出来时，全班学生都惊呼起来。让学生体会到数学知识不仅是有趣的，有用的，还是美丽的。

然而对于这样相对开放的实践活动课，在具体的实施过程中更是困难重重。在低年级学生中渗透"四能"培养，必须要做到从"微"处入手，在微中取胜。

课题 摆一摆，想一想

◇**适用年级** 一年级（下学期）

◇**教材再现**

旧版教材

新版教材

◇**备课思考**

一、研究背景

本节课教学内容在 2012 年新人教版数学教材小学一年级下册第 51 页，是在学生学习了 100 以内数的认识之后安排的一次数学实践活动。这次实践活动是让学生把某一数量的棋子分别摆在数位表的十位和个位上，得到不同的数。探究 1 ~ 9 颗棋子和 10 ~ 18 颗棋子的摆数规律：发现问题（随意摆棋写数）—提出问题（怎样摆既不重复又不遗漏，选择自己最喜欢的方法摆一摆、验证猜想）—分析问题（探索规律）—建立数学模型（总结归纳出规律）—运用模型（不摆，根据规律直接写数）的过程，让学生获得运用数学知识解决实际问题的思考方法。

二、学情分析

这次实践活动是让学生把某一数量的棋子分别摆在数位表的十位和个位上，得到不同的数。这对一年级的学生来说，在操作活动中往往很难保持良好的纪律，在"玩"中常常偏离"玩"的主题。新教材不但要求学生做到有顺序地摆，而且还要求用统计表将摆的结果呈现出来。让学生主动探究 1 ~ 9 颗棋子和 10 ~ 18 颗棋子的摆数规律，解决"把某一数量的棋子分别摆在数位表的十位和个位上，得到不同的数。"学生不但要观察到每一组数的特点，探索规律，而且还要对数位和位值的概念比较熟悉，具备一定的抽象思维能力和归纳能力。对于薄弱学校的学生来说，这项内容具有一定的难度。

三、预期目标

[知识与技能] 加深对 100 以内数的认识，进一步巩固数位、位值的概念。

[过程与方法] 让学生在自主探究、合作交流中，发现 100 以内数的特点与排列规律，初步培养学生的抽象思维能力。

[情感、态度与价值观] 让学生在愉快的活动中感受数学的神奇奥妙，体验到学习数学的乐趣，激发学生探究数学的欲望。

[课题研究目标] 在操作中思考，在问题解决中综合运用已有数学知识，提升数学能力。

四、教学准备

（1）学生准备：数位表、10 颗围棋子、一张表格。

（2）教师准备：10 个磁扣、数位表、课件。

◇教学流程

一、导入：创设变魔术情景，激发学生学习的热情

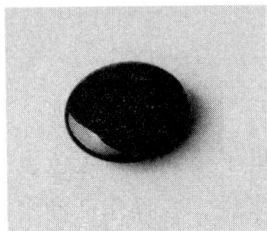

百位	十位	个位

课件先出示一颗围棋子：小朋友们，认识它吗？（棋子。）再出示数位表：瞧，这又是什么呢？（数位表。）有了它啊，小棋子就会变魔术了！

今天我们班小朋友就和小棋子一起来上一节有趣的数学课——《摆一摆，想一想》。（板书课题：摆一摆，想一想）

[设计意图] 创设变魔术情景，意在激发学生学习数学知识的热情，为教学做准备。

二、新授：探究1~9颗棋子的摆数规律

1. 用1颗棋子摆数

1颗棋子放在个位上表示1个一，摆出的数是1；这颗棋子放在十位上表示1个十，摆出的数是10。由此可知：1颗棋子放在不同的数位上，它表示的数也不同。

2. 用2颗棋子摆数

爱学习的"梅花鹿"也来了，她俏皮地说："我来摆，我来摆。"孩子们，用我们的火眼金睛来看一看梅花鹿用2颗棋子，能摆出哪些数呢？（要求：2颗棋子要用完。）比一比，谁的眼睛亮。

2颗棋子都放在个位上，摆出2；先从个位移1颗到十位，摆出11；再从个位移1颗到十位，摆出20。

[设计意图] 温习1颗棋子在不同的数位上表示的数是不同的，让学生体会位值的原理。观察用2颗棋子摆数，渗透有序摆数的意识。

3. 用3颗棋子摆数

用3颗棋子，能摆出哪些数呢？（要求：3颗棋子要用完；同桌合作，一

名学生摆，另一名学生记录。）

（1）学生动手操作。

（2）汇报。请学生在黑板上演示，能得到下面4种摆法：

①无序地摆；

②从个位一颗一颗往十位移：3　12　21　30；

③从十位一颗一颗往个位移：30　21　12　3；

④一组一组成对移：3　30　12　21。

（3）讨论：哪一种摆法好？说说理由，记录完奖励。

为什么要从个位一颗一颗往十位移？这样摆有什么优点呢？（因为从个位一颗一颗往十位移，这样摆出的数既不会重复又不会遗漏。）（板书：有序）

（4）PPT演示：从十位一颗一颗往个位移。

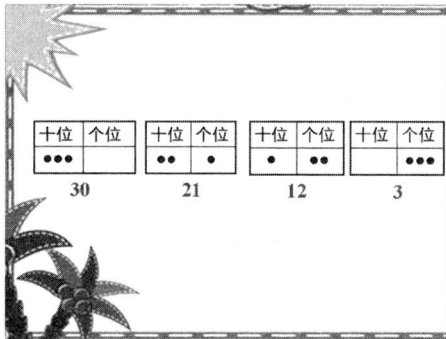

[设计意图]　鼓励学生个性化的操作活动，呈现多样化的摆法，并通过多种摆法之间的比较，培养学生有序思考的意识。如果没有出现第④种方法，教师就直接用课件展示即可。

4. 不摆棋子，想一想4颗、5颗棋子能摆出哪些不同的数

用发现的好方法不摆棋子，动脑筋想一想，就能很快地知道4颗、5颗棋子能摆出哪些数。

4颗棋子能摆出：4，13，22，31，40这五个不同的数。

5颗棋子能摆出：5，14，23，32，41，50这六个不同的数。

[设计意图]　第二次利用有序的方法不摆棋子，直接写数，经历从直观数学到抽象数学的过程，让学生进一步理解位值原理，发现棋子数与摆出的数之间的关系，为后续学习埋下伏笔。

（1）猜一猜："17"是用几颗棋子摆出的？你是怎么知道的？你还能说

出 8 颗棋子表示的两位数吗?

(2) 想一想。

温馨提示:一个 ▨ 里藏着一个数。

想一想:方框中的这些数是用几颗棋子表示

出来的? 分别是哪些数呢?

5. 依次出示1, 2, 3, 4, 5, 6, 7, 8, 9 颗棋子摆出的不同的数

1 颗:1 10

2 颗:2 11 20

3 颗:3 12 21 30

4 颗:4 13 22 31 40

5 颗:5 14 23 32 41 50

6 颗:6 15 24 33 42 51 60

7 颗:7 16 25 34 43 52 61 70

8 颗:8 17 26 35 44 53 62 71 80

9 颗:9 18 27 36 45 54 63 72 81 90

[设计意图] 再次利用有序的方法不摆棋子, 直接写数, 提升难度, 经历从直观数学到抽象数学的过程, 让学生进一步理解位值原理, 发现棋子数与摆出的数之间的关系, 为后面发现1~9颗棋子摆数的规律埋下伏笔。

6. 总结规律

仔细观察, 用1~9颗棋子摆出的数, 会发现这些规律:

(1) 十位上的数 + 个位上的数 = 棋子的颗数;

(2) 横行看:十位上的数一个个大起来, 个位上的数一个个小下去; 每两个数之间相差9;

(3) 棋子颗数越多, 摆出的数也越多;

(4) 棋子的颗数 +1 = 摆出的数的个数。

[设计意图] 总结规律, 突出四能。让学生观察摆出的数, 教师一定要给予充足的时间。对于一年级的学生来说, 归纳能力、表达能力还很欠缺。但经过组内交流后, 他们观察的角度和发现的规律会更加多样。

7. 用10颗棋子摆数

你能大胆快速地猜一猜：用10颗棋子能摆出几个不同的数吗？

根据规律：棋子的颗数 + 1 = 摆出的数的个数，即 10 + 1 = 11（个）。用10颗棋子能摆出11个不同的数。真的能摆出11个不同的数吗？我们一起去摆一摆。

10颗棋子不能都放在个位上，因为数学上规定：10个一就是1个十，满十进一，所以个位满十要向十位进一，个位最多只能摆9颗棋子。因此，10颗棋子摆出的最小的数是19，用"从个位一颗一颗往十位移"的方法，得出用10颗棋子只能摆出：19，28，37，46，55，64，73，28，91 这9个不同的数。

[设计意图] 运用规律，几乎所有的学生都预测10颗棋子能摆出11个数，进而引发认知冲突。引导学生发现10颗棋子不能都放在个位上或十位上，体会十进制原理。通过动手操作，验证猜想，分析问题，提升学生解决问题的能力。

三、拓展：探究10~18颗棋子的摆数规律

（1）个位最多只能摆9颗棋子，十位上的数 + 个位上的数 = 棋子的颗数，11颗棋子能摆出：29，38，47，56，65，74，83，92 这8个不同的数。

依次出示10，11，12，13，14，15，16，17，18颗棋子摆出的不同的数。

10颗：19 28 37 46 55 64 73 82 91

11颗：29 38 47 56 65 74 83 92

12颗：39 48 57 66 75 84 93

13颗：49 58 67 76 85 94

14颗：59 68 77 86 95

15颗：69 78 87 96

16颗：79 88 97

17颗：89 98

18颗：99

（2）仔细观察，用10~18颗棋子摆出的数，会发现这些规律：

①十位上的数 + 个位上的数 = 棋子的颗数；

②横行看：十位上的数一个个大起来，个位上的数一个个小下去；每两

个数之间相差 9；

③棋子颗数越多，摆出的数反而越少。

（3）为什么最多只能用 18 颗棋子摆两位数呢？

因为数学上规定：10 个一就是 1 个十，满十进一，所以个位上和十位上最多各能摆 9 颗棋子，摆出的最大两位数是 99，所以最多只能用 18 颗棋子摆数。

（4）归纳总结。

我们发现的规律：棋子的颗数 + 1 = 摆出的数的个数，在 1~9 颗棋子中是存在的；从 10 颗棋子开始，规律就发生了变化。这就告诉我们：规律不是一成不变的，我们要灵活掌握和运用规律，解决生活中的问题。

（5）在百数表中也藏着用 1~18 颗棋子摆数的数学知识呢！

［设计意图］课件呈现出从 1~18 颗棋子摆出的数，形似平行四边形，带给学生很大的震撼，极大地激发了学生的学习兴趣，让课堂气氛迅速升温。提供百数表，让学生观察摆出的数在百数表中的位置所呈现的规律，意在让学生深切地感受到：规律不是一成不变的，数学知识不仅是有趣的，有用的，还是美丽的。

四、课堂总结

通过今天的摆棋子活动，你有哪些想法和思考？

用 1~18 颗棋子摆出的数组成的美丽图案，让我们深切地感受到：规律不是一成不变的，数学知识不仅是有趣的，有用的，还是美丽的。

◇学生实践活动现场

突出知识的综合性培养"四能"

——《小小设计师》教学思考

执　　教：马鞍山市山南小学　梅昌甜
课例撰写：马鞍山市山南小学　梅昌甜

《义务教育数学课程标准（2011 年版）》明确指出综合与实践是一类以问题为载体、以学生自主参与为主的学习活动，在"课程内容"中提出"通过实践活动，感受数学在日常生活中的作用，体验运用所学的知识和方法解决简单问题的过程，获得初步的数学活动经验。""在实践活动中，了解要解决的问题和解决问题的办法。""经历实践操作的过程，进一步理解所学的内容。"

还指出通过义务阶段的数学学习，学生能体会数学知识之间、数学与其他学科之间、数学与生活之间的联系，运用数学的思维方式进行思考，增强发现问题、提出问题、分析问题和解决问题的能力。并提出关于"发现问题、提出问题能力的培养"，将分析问题和解决问题的能力"两能"培养转化为"四能"。

《小小设计师》一课力图突出知识的综合培养"四能"。本节课是2013 年人教版数学教材小学二年级下册的一节综合与实践活动课。它是在学生学习了《图形的运动》之后进行的知识和技能的综合运用，也是对学生动手操作能力、观察分析能力、空间想象能力以及鉴赏和创造能力的综合运用，更是联系数学与生活，体现数学运用价值，实现学生解决生活实际问题能力的一个载体。

《小小设计师》一课要求通过欣赏与设计图案，使学生进一步熟悉已学过的对称、平移、旋转等现象，让学生感受图形的美，进而培养学生的空间想象能力和审美意识。课始从生活中常见的桌布、墙地砖等图案引入，激发学生对生活中的美产生浓厚的兴趣，进而引入对各种常见图案进行观察、发现、设计，由生活中的美逐步进入数学中的美的探索，最后又带着数学学习的收获回到生活中去，解决生活中的实际问题。

《小小设计师》教学关注学生对知识的理解和技能的掌握，同时培养重视将图形的运动方式运用到图案设计当中的能力。

第一阶段——简洁。先让学生观察寻找基本图形，并用自己的语言描述图形运动的过程，平移、旋转、轴对称……获得初步的方法体验。在经历了观察与发现基本图形之后，让学生回味原来简洁也能创造美丽。

第二阶段——转化。运用掌握的方法，独立完成图案的设计，真正做到学有所用。在学生完成了对原有基本图形加工后，他们发现简简单单的基本图形，经过运动变化转化成了如此美丽的图案，整个过程向学生渗透转化思想。

第三阶段——迁移。当他们拼出自己喜欢的图案后，师追问"如果想要拼出更大的图案怎么办"？学生对问题的认识进一步深化，开始觉得要把更大的图形看作基本图形，来进行图形的运动。这就是数学方法的迁移。在课堂实施中，留给学生想象的空间，不要急于操作，而要让学生先想象经过运动后的图形是怎样的，再动手操作；操作之后，要让学生看看实际图形与自己想象的是否一样，在不断的想象—操作—对比中，逐步积累用图形运动设计图案的经验，促进空间观念的发展。

第四阶段——创新。教学后半段，放手让学生设计基本图形，通过将基本图形进行一系列的运动之后，创造新图案。让学生在自主设计图案的活动中，激发学生的创造力，积累丰富的图形运动的知识经验，感受图案设计的乐趣，培养学生的创新精神与实践能力，最终成为小小设计师。在课堂实施中，加强对学生设计图案过程的指导，先引导学生设计基本图形，然后让学生思考将基本图形做怎样的运动得到图案，再利用图形的运动拼贴出图案。

整节课，学生经历了学习—模仿—创造—再创造的全过程，学生的创新思维能力得到充分的提升。在将同样的图案拼在一起的数学活动中，通过交流、欣赏、表述等方式，加深学生对于图形运动多样性的理解和认识，促进学生空间观念的发展，进一步培养学生的创新精神与实践能力。在课堂实施中，注重引导学生用数学语言表述图形的运动，并让学生从中体会到：基本图形既可以是单个的图形，也可以是拼好的图案。

综合与实践活动，注重数学与生活实际，数学与其他学科内部知识的联系和综合运用，本节课为了突出综合这一元素，教师课前花了大量的时间为每个学生准备一套教具，通过教具与学具的设计和应用来实现综合与实践的综合性，学生使用的学具图案为学生探索图形的运动方式提供了形象而便捷的载体。

课题　小小设计师

◇ **适用年级**　二年级（下学期）

◇ **教材再现**

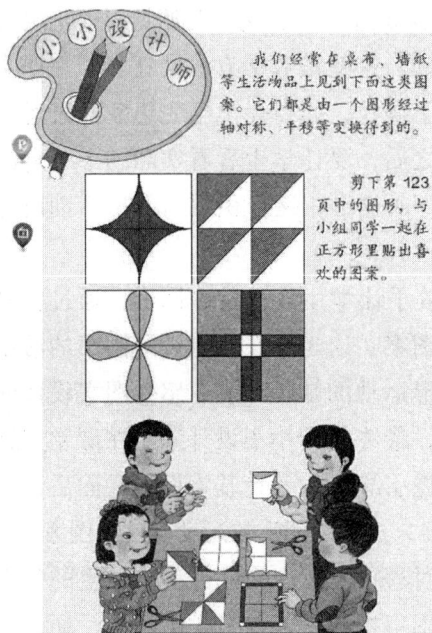

◇ **备课思考**

一、研究背景

本课题包括两个活动：一是观察生活中的图案；二是贴出自己喜欢的图案。观察生活中的图案包括三个方面的内容：一是从整体进行观察，感受图案的美；二是从局部观察，确定基本图形；三是观察图形与图形之间的关系，借助想象明确基本图形是怎样运动得到图案的。此环节在于巩固学生已有的关于图形运动的知识（轴对称、平移与旋转），积累运用图形的运动设计图案的感性经验。贴出自己喜欢的图案活动，也包括三个方面的内容：一是剪下附页提供的图形，观察图形并建立直观表现；二是想象图形运动后拼出的图案；三是在正方形里贴出图案，体会图形是怎样运动的。此活动的目的是让学生经历图案设计的过程，进一步积累用图形运动设计图案的经验，体验设计的乐趣。

本课题还编排了两个层次的数学实践活动：一是在正方形中自己设计图案；二是将同学设计出的同样的图案拼在一起，并交流欣赏。第一个层次的活动让学生模仿设计，既为学生提供了创造的空间，又提供了学习的范例。需要提出的是，学生首先设计的应是基本图形，再用基本图形通过摹画、拼贴设计图案。第二层次的活动包括以下三个方面的内容：一是让学生将同样的图案运用不同的运动方式拼在一起；二是交流、欣赏同学拼成的图案，用数学语言表述图形的运动（这里需要注意让学生体会到，基本图形可以有多种，既可以是单个的图形，也可以是拼好的图案。）；三是增加一些拓展性的练习，可与乘法、除法、简单推理等内容结合起来。本课时的教学重点是利用图形的运动设计图案，难点是根据给定的图形找出基本图形。在课堂实施中，要通过观察、想象、操作、对比、交流、反思、内化等数学活动，突出重点，突破难点。

二、学情分析

二年级学生行为习惯初步养成，课上对自己喜欢的东西会非常感兴趣，而这次的数学活动课，是在学生已有的知识和经验的基础上，继续让学生通过操作、观察、交流、合作等学习方法拼摆图形，设计图案。对于拼摆和设计我倒是不担心，主要是在第一部分数学知识的教学环节，学生对基本图形的理解是个难点，我将通过语言引导学生，适当点拨，突破难点。

三、预期目标

[知识与技能]

（1）能辨认出生活中的简单图案是由一个图形经过轴对称或平移等运动得到的。

（2）能将同样的图案拼在一起，并根据实际情况确定所观察图案的基本图形，会用自己的语言描述图形的运动。

[过程与方法]

（1）能在正方形中拼贴或设计图形，并将所设计的图形通过轴对称、平移等运动创造出自己喜欢的图案。

（2）让学生经历观察、操作及合作交流的过程，获得用图形的运动设计图案的基本方法，在想象图形运动的过程中发展学生的空间观念。

[情感、态度与价值观]在欣赏图形运动所创造出的美丽图案的过程中，进一步感受轴对称、平移和旋转在生活中的广泛应用，感受数学的美，体会数学学习的价值。

[课题研究目标]通过学生的实践操作活动，能运用所学过的图形运动的知识，让学生经历学习—模仿—创造—再创造的过程，鼓励学生动手动脑，培养学生的观察能力、创新能力和实践能力。

四、教学准备

课件、教材第123页中的放大图形、复写纸、白纸、回形针、正方形纸、胶棒、剪刀。

◇教学流程

一、联系生活，激趣引入

1. 联系生活，欣赏生活中的美丽图案

同学们，课前老师收集了一些生活中的图案。下面我们一起来欣赏一下这些图案。（教师用课件演示生活中利用图形运动得到的图案。）

这些图案好看吗？在生活中的什么地方见过这样的图案？

2. 激趣引入，明确学习目的

你觉得上述图案设计出来容易吗？那么设计师到底怎样设计出上述图案的呢？今天就让我们一起探究一下吧！（板书课题：小小设计师）

[设计意图]欣赏生活中的图案，让学生从整体上感受图案的美。学生在

欣赏美的同时，体会轴对称、平移和旋转在生活中的广泛运用，初步认识到生活中存在着大量的图形运动的现象，激发学生学习的欲望，体现数学学习的价值。

二、从图案到图形，认识图形的变换

1. 认识基本图形

（1）找一找，这个图案可以分成几个部分？每个部分的形状一样吗？

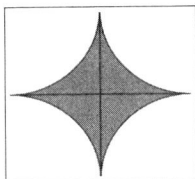

预设一：大部分学生认为完全一样。

预设二：有个别学生认为不一样。

追问：真的一模一样吗？

（2）请认为不一样的学生演示第一个图形是怎么样变化的？并用语言把刚才的动作描述出来。找一名学生上来演示。

（3）总结：我们把像第一个图形的图案，称为基本图形。在这个图案中，其他三个图形都是由基本图形旋转得到的。

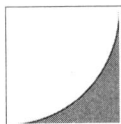

（4）再观察，在这个图案中，基本图形除了能用旋转得到，还可以通过怎样的运动得到？（板书：旋转，轴对称）

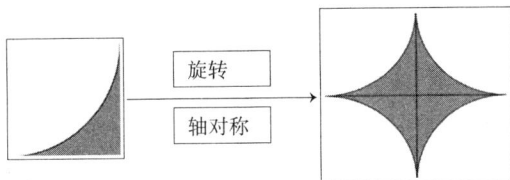

[设计意图]引导学生从关注图案的整体美到关注图案的局部图形，并通过想象、比较等数学活动，培养学生从给定图案中选取和确定基本图形的能力，感受生活中的数学美。

2. 找基本图形

（1）现在你们知道了基本图形，你能找到第二个图案的基本图形吗？

你能找出这个图案的基本图形吗？这个图案是由
基本图形经过怎样的运动得到的呢？

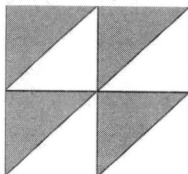

（2）对比这些图形和它所形成的图案，想一想每个图形分别通过怎样的运动才能得到现在的这些图案。请同桌之间互相说一说。

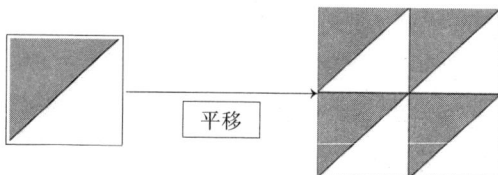

平移

（3）刚才我们已经发现了前两个图案运动的秘密，老师这里还有两个比较复杂一点的图案，你还能找到他们的基本图形并描述出他们是怎样运动的吗？

同桌一起找一找下面两个图案的基本图形，并
说说它们是经过怎么样的运动得到的？

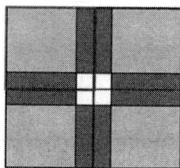

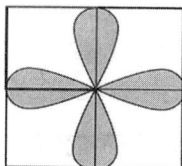

（4）同桌交流并汇报。

（5）总结：看来设计师们也是利用轴对称、平移和旋转的知识，对图形进行了变换，从而设计出这么多美丽的图案。那么今天，我们也来当一回小小设计师，自己动手尝试一下。

［设计意图］引导学生观察图形与图案之间的关系，借助想象明确基本图形是通过怎样的运动得到图案的，让学生从中初步获得用图形的运动设计图案的基本方法。学生利用已知的图案去倒推图形的变换，不但初步认识了图形变换的方法，而且加深了学生对于轴对称、平移、旋转的认识。由此，可

以激发学生想要自己动手尝试的欲望。

三、独立操作，感受一个图形的变换

1. 独立操作，动手拼摆

同学们，刚才我们通过仔细观察，很快就发现了这些图案运动的秘密，你们想不想也用这个简简单单的基本图形设计出一个漂亮的图案呢？

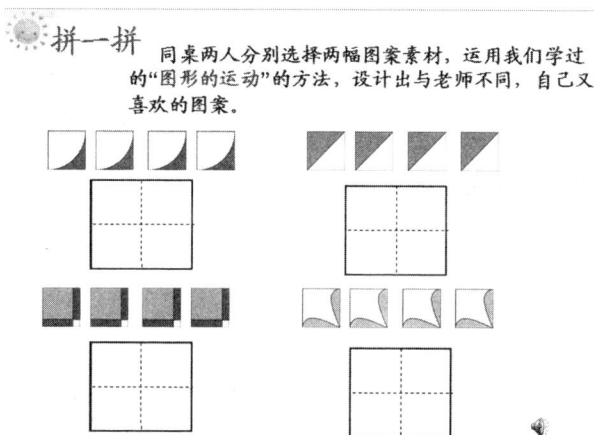

拼一拼　同桌两人分别选择两幅图案素材，运用我们学过的"图形的运动"的方法，设计出与老师不同，自己又喜欢的图案。

活动要求：

（1）先想一想，你打算怎样进行图形的运动？然后再动手操作。

（2）学生动手操作，同桌之间简单描述新图案及运动步骤。

（3）教师巡视，选取典型的作品在黑板上展示。

[设计意图] 充分观察给定的图形样例，建立直观表象，并想象图形运动后拼出的图案，加强学生对基本图形的直观认识，发展学生的空间观念。利用给定的图形样例，贴出想象中的图案，并把贴好的图案与自己想象的图案进行对比，从中培养学生的空间观念。

2. 展示交流，对比分析

（1）请选中作品的学生进行展示交流。

（2）教师组织学生讨论以下两个问题。

①你是怎样对图形进行运动的？借助语言和动作让大家看懂你的做法。

②闭眼想象的图案和你真正动手运动后的图案一样吗？为什么？

（3）总结：在进行图形的运动时，每一步都要非常认真，按照平移、旋转、轴对称的特点来操作，才能变换成你想要的图案。

（4）调整操作，感受不同的图形运动。选同一种素材拼出不同图案。

师：对同一个图形进行运动，为什么会得到不同的答案呢？请你结合一个例子来说一说。（生举例）

师：看来，同一个图形利用不同的运动方法变换，或者变换的次序不同，就会得到不同的图案。

［设计意图］学生通过独立操作，在进行图形运动的同时进行对比分析并进行调整，加深了学生对图形运动方法的认识以及对轴对称、平移、旋转的理解和运用。同时为学生自主用语言表述和交流提供了空间，加强了学生用数学的眼光观察生活中的图形的意识，并在交流中增强认识。

四、联系已有知识，拓展提升

师：同学们太棒了，设计出这么多美丽的图案，我在其中选取了一个我喜欢的，你能用这个图案做基本图形，来设计一张桌布吗？

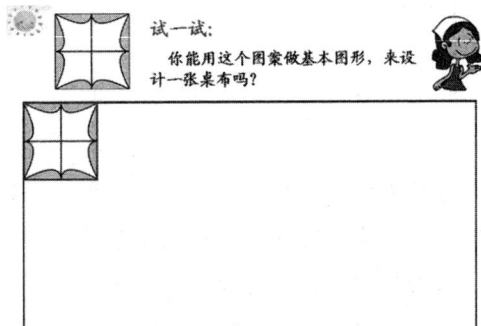

师：你能有什么好办法，很快铺完整张桌布。生：把第一个图形向右平移得到第一排。

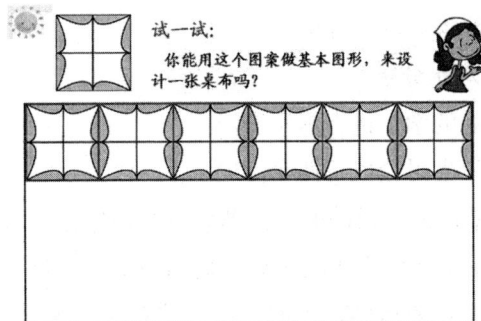

师：接下来我们该怎么做？生：把第一排图形整体向下平移。

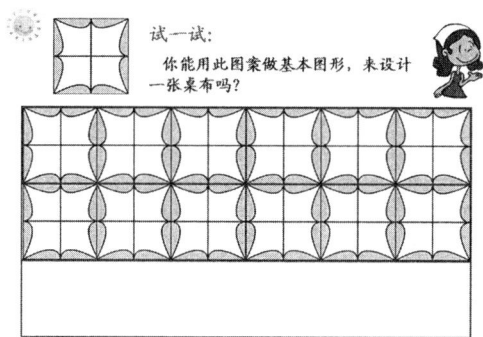

试一试：
你能用此图案做基本图形，来设计一张桌布吗？

师追问：为什么要这么做？生：这样节省时间。

总结：看来我们可以用一个图形或一组图形作为基本图形，甚至还可以用一排图形作为基本图形。同学们能举一反三，根据我们的需要来确定基本图形，这是非常好的学习方式。

［设计意图］学生通过观察发现，不但可以将一个图形进行运动，还可以对一幅图案加以运动。使学生在利用已有知识解决问题的过程中，进一步加深对图形运动中"一组"的理解，培养综合运动知识的能力。

五、自主设计，尝试创新

同学们，刚才我们拼出来这么多漂亮的图案都是老师给你们的基本图形，你们想不想通过自己的双手和智慧创造设计出一个基本图形呢？

在你们的桌子上有这样一个小正方形纸，里面夹着复写纸。同学们可以在这张纸上设计出想要的图案，然后打开，就可以得到4张一模一样的图形，然后再通过简单的运动，就会得到一个美丽的图案。

［设计意图］让学生运用所学知识自主设计一个图案，这个活动为学生提供了更开放的创造空间，目的是让学生在活动中积累更丰富的图形运动的经验，体验图案设计的方法，感受图案设计的乐趣，进一步培养学生的创新精神和实践能力。

六、全课总结

今天的课上到这就要结束了，老师觉得你们真了不起，可以担当"小小设计师"这个称号。学完这节课，让你印象最深刻的是什么？

七、课外实践作业

（1）课下可以继续设计自己喜欢的图案。

（2）下节课展示学生的作品。

（3）数学日记。

［设计意图］回顾全课，利用学生已获得的运用图形的运动设计图案的知识经验，通过观察、想象、操作及合作交流等，在设计、创造图案的数学活动中，发展学生的空间观念，培养学生的创新精神和实践能力。

◇学生实践活动成果

后　记

　　"小学数学基于综合实践的学生'四能'培养"2012年立项为市级课题，2014年立项为安徽省课题。在实验课教学中，我们要求充分体现学生为本的教育理念，课堂立足学生视角，尊重儿童自由天性，释放儿童问题意识，也就是"思生疑""疑中做""做引探""探解惑"。

　　"思生疑"，贴近儿童思维，培养问题意识。儿童视角下的数学核心问题应该是学生真正有疑问的问题，同时具备数学思考价值。核心问题存在于"学生当下的位置"和"学生能够到的下一个位置"之间的区域，教学必须注重培养儿童从客观对象发现数学问题的能力。"思生疑"指在小学数学综合实践教学中关注学生问题意识的培养。活动内容设计注重知识的综合性运用与沟通联系，是凭借有疑惑的问题情境，引发学生产生困惑并形成期待解决的心理状态，从而促使学生积极思考，发现问题并提出问题。

　　"疑中做"，关注儿童特征，促进经验积累。蒙台梭利曾经说过这样一句话："成年人应该努力去理解儿童的需要，这样就可以给他们提供一个适宜的生长环境，使他们得到满足。"小学数学综合实践教学中确立活动方式应充分考虑儿童年龄、心理特征，充分尊重儿童的直觉体验。"疑中做"指小学数学综合实践教学中活动方式的确立有利于积累数学活动经验，引发学生主动思辨。综合实践教学重要的特征是活动性，活动方式的选取应有助于儿童在活动中积累个性化、综合性的数学活动经验，为分析问题解决问题打下基础。

　　"做引探"，遵循认知规律，营造探索空间。儿童是有鲜活个性的人，是具有差异的人，是充满好奇的人。苏霍姆林斯基说"在人的心灵深处，有一种根深蒂固的需要，这就是希望自己是一个发现者、研究者、探索者，在儿童的精神世界里，这种需要特别强烈。"哲学家波普尔曾说："正是问题激发我们去学习，去发展知识，去实践，去观察。"小学数学综合实践教学要求依据儿童认知规律营造探索空间。"做引探"指在小学数学综合实践教学中为实践操作活动的过程营造积极探索空间。儿童的数学感觉可以是建立在实物操作上的数学表象。学生以问题引发探究，在探究中解决问题。学生思维是由问题引起并伴随问题解决的过程发展。

"探解惑"，提升数学素养，获得成功体验。小学数学综合实践教学主要是通过学生解决各种问题获得个体直接经验。所以，教学过程以学生为中心，发挥学生学习的主体性，同时重视过程性评价，侧重考查学生的学习过程。在新课程新理念的倡导下，数学教学的成功表现在是否培养了学生的数学能力，而数学能力的强弱在很大程度上又表现为学生能否提出数学问题，并运用所学的知识去解决生活中的实际问题。"探解惑"指在小学数学综合实践教学中学生凭借小组和个人努力在问题解决过程中形成学习动力。在解决问题过程中，学生必须经过两次转化的思维跨度：一是比较筛选有用信息，二是探索解决方法。学生以小组为单位展开学习，综合运用数学知识解决实际问题，在学习过程中展现活动成效。在解决问题中形成方法，增强应用意识，提升实践能力，获得成功体验。

本书的 25 个案例反映了我们课题组在落实儿童视角下的小学数学综合与实践"四能"培养的理念，即：关注问题，发展思维；关注综合，沟通联系；关注活动，积累经验；关注探索，形成方法。

最后，感谢安徽省马鞍山市教育局和雨山区教育局对俞洁文教育工作室的大力扶持，感谢马鞍山市教科院刘决生老师、李国海老师给予本课题的真诚帮助，感谢马鞍山市雨山区、花山区教研室小学数学教研员程长富老师、刘锡萍老师给予本课题的悉心指导，感谢课题组所有老师们的不懈努力与辛勤付出！

俞洁文

2015 年 10 月